船舶智能化与绿色技术丛书

船用光伏发电系统

袁成清　汤旭晶　孙玉伟　邱爱超　著

科　学　出　版　社

北　京

内 容 简 介

本书是系统论述船用光伏发电系统应用技术的学术专著。全书共分为 7 章,从理论和实践两个方面详细分析船用光伏发电系统的发展历程、组成结构、并网控制、低压穿越和电能质量提升;并根据设计规范和技术要求,给出实际船用光伏发电系统的设计案例和仿真结果;详尽介绍船用光伏发电系统效益评估方法;为读者全面了解和掌握船用光伏发电系统的国内外进展、关键技术和研究设计方法提供学习和借鉴资料。

本书可供高等学校交通运输工程、船舶与海洋工程、动力工程、工程热物理及相关专业的教师和研究生、从事相关领域的工程技术人员,以及相关领域推广、技术服务和企业经营的高级管理人员阅读参考。

图书在版编目(CIP)数据

船用光伏发电系统 / 袁成清等著. -- 北京 : 科学出版社,2024.10. -- (船舶智能化与绿色技术丛书) -- ISBN 978-7-03-079548-9

I. U665

中国国家版本馆 CIP 数据核字第 2024W0F590 号

责任编辑:杜 权 刘 畅/责任校对:高 嵘
责任印制:彭 超/封面设计:苏 波

科 学 出 版 社 出版
北京东黄城根北街 16 号
邮政编码:100717
http://www.sciencep.com

武汉市首壹印务有限公司印刷
科学出版社发行 各地新华书店经销
*
开本:787×1092 1/16
2024 年 10 月第 一 版 印张:14 1/4
2024 年 10 月第一次印刷 字数:330 000
定价:158.00 元
(如有印装质量问题,我社负责调换)

"船舶智能化与绿色技术丛书"序

近年来，世界船舶产业发展聚焦"智能"和"绿色"两大热点。国际海事组织、国际标准化组织等国际组织将"绿色智能船舶"列为重要议题，国际主要船级社先后发布了相关的规范或指导性文件，世界主要造船国家大力推进绿色智能船舶的研制与应用，船舶绿色智能化也成为我国船舶制造业发展的新机遇和新挑战。

绿色智能船舶中的"绿色"是指船舶在制造、运营、拆解的全生命过程中，以"绿色"为设计理念，在确保船舶质量、满足船舶的使用功能基础上，最大限度地降低成本，减少污染，提高船舶的资源及能源的利用率，打造环境友好型和资源节约型船舶。造船与航运业正在广泛开展船体节能技术（包括水动力节能和创新节能技术），替代燃料及主、辅机节能技术，航态优化与能效管理等技术的研究与产品开发。

绿色智能船舶中的"智能"是指利用传感器、通信、物联网、互联网等技术手段，自动感知和获取船舶自身、海洋环境、物流、港口等方面的信息和数据，并基于计算机技术、自动控制技术和大数据处理分析技术，在船舶航行、管理、维护保养、货物运输等方面实现智能化，以使船舶更加安全、环保、经济和可靠。中国船级社发布了全球首部《智能船舶规范（2015）》，综合考虑了船舶安全、能效、环保、经济和可靠的需求，将（商用）智能船舶分解为智能航行、智能船体、智能机舱、智能能效管理、智能货物管理、智能集成平台等。经过划分后，各部分自成体系，而整体上又涵盖了船舶上的各类智能系统。

当前，我国正处于世界新一轮科技革命和产业变革同我国转变发展方式的历史交汇期，发展绿色智能船舶是实现船舶工业转型升级、由造船大国向造船强国迈进所面临的千载难逢的历史机遇。我国船舶工业和航运业在绿色智能船舶领域进行了有益探索，相关科研攻关取得积极进展，船舶智能化与绿色技术的工程应用初显成效，已形成一定的技术积累和产业基础，基本与国际先进水平保持同步。为了给广大船舶科技工作者系统介绍船舶智能化与绿色技术的研究成果，将国内与国际研究相结合，更好地为国家海洋强国战略服务，科学出版社组织国内多所高校的专家学者编著了"船舶智能化与绿色技术丛书"。

"船舶智能化与绿色技术丛书"重点介绍新技术与新产品，注重学科交叉，理论与应用相结合，系统性、专业性较强。本套丛书的推出将在引领我国船舶与海洋工程领域的基础研究、原始创新和规模化发展，加快船舶与海洋工程建设水平，促进船舶与海洋工程领域研究成果转化和相关先进设备的产业化进程，推进我国成为海洋强国等方面起到积极的作用。

随着新技术特别是人工智能技术的迅猛发展，丛书内容难免会有缺陷与不足，但希望在我国船舶领域的高等学校、科研院所、造船企业及相关科技界的关怀下，在参加编著的专家学者的共同努力下，丛书的出版能够为我国船舶与海洋工程的技术进步与创新、推动船舶产业的"绿色化发展、数字化转型、智能化升级"做出应有的贡献，并为船舶与海洋工程界的科研人员和高等学校师生提供参考和指导。

吴卫国

2022 年 2 月 18 日

P序
Preface

交通运输业作为国民经济的基础性、先导性和战略性产业，是社会经济发展和国际化的重要支撑与强力保障。其中，航运作为不可或缺、不可替代的运输方式，承担着我国90%以上的外贸运输。特别是在民生基础的重要产品中，航运保障了70%的能源及80%的粮食与矿石供给。如今，绿色船舶技术的发展成为当今航运业关注的热点，而发展包括太阳能、风能等在内的船用新能源技术是我国实现绿色航运的重要途径之一。

太阳能是一种分布广泛且总量巨大的绿色清洁能源，光伏发电是将太阳光能直接转变为电能，使用光伏电力作为船舶能量来源的太阳能船舶被认为是最具代表性和节能减排潜力的绿色船舶之一。船用光伏发电技术就是将零污染和零排放的光伏系统与船舶电力系统集成，通过降低燃料同步发电机组输出功率获得收益，同时通过船舶营运中高效稳定利用光伏电能，实现船舶在全寿命周期内燃料消耗量和温室气体排放量的显著下降。

太阳能船舶不仅继承了常规船舶电力系统工况多变、容量有限和相对孤立的典型特点，而且基于电力电子变换技术的"零惯性"光伏电能并网运行又呈现强耦合、不确定性和非线性的系统特征，其交互作用使船舶电网潮流分布、配电网短路保护、电能质量提升及负荷调控等方面的问题愈加复杂。因此，研究太阳能船舶电力系统暂态稳定性及控制问题的重要性和必要性日益凸显，亟待充分考虑船舶作为离岸移动载体的特殊性，突破船舶光伏系统的高效交直流变换、低压穿越和运维保障等关键技术，形成具有自主知识产权的船用光伏系统成套技术，从而为推动绿色船舶技术创新发展和践行航运业双碳战略提供引领和示范作用。

本书作者及其研究团队自2008年开始从事太阳能船舶光伏系统基础理论研究、关键技术攻关、核心设备与系统研制、船级社产品认证及实船工程应用等方面的系统性科研实践工作，已实现了船用光伏系统核心知识产权自主化、系统产品全面国产化，以及面向国外船东需求差异的定制化。本书主要内容的专业性和针对性较强，从系统原理及集成技术深入到核心设备底层电力电子变换控制策略与技术的实现过程，从船舶光伏系统交/直流组网构建到电力系统暂态稳定性与故障分析，从船舶光伏系统营运环境因素的影响分析到经济环保评估与营运效能评价，均是作者及其研究团队在该技术领域所取得研究成果的系统性总结和精心凝练。本书的出版对推动我国绿色船舶技术研究具有重要意义。

中国工程院院士
水路交通控制全国重点实验室主任
2024 年 5 月

F 前 言
FOREWORD

随着石化燃料日渐枯竭和温室气体排放量不断增加，水路运输面临日益严峻的节能减排压力。船舶是水路运输业实施节能减排技术的重要载体，船舶清洁能源技术是实现"双碳"目标的重要技术途径。太阳能是一种分布广泛且总量巨大的自然禀赋能源，太阳能船舶被认为是最具代表性和节能减排潜力的绿色船舶之一。较之于太阳能光热利用，光伏发电更适于在船舶平台上集成应用。由于光伏发电功率的间歇性和船舶电网的特殊性，船用光伏发电系统研发过程中尚存在并网控制、功率平滑、暂态稳定性和低压穿越等技术瓶颈。

本书作者及研究团队长期从事船用光伏发电系统研发工作，在工业和信息化部高技术船舶科研、交通运输部应用基础研究、湖北省杰出青年基金项目等一批国家级、省部级和企业委托项目的支持下，攻克了船用光伏发电系统的技术瓶颈，形成了自主可控的船用光伏发电系统成套技术，为光伏发电在船舶上的推广应用提供技术和产品支持，研发的系列化产品是目前唯一取得中国船级社（CCS）型式认可及意大利船级社（RINA）、挪威船级社（DNV）产品认可的船用光伏成套产品，并已在国内外远洋运输船舶、沿海及内河运输船、海事公务船舶、趸船、海洋平台、陆用光伏系统和海岛光伏系统中获得推广应用。

本书共 7 章：第 1 章为绪论；第 2 章为船用光伏发电系统原理及集成技术；第 3 章介绍船用光伏 DC/DC 变换器及直流组网；第 4 章和第 5 章分别介绍计及光伏功率平抑的 DC/AC 控制和在该控制策略下的船舶光伏并网电力系统暂态稳定性分析；第 6 章重点分析船舶光伏电力系统故障特征，并介绍增强低压穿越能力的并网控制策略；第 7 章介绍船用光伏发电系统的评估及未来发展趋势。

本书是集体智慧的结晶，由武汉理工大学袁成清教授、汤旭晶副教授、孙玉伟副教授和中国海洋大学邱爱超博士共同撰写而成。作者指导的研究生张彦、宋昕、林杰、任浩荣、喻航、刘雄航、郭威、栗源、刘晓、陈智、窦立涛、徐一鸣、张仲泽、钱裕、匡萃彬等为本书作出了重要贡献。本书的成稿也离不开汪恬、卞鑫豪、任浩荣、石慧、冯龙祥、凌子乔、姜浩翔、杨昊昱、侯志皓等研究人员的大力支持，在此表示感谢。

限于作者水平，书中难免有不妥与疏漏之处，敬请读者批评指正。

作 者

2024 年 6 月 30 日于武汉

C目 录
CONTENTS

第1章 绪论 ·· 1

1.1 水路运输面临的节能减排压力 ····················· 3

1.2 船舶节能减排的技术路径 ····························· 4

参考文献 ··· 5

第2章 船用光伏发电系统原理及集成技术 ····· 7

2.1 船舶电力系统简介 ····································· 9

2.1.1 船舶电力系统组成、特点及基本参数 ················ 9

2.1.2 船舶电力系统类型 ······························· 10

2.1.3 船舶电力系统设计规范和标准 ·················· 12

2.2 船用光伏发电系统的组成 ························· 12

2.2.1 太阳能光伏电池 ································· 12

2.2.2 光伏控制器 ···································· 16

2.2.3 光伏逆变器 ···································· 17

2.2.4 状态监测装置 ·································· 19

2.3 光伏发电系统在船舶平台应用适应性 ·············· 23

2.3.1 船用太阳能电池板优化布置 ······················ 23

2.3.2 光伏阵列对船舶稳性的影响 ······················ 25

2.3.3 船舶振动的影响 ································ 27

2.3.4 电磁兼容的影响 ································ 30

2.3.5 海水盐雾的影响 ································ 36

2.4 光伏-船电集成应用模式 ···························· 41

2.4.1 光伏并网型集成应用模式 ······················· 41

2.4.2 光伏-储能装置离网型集成应用模式 ··············· 42

2.4.3 光储柴直流组网型集成应用模式 ················· 43

参考文献 ··· 44

第3章 船用光伏DC/DC变换器及直流组网 ·············· 47

3.1 典型DC/DC变换器 ································· 49

3.1.1 Buck变换器 ···································· 50

3.1.2 Boost变换器 ··································· 54

3.1.3 Buck-Boost 变换器 ··· 57

3.2 单向 DC/DC 控制技术：MPPT 控制策略 ································· 60

3.2.1 扰动观测法 ··· 62

3.2.2 电导增量法 ··· 64

3.2.3 应对遮挡多峰现象的智能 MPPT 算法 ···································· 67

3.3 双向 DC/DC 控制技术：光伏储能充放电控制 ······················· 69

3.3.1 双向 DC/DC 变换器的工作原理 ·· 69

3.3.2 双向 DC/DC 变换器的数学模型 ·· 72

3.3.3 光伏储能双向 DC/DC 变换器的 PI 控制方法 ························ 78

3.4 光储直流组网协调控制策略与分析 ······································· 79

3.4.1 光储直流组网协调控制策略 ·· 79

3.4.2 控制策略分析：负载连续变动 ··· 82

3.4.3 控制策略分析：光伏单元的退出与投入 ·································· 83

3.5 光储直流组网案例 ··· 85

3.5.1 电力系统拓扑结构 ·· 85

3.5.2 光伏发电系统 ··· 87

3.5.3 锂电池储能系统 ·· 89

3.5.4 能量管理系统 ··· 93

参考文献 ·· 95

第4章 计及光伏功率平抑的 DC/AC 控制 ································· 97

4.1 基于恒功率控制的船用光伏并网控制策略 ····························· 99

4.1.1 PWM 逆变器数学模型 ··· 99

4.1.2 功率-电流双环解耦控制 ·· 101

4.1.3 PWM 信号产生原理与实现 ·· 103

4.2 基于虚拟同步发电机的船用光伏并网控制策略 ····················· 106

4.2.1 虚拟惯量控制 ··· 106

4.2.2 基于功-频有差特性的下垂控制 ··· 107

4.2.3 船舶 VSG 控制策略及控制流程设计 ······································ 109

4.3 系统建模及仿真分析 ··· 110

4.3.1 VSG 并网逆变器模型搭建 ·· 110

4.3.2 船舶柴油同步发电机组模型 ·· 112

4.3.3 PQ 控制和 VSG 控制仿真结果对比 ······································· 116

参考文献 ·· 123

第5章 船舶光伏并网电力系统暂态稳定性分析 ························ 125

5.1 电力系统暂态功角、电压与频率稳定性 ································ 127

5.1.1 电力系统暂态功角稳定性 ·· 127

5.1.2 电力系统暂态电压稳定性 ·· 130

5.1.3 电力系统暂态频率稳定性 ·· 132

5.2 PQ 控制策略下不同渗透率差异的系统暂态稳定性分析 ········· 134

5.2.1 渗透率选取原则 ·· 134

5.2.2 三相短路故障影响仿真 ··· 135

5.2.3 突变负荷扰动影响仿真 ··· 137

5.3 PQ 控制策略下不同并网节点差异的系统暂态稳定性分析 ····· 139

5.3.1 并网节点选取原则 ··· 139

5.3.2 三相短路故障影响仿真 ··· 139

5.3.3 突变负荷扰动影响仿真 ··· 141

5.4 VSG 与 PQ 控制策略下的系统暂态稳定性差异对比分析 ········· 142

5.4.1 三相短路故障影响仿真 ··· 142

5.4.2 突变负荷扰动影响仿真 ··· 144

5.5 VSG 控制策略对船舶电力系统频率和惯量特性的影响 ········· 146

5.5.1 虚拟惯量对暂态频率变化的影响 ··· 146

5.5.2 虚拟惯量对功率波动的支撑机制 ··· 147

参考文献 ··· 148

第 6 章 船舶光伏电力系统故障分析及低压穿越技术 ·············· 149

6.1 低电压故障的特征提取 ·· 151

6.1.1 电压跌落类型及特征分析 ·· 151

6.1.2 基于锁相控制的电参量瞬时分解 ··· 154

6.1.3 改进的无锁相瞬时对称分量法 ·· 155

6.2 船舶电网短路故障自适应识别控制 ··· 159

6.2.1 并网点电压幅频和相频特性函数 ··· 160

6.2.2 船舶电网短路故障识别方法 ··· 161

6.2.3 船舶电网短路故障模式切换控制 ··· 165

6.3 无储能系统下增强低压穿越能力的控制策略 ······················· 168

6.3.1 自适应逆变器控制策略构建 ··· 168

6.3.2 故障模式识别及模式切换控制仿真验证 ································ 171

6.3.3 低压穿越控制仿真验证 ··· 175

参考文献 ··· 179

第 7 章 船用光伏发电系统的评估及未来发展趋势 ················· 181

7.1 经济环保性评估 ··· 183

7.1.1 光伏年发电量的估算 ··· 184

     7.1.2　经济效益评估 ·· 186

     7.1.3　环保效益评估 ·· 189

     7.1.4　多指标评价方法 ·· 190

  7.2　全船营运能效评价 ·· 192

     7.2.1　能效评价体系 ·· 192

     7.2.2　融入光伏发电系统对船舶阻力的影响 ···················· 193

     7.2.3　目标船舶营运能效模型构建 ···························· 200

     7.2.4　不同光伏容量对船舶营运能效的影响 ···················· 205

  7.3　未来发展趋势 ·· 208

参考文献 ··· 210

附录　代表性实船应用照片 ·· 212

第 1 章

绪　论

1.1 水路运输面临的节能减排压力

交通运输行业作为国民经济的支柱产业、基础产业和先导产业，是社会经济发展和国际化的重要支撑和强力保障。水路运输是不可或缺、不可替代的运输方式，是交通强国、海洋强国等国家战略的重要内容。

在当前全球经济发展中，水路运输在全球经济发展中发挥着越来越重要的作用。联合国贸易和发展会议出具的《2019 年海上运输报告》显示：近十年来，水路货运总量年增长率保持在 3%～7%，到 2018 年，水路货运总量已达到 110.05 亿 t[1]。"海洋强国"、"一带一路"倡议和"长江经济带建设"等一系列国家战略和倡议的出台，为我国航运业的蓬勃发展带来了新的契机。我国 90%以上的外贸运输通过水路运输完成，特别是在民生基础的初级产品中，水路运输保障了 70%的能源及 80%的粮食与矿石供给。

然而，全球经济和水路运输快速发展的同时也面临一些问题和挑战，如能源消耗与温室气体排放等。图 1-1 是美国气候与能源解决方案中心 2019 年公布的全球能源排放数据[2, 3]。

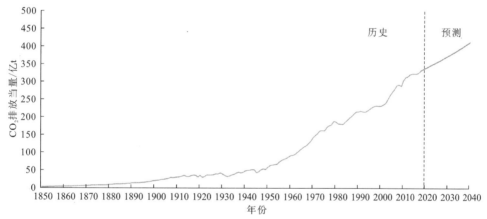

（a）全球CO_2排放当量

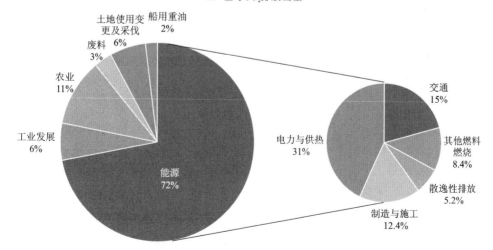

（b）2019年各行业CO_2排放当量占比

图 1-1　2019 年公布的全球能源排放数据

该数据显示：自 1950 年，全球二氧化碳（CO_2）排放当量呈现快速增长趋势，到 2019 年全球 CO_2 排放当量已经超过了 330 亿 t，预计 2040 年将达到 420 亿 t；当前船舶航运业年均 CO_2 排放当量占全球 CO_2 排放总当量的 2.2%，约 7260 万 t。

联合国贸易和发展会议发布的《2023 年海运述评》[4]呼吁"以公正且公平的方式"向一个去碳化的航运业转型。述评报告指出，航运业占世界贸易量的 80% 以上，占全球温室气体排放量的近 3%，并且排放量在短短十年内增加了 20%。到 2050 年，每年将需要额外 80～280 亿美元来实现船舶的去碳化。

面对如此严峻的环境压力，如何做好船舶的节能减排工作已经引起了国际海事组织（International Maritime Organization，IMO）的高度重视。2011 年 7 月在 IMO 海上环境保护委员会（Maritime Environment Protection Committee，MEPC）第 62 届会议上提出了"船舶能效设计指数"（energy efficiency design index，EEDI）标准，要求 2015～2019 年新建船舶能效提高 10%；2020～2024 年新建船舶能效提高 20%；2025 年以后新建船舶能效提高 30%[5, 6]。2019 年 5 月，在 MEPC 第 74 届会议上，部分船型的 EEDI 第三阶段实施时间从 2025 年提前到 2022 年[7]。2023 年，IMO 在 MEPC 第 80 届会议上通过了《2023 年船舶温室气体减排战略》[8]，明确到 2030 年，国际航运业温室气体排放总量相比 2008 年至少降低 20%，并力争降低 30%，碳排放强度比 2008 年平均降低 40% 及以上，温室气体零排放或近零排放的技术、燃料或能源占比至少达到国际航运所用能源的 5%，力争达到 10%；到 2050 年前后实现温室气体净零排放。

2021 年国务院印发了《2030 年前碳达峰行动方案》，该方案提出将碳达峰贯穿于经济社会发展全过程和各方面，其中明确提出交通运输绿色低碳行动：推动运输工具装备低碳转型，构建绿色高效交通运输体系[9]。

1.2　船舶节能减排的技术路径

在严峻的节能减排压力下，水路运输业开始尝试在能效提升、清洁能源应用、碳捕获、利用与封存等方面对可行的技术路径进行探索[10]，船舶是水路运输业实施节能减排技术的重要载体。

在能效提升方面，国内外学者主要从降低船舶阻力、提高推进装置效率和优化船员的操作管理三个角度展开对船舶型线优化、船舶轻量化、气膜减阻、涂层减阻、高效推进装置、水动力节能装置、航速优化、纵倾优化、货物操作优化、设备管理优化等技术手段的研究。虽然实船应用的实际减排效果还会受船型、船舶尺度、营运工况、船舶状态等多种因素的影响，但能效提升技术的不断发展和应用将进一步提升船舶的碳减排水平。

在碳捕获、利用与封存方面，船舶碳捕获、利用与封存（carbon capture，utilization and storage，CCUS）系统一般由 CO_2 的捕集、分离、液化存储和利用封存 4 部分组成。首先，尾气进入 CO_2 吸收塔与捕集吸收液发生接触，经脱碳洗涤后从塔顶排出；其次，捕集了 CO_2 的吸收液（富液）进入分离塔，在高温下气态 CO_2 从吸收液中析出；然后，经降温、压缩、干燥、制冷后转化为液态储存到储罐中，而脱碳后的吸收液则经冷却换热后返回吸收塔中准备进行下一循环；最后，对储存的液态 CO_2 进行利用封存，或运输到工厂中作为碱、醇等化工品的原料，制成干冰运输到指定位置投入海底封存。然而，相较于陆上，船舶应用 CCUS 受到尾气成分复杂、CO_2 浓度较低、舱室空间有限和运行环境恶劣等因素的限制，在技术性、安全性和经济性等方面还存在 CO_2 捕集及存储装置占用空间大、储存管理安全要求高、设备投资及运行成本较高、配套岸基设施建设不足、减排贡献度评估与 CO_2 转移认证法规欠缺等问题。随着技术的发展和不断提升，CCUS 将成为船舶节能减排的重要技术路径。

在清洁能源利用方面，船舶清洁能源技术是减少航运污染，实现"双碳"目标的重要技术途径，包括低碳和零碳动力。液化天然气（liquefied natural gas，LNG）、甲醇、锂电池、燃料电池、太阳能、风能和生物燃料等清洁能源都已开始得到应用。太阳能是一种分布广泛且总量巨大的天然绿色能源，太阳能船舶被认为是最具代表性和节能减排潜力的绿色船舶之一。考虑船舶作为离岸移动载体的特殊性，光伏发电是适合船用的最佳形式。

参 考 文 献

[1] 王凯. 基于营运数据分析的内河船队能效优化方法研究. 武汉: 武汉理工大学, 2018.

[2] Center for Climate and Energy Solutions (C2ES). Global Emissions. [2022-04-12]. https: //www. c2es. org/ content/international-emissions.

[3] International Energy Agency (IEA). World Energy Outlook. [2023-01-23]. https: //www. iea. org/topics/ world-energy-outlook.

[4] United Nations Conference on Trade and Development. Review of Maritime Transport 2023: Towards a Green and Just Transition, 2023. [2023-04-16]. https: //doi. org/10.18356/9789213584569.

[5] Nojavan S, Majidi M, Zare K. Performance improvement of a battery/PV/fuel cell/grid hybrid energy system considering load uncertainty modeling using IGDT. Energy Conversion and Management, 2017, 147: 29-39.

[6] 范爱龙. 考虑多因素影响的沿海散货船能效建模与优化研究. 武汉: 武汉理工人学, 2017.

[7] 邱爱超, 袁成清, 孙玉伟, 等. 光伏渗透率对船舶光伏系统电能质量的影响. 哈尔滨工程大学学报, 2018, 39(9): 1532-1538.

[8] International Maritime Organization. 2023 IMO Strategy on Reduction of GHG Emissions from Ships. 3rd IMO GHG Study 2014: Final report, MEPC 67 INF.3. London, 2014.

[9] 邱爱超. 基于超级电容调控的船舶柴电/光伏并网电力系统关键技术研究. 武汉: 武汉理工大学, 2020.

[10] 许婉莹, 李仁科, 饶广龙, 等. 船舶节能减排技术应用现状与展望. 船舶工程, 2024, 46(4): 26-41.

第 2 章

船用光伏发电系统原理及集成技术

2.1 船舶电力系统简介

2.1.1 船舶电力系统组成、特点及基本参数

船舶电力系统由电源装置、配电装置、船舶电力网和负载 4 个主要部分构成[1, 2]。其中，主发电机和主配电屏是船舶电站的核心。主发电机为全船负载提供电力供应，而主配电屏可控制和监测主发电机的运行状态，承担船舶配电的主要功能。

船舶电力系统作为海上独立运行的电力系统，其结构和运行状况需满足海洋环境的严格要求。如图 2-1 所示，船舶电力系统通常包含两台或三台主发电机及一台应急发电机。船舶在航行中，根据负载需要，由一台或两台主发电机供电。若主发电机出现故障，应急发电机将启动，为紧急负载提供电源。当船舶停靠港口时，主发电机可停运，改由岸电供电。主配电屏负责将电力分配至用电设备，并按负载用电等级进行分组。配电系统依据负载特性，提供不同等级的供电，保障系统在各工况下的稳定性与可靠性。主发电机的运行受能量管理系统调控，以满足不同负载需求。应急发电机在主发电机失效或其他紧急情况下发挥关键作用，确保重要设备持续运行。该电力系统设计考虑船舶不同运行状态下的能源需求，增强系统可控性与适应性[3]。

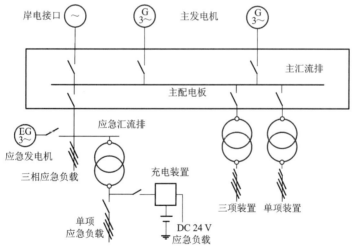

图 2-1　船舶电力系统基本结构图

G—主发电机；EG—应急发电机

船舶电力系统的设计综合考虑了海上环境特点及船舶各运行状态下的电力需求，其结构和运行方式的灵活性保证了船舶在复杂海洋环境中电力供应的高效和可靠。

船舶电力系统的基本参数主要包括电源种类、电压等级、频率等级等。正确地选择合适的船舶电力系统基本参数，可以保证船舶电力系统的可靠性和稳定性。

（1）电源种类（又称电制）：船舶电力系统常采用交流和直流两种电制。除某些特种工程船舶和小型船，如供水、供油船和小艇，仍采用直流电制或交、直流混合电制外，

几乎所有大、中型船舶，不论是液货船、集装箱船还是客船，都优先采用交流电制。

（2）电压等级：具体的额定电压等级一般都尽可能与岸电相同。交流船舶电网多数为 380 V 或 440 V。

（3）频率等级：规定船舶交流配电系统的标准频率为 50 Hz 或 60 Hz。对于一些弱电设备，如无线电通信、导航系统，则采用 500 Hz 和 1000 Hz 的中频电源等，这些中频电源通常是由变流机组或变频器供电。中国船级社《钢质海船入级规范》（2024）对船舶供电系统的最高电压和频率均有明确的规定。

2.1.2 船舶电力系统类型

船舶电力系统可划分为单主电站船舶电力系统、多主电站船舶电力系统、节能型船舶轴带发电机电力系统和船舶综合电力系统 4 种类型[4-6]。

1. 单主电站船舶电力系统

船舶电力系统除了配备主电站以保证船舶正常运行工况下各种用电设备的供电，还设置应急电站，用来保证船舶处于低负荷、应急或其他特殊工况下部分电气设备的供电，如图 2-2 所示。

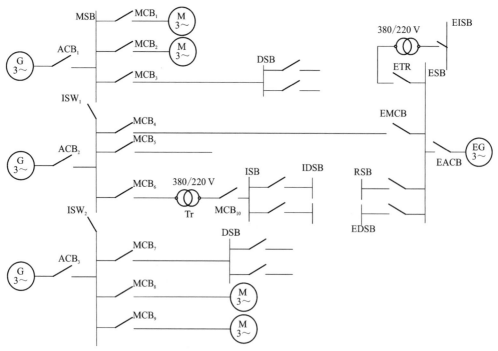

图 2-2 单主电站船舶电力系统示意图

G—主发电机；EG—应急发电机；ACB—发电机主开关；EACB—应急发电机主开关；MSB—主配电板；ESB—应急配电；MCB—配电开关；M—电动机；DSB—分配电盘；RSB—无线电配电盘；EMCB—应急配电开关；ISW—隔离开关；ISB—照明配电盘；EISB—应急照明配电盘；IDSB—照明分配电盘；EDSB—应急分配电盘；Tr—照明变压器；ETR—应急照明变电器

2. 多主电站船舶电力系统

多主电站船舶电力系统是指船舶上设有 2 个以上主电站的电力系统，大型的航空母舰上甚至设置 8 个电站。这些电站分散布置在船舶比较安全的部位，保证电力系统具有较高的供电可靠性，如图 2-3 所示。

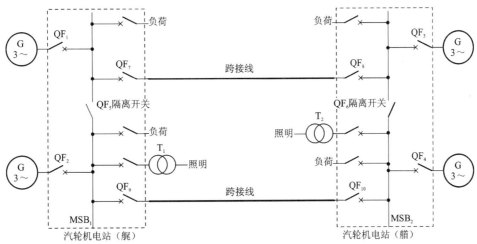

图 2-3　多主电站船舶电力系统示意图

QF—断路器；T—变压器

3. 节能型船舶轴带发电机电力系统

节能型船舶轴带发电机电力系统是近年来发展起来的一种节能型电力系统。它除配置常规的柴油发电机组外，还配备有利用主机富裕功率发电的轴带发电机或利用主机排出废气发电的废气涡轮发电机。当主机持续工作时，主要依靠轴带发电机组提供全船所需的用电，运行经济性高，应用日趋广泛。近几年新造的定期集装箱船、矿砂船、散装液货船大多数安装了轴带发电机电力系统，如图 2-4 所示。

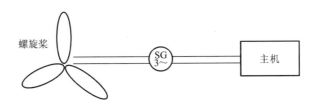

图 2-4　节能型船舶轴带发电机电力系统示意图

4. 船舶综合电力系统

传统的船舶动力系统与船舶电力系统是相对独立的，船舶动力系统通常由常规的柴油主机和其他机械装置组成。船舶电力系统一般是作为辅助能源，与船舶推进并没有直接关联。电力推进的船舶，如破冰船、工程船等，常采用推进和供电联合的电力系统，这样系统具有更高的经济性和机动性，如图 2-5 所示。

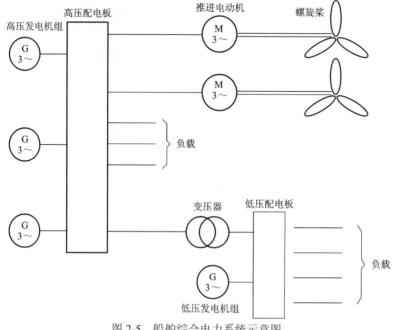

图 2-5　船舶综合电力系统示意图

2.1.3　船舶电力系统设计规范和标准

我国现行船舶规范和标准分民用船舶规范和军用舰船标准两种。除某些特殊的要求外，民用船舶规范与军用舰船标准的总体原则是一致的，可以相互参考和借鉴。

民用船舶规范：由中国船级社制定和发布，如《钢质海船入级规范》（2024）。这些规范是对民用船舶及其设备的基本技术要求，违反这些规范也是船舶检验入级所不允许的。

军用舰船标准：由国家国防科技工业局批准和发布，与舰船电力系统有关的现行规范主要有海军水面舰艇规范。

国际标准是由国际标准化组织（International Organization for Standardization，ISO）、国际电工委员会（International Electrotechnical Commission，IEC）、国际海事组织（IMO）等国际组织制定的标准，如国际海事组织制定的《国际海上人命安全共约》和《1972 年国际海上避碰规则》。

2.2　船用光伏发电系统的组成

2.2.1　太阳能光伏电池

1. 光伏电池分类

目前，制约光伏电池大规模应用的难题主要有两个：一是如何提高光电转换效率；

二是如何降低生产成本[7-9]。工艺成熟的晶体硅光伏电池具有相对较高的转换效率，但成本较高。由于制作晶体硅光伏电池的硅材料占光伏电池成本的45%以上，受晶体硅材料价格和晶体硅光伏电池制备过程的影响，若要再大幅度地降低晶体硅光伏电池成本是非常困难的。

以硅片为基础的第一代光伏电池，其技术虽已发展成熟，但高昂的材料成本在全部生产成本中占据主导地位，特别是要保持过厚的硅衬底来保证其强度，消耗了过多的硅材料，使其生产成本太高，而且制作全过程中要消耗很多能源。因此，降低材料的成本就成为降低光伏电池成本的主要手段。

第二代光伏电池是基于薄膜技术的一种光伏电池。薄膜技术的原理是：在薄膜电池中，很薄的光电材料被铺在非硅材料的衬底上，大大地减小了半导体材料的消耗（薄膜厚度以μm计），也容易形成批量生产（其单元面积为第一代光伏电池单元面积的100倍），从而大大地降低了光伏电池的成本。

第三代光伏电池是21世纪以来的主要发展方向。由于太阳能光电转换效率可达90%以上，远远高于标准光伏电池33%的理论上限，表明光伏电池的性能还有很大的发展空间。接下来的几十年，第三代高转换效率的薄膜光伏电池将会得到长足发展。第三代光伏电池的发展主要以提高光电转换效率和降低生产成本为根本目标进行研发。为了提高效率，一是减少非光能耗，从而减少热损耗；二是增加光子有效利用；三是减少光伏电池的内阻。新的光伏电池类型层出不穷，目前投入应用的主要有叠层光伏电池、纳米光伏电池、玻璃窗式光伏电池等。

第四代光伏电池，即有机无机杂化光伏电池，代表了光伏技术发展的新高峰。与前三代光伏电池相比，第四代光伏电池在材料、结构和性能等方面实现了重要突破，具有广阔的应用前景。第四代光伏电池主要采用有机无机杂化钙钛矿材料，这种材料在光电转换效率、制造成本和稳定性等方面具有显著优势。这种材料的结构允许灵活调整其组成，从而优化光电性能。钙钛矿材料具有优异的光吸收能力，可以覆盖从可见光到近红外光的广谱范围。此外，这种材料的制造工艺相对简单，可以通过溶液法在低温下制备，从而显著降低生产成本。与传统的硅基光伏电池相比，钙钛矿光伏电池在制造过程中能耗更低、更加环保。

第四代光伏电池的结构设计也进行了重要革新。传统光伏电池通常采用平面结构，而第四代光伏电池则倾向于采用纳米结构和多层叠层结构，以提高光电转换效率。近年来，钙钛矿光伏电池的效率已经超过 25%，接近甚至超过了一些传统硅基电池的水平。这一进步得益于材料和结构的优化，以及新型电极材料和界面修饰技术的应用。越来越多的研究表明，钙钛矿光伏电池将成为下一种广泛应用于日常生活及商业领域的太阳能电池。

2. 光伏效应理论

太阳能电池是一种通过光生伏特效应将太阳光能直接转化为电能的器件，可简化为一个半导体光电二极管。当太阳光照到光电二极管上时，光电二极管就会把太阳的光能变成电能，产生电势[10, 11]。如图2-6所示，太阳光照在半导体PN结上，形成新的空穴-电子对，在PN结内电场的作用下，空穴由N区流向P区，电子由P区流向N区，接通电路后形成电流。当多个电池串联或并联起来就可组成较大输出功率的太阳能电池方阵。太阳能电池是一种应用前景广阔的新型电源，具有永久性、清洁性和灵活性三大优点。太阳能电池寿命长，只要太阳存在，太阳能电池就可以一次投资并长期使用；与火力发电、核能发电相比，太阳能电池不会引起环境污染[12, 13]。

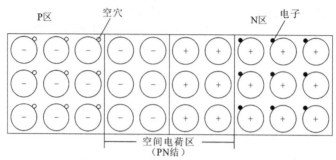

图 2-6 半导体 PN 结的形成示意图

3. 光伏电池数学等效模型

1）理论模型

图 2-7 所示为光伏电池等效电路模型[14-16]。

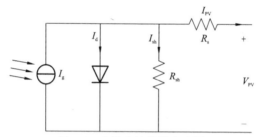

图 2-7 光伏电池等效电路图

R_s 为太阳能光伏电池的等效串联电阻；R_{sh} 为太阳能光伏电池的等效并联电阻，在理想情况下，$R_{sh} = \infty$；二极管电流 I_d 为 PN 结的总扩散电流，称为暗电流；I_{sh} 为旁漏电流；I_{PV} 和 V_{PV} 分别为光伏电池的输出电流和电压

根据图 2-7 所示的电流电压参考方向，基于基尔霍夫电流定律建立光伏电池输出电压、电流关系式：

$$I_{PV} = I_g - I_d - I_{sh} \tag{2-1}$$

$$I_{PV} = I_g - I_o \left[\exp\left(\frac{V_{PV} + I_{PV}R_s}{nkT_c q} \right) - 1 \right] - \frac{V_{PV} + I_{PV}R_s}{R_{sh}} \tag{2-2}$$

$$I_o = I_{oR}\left(\frac{T^3}{T_R^3} \right) \exp\left[\left(\frac{1}{T_R} - \frac{1}{T} \right) \frac{qe_g}{nk} \right] \tag{2-3}$$

$$I_{PV} = I_{scR} \frac{G}{G_R} [1 + \alpha(T - T_R)] \tag{2-4}$$

式中：I_o 为二极管反向饱和电流；T 为外部环境的温度，K；q 为单位电荷量，$q = 1.6 \times 10^{-19}\text{C}$；$k$ 为玻尔兹曼常量，$k = 1.38 \times 10^{-23}\ \text{J} \cdot \text{K}^{-1}$；$n$ 为二极管的理想常数；I_{oR} 为参考温度下的反

向饱和电流；I_{scR} 为标准测试环境下的短路电流；e_g 为 PN 结的禁带宽度；G 为太阳光照强度，W/m^2；T_R 为太阳能电池板在标准测试环境下的温度，$T_R = 298\,\text{K}$；G_R 为太阳能电池板在标准测试环境下的太阳光照强度，$G_R = 1000\,\text{W/m}^2$；α 为光伏电池板的电流变化温度系数。

2）工程模型

实际工程计算中引用产品技术规格书中所标明的太阳能电池在标准辐照条件下的短路电流 I_{sc}、开路电压 V_{oc} 和最大功率工况下的电压 V_m、电流 I_m 及其输出功率 P_m 等 5 个基本参数，如下式所示：

$$I = I_{sc}\left[1 - C_1 \exp\left(\frac{V}{C_2 V_{oc}}\right)\right] - 1 \tag{2-5}$$

$$C_1 = \left(1 - \frac{I_m}{I_{sc}}\right)\exp\left(\frac{-V}{C_2 V_{oc}}\right) \tag{2-6}$$

$$C_2 = \left(\frac{V_m}{V_{oc}} - 1\right)\left[\ln\left(1 - \frac{I_m}{I_{sc}}\right)\right]^{-1} \tag{2-7}$$

考虑光伏实际运行环境中太阳能辐射强度和环境温度的变化，则式（2-5）修正为

$$I = I_{sc}\left[1 - C_1\left(e^{\frac{V-\Delta V}{C_2 V_{oc}}} - 1\right) + \Delta I\right] \tag{2-8}$$

$$\Delta I = \frac{\alpha G}{G_{ref}} \cdot \Delta T + \left(\frac{G}{G_{ref}} - 1\right) \cdot I_{sc} \tag{2-9}$$

$$\Delta V = -\beta \cdot \Delta T - R_s \cdot \Delta I \tag{2-10}$$

$$\Delta T = T - T_{ref} \tag{2-11}$$

式中：T 为外部环境的实际热力学温度，K；G 为外部环境的实际太阳辐射强度，W/m^2；T_{ref} 为标准测试环境下外部环境的热力学温度参考值，取 $298\,\text{K}$；G_{ref} 为标准测试环境下的太阳辐射强度参考值，取 $1000\,\text{W/m}^2$；α 和 β 分别为参考日照温度下的光伏电池的电流变化温度系数和电压变化温度系数。

基于上述光伏电池发电原理，光伏发电特性易受外界光照强度、温度影响。图 2-8 和图 2-9 分别反映了光照强度、温度对光伏发电功率的影响机理，其中 U 为光伏阵列的当前输出电压。如图 2-8 所示，设定环境温度 $T_r = 25\,℃$，光照强度 S 分别为 $500\,\text{W/m}^2$、$1000\,\text{W/m}^2$、$1500\,\text{W/m}^2$ 条件下，光伏电池功率、电流随电压变化情况。图 2-9 展示的是 T_r 分别为 $10\,℃$、$25\,℃$ 和 $35\,℃$，$S = 1000\,\text{W/m}^2$ 条件下，光伏电池功率 P、电流 I 随电压 U 变化情况。其中，光伏阵列在任意工况下的最大输出功率点通常在 $0.75 \sim 0.80$ p.u. 电压处。当光照强度保持不变时，光伏阵列的最大输出功率随温度的降低而呈现稍微下降趋势；当温度保持不变时，光伏阵列的最大输出功率随光照强度的增强而大幅度增大。

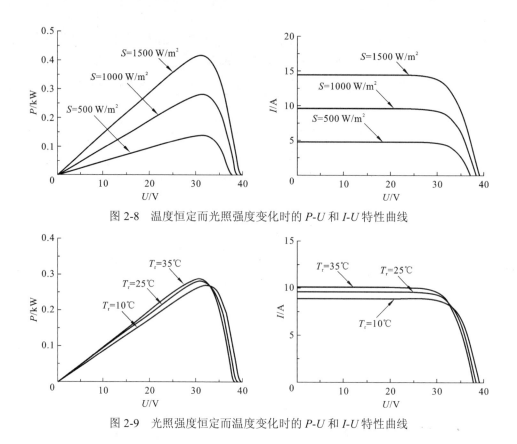

图 2-8　温度恒定而光照强度变化时的 $P\text{-}U$ 和 $I\text{-}U$ 特性曲线

图 2-9　光照强度恒定而温度变化时的 $P\text{-}U$ 和 $I\text{-}U$ 特性曲线

2.2.2　光伏控制器

船用光伏控制器是通过控制多路光伏电池阵列对蓄电池充电，或由蓄电池为负载供电的自动控制设备[17-19]，采用高速中央处理器（central processing unit，CPU）和高精度数模转换器（analog to digital converter，A/D），既可快速实时监测光伏系统当前的工作状态，随时获取光伏阵列的工作信息，又可存储光伏阵列的历史数据[20, 21]，为评估光伏系统设计的合理性及检验系统部件质量的可靠性提供准确而充分的依据，是一个微机数据采集和监测控制系统[22, 23]。以某汽车运输船光伏控制器为例，表 2-1 所列为光伏控制器主要技术参数。

表 2-1　某汽车运输船光伏控制器主要技术参数

技术参数	数值或说明
太阳能电池板总功率/Wp*	57 600×3
控制器总功率/kW	150
配用蓄电池/V	384
太阳能控制器总的额定电流/A	150
每路太阳能电池板额定电流/A	13
太阳能电池板最高电压/V	702

技术参数	数值或说明
太阳能电池板组数/路	12
工作方式	连续
功能	充电、控制
自备蓄电池连接线/mm²	>30
自备太阳能电池组连接线/个	>4
最大空载自耗电/mA	200
温度补偿 mV/℃	−5
使用海拔/m	<1000
太阳能电池板与蓄电池之间的压降/V	2
产品尺寸/mm	800×600×2060
产品重量/kg	400

＊Wp 为标准太阳光照条件下太阳能电池峰值功率单位，此处标准太阳光照条件指欧洲委员会定义的 101 标准（辐射强度为 1000 W/m²，大气质量 AM1.5，电池温度为 25 ℃）

该汽车运输船的光伏控制器采用最大功率追踪技术，保证太阳能阵列全天时、全天候地以最大效率工作，最大可将光伏组件工作效率提高 30%。太阳能电池阵列采用 18 串联 30 并联，因此该汽车运输船的光伏控制器还需要通过控制多个太阳能电池阵列充放电。

光伏控制器功能如下。

（1）采用阶梯式逐级限流充电方法，依据蓄电池组端电压的变化趋势自动控制多路太阳能电池组方阵依次接通或切断。

（2）具有过充、电子短路、防反接保护等全自动保护功能。

（3）配置 RS485 通信接口，可与计算机远程连接，具有 Modbus RTU 通信协议，具有远程数据传输功能。

（4）蓄电池过充保护、反接保护、损坏保护。

（5）防止在夜间蓄电池向太阳能电池板反向充放电。

（6）控制器内部设有防雷器。把流入光伏阵列的瞬时过电压限制在设备或系统所能承受的电压范围内。

（7）实时监测光伏系统各个参数是否正常，为该汽车运输船光伏系统正常稳定运行提供保障。

2.2.3　光伏逆变器

光伏逆变是将光伏阵列输出的直流电转换为适合船舶负载电压的交流电，其主要装备为逆变器[24, 25]。逆变器通常由开关管、变压器、电容器和电感器等电子元件组成，其工作原理[26, 27]可以概括为以下三个基本步骤。

（1）光伏电源电压经过整流和降压后，作为逆变电路的输入电压。

（2）开关管控制器控制开关管的导通和断续，控制输出电压的波形。当开关管导通时，电源电压会通过变压器传递到输出端，使输出电压上升；当开关管断续时，通过注入电流并驱动负载来隔离输出电压，使其下降到 0 V，并保持在 0 V 的状态。

（3）当输出电压降到一定的程度，开关管再次导通，电源电压又开始传递到输出端，并且重复这个过程。

以某汽车运输船的逆变器为例，该汽车运输船的逆变器是将来自光伏和蓄电池输出的直流电，转换为 450 V/60 Hz 的三相交流电。逆变器主电路采用美国 Texas Instruments（TI）公司生产的数字信号处理（digital signal processing，DSP）芯片、德国英飞凌绝缘栅双极晶体管（insulated gate bipolar transistor，IGBT）模块，驱动保护为英飞凌模块专用驱动机芯，输出部分采用隔离变压器，安全可靠。该逆变器采用空间矢量脉宽调制（space vector pulse width modulation，SVPWM）技术，纯净正弦波输出，电流谐波含量低，其总体功能如图 2-10 所示。

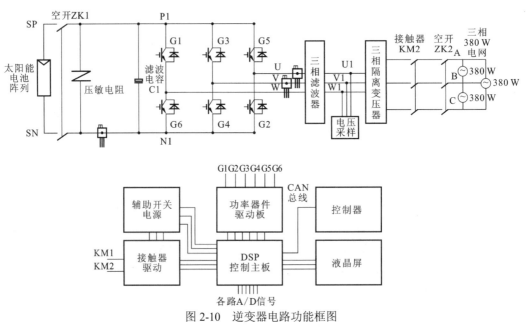

图 2-10　逆变器电路功能框图

该汽车运输船的光伏逆变器主要功率部件包括直流输入部分、逆变桥、滤波器和交流输出部分等。直流输入部分主要包括直流（塑壳）断路器、直流电磁干扰（electromagnetic interference，EMI）滤波器、电流传感器、电压传感器、快速熔断器、浪涌吸收器。

逆变桥主要包括直流稳压电容和 IGBT（或其他等效元件）；滤波器部分主要为三相 LC 滤波器（LC filter）；交流输出部分主要包括交流（塑壳）断路器、接触器、快速熔断器、浪涌吸收器、电流传感器、电压传感器、交流 EMI 滤波器。

该汽车运输船的光伏逆变器具有光伏阵列功率控制功能、孤岛检测功能和并网功能。该汽车运输船的光伏并网逆变器使用 DSP 芯片的 CAPTURE 口进行捕获，软件检测得到电网频率和相位，并调整并网电流的频率和相位，从而使并网电流和电网电压同频，相位相差 180°，相关技术参数如表 2-2 所示。

表 2-2　光伏逆变器技术参数

技术参数	数值或说明
隔离方式	工频变压器隔离
最大直流输入功率/kWp	160
最大直流输入开路电压/V	900
最大功率点跟踪范围/V	300~780
额定交流输出功率/kW	150
最大交流输出功率/kW	160
电流谐波失真/%	<3（额定功率时）
功率因数	>0.99
最大效率/%	95
额定输出交流电压/V	450
额定输出交流频率/Hz	60
允许电网电压范围/V	360~540
允许电网频率范围/Hz	57.5~61.5
夜间自耗电/W	<10
断电后自动重启时间/min	2（可调）
保护功能	极性反接、短路、孤岛、过热、过载等
通信接口	RS485
工作温度/℃	−25~+55
相对湿度/%	0~95
冷却方式	强制风冷
噪声/dB	≤60
防护等级	IP20（室内）
尺寸（宽×深×高）/mm	1600×800×2060

　　光伏系统产生的电能由光伏逆变器转换成 450 V/60 Hz 的三相交流电,当该交流电用于甲板照明时,需要交流配电柜将 450 V/60 Hz 的三相交流电降压至 230 V/60 Hz 的交流电,分别接入照明分电箱中供甲板照明使用。该汽车运输船交流配电柜外观尺寸如图 2-11 所示。

2.2.4　状态监测装置

　　为保障大型远洋太阳能光伏发电应用系统的安全可靠运行,通常需要一套功能完善的太阳能电力管理装置。该装置可实现光伏发电系统各模块状态参数实时采集,并根据一定的策略对系统运行进行监测和显示报警,如有故障发生则立即输出安全控制指令,以防止系统损坏和危险事故[28]。此外,装置设有网络通信与岸基互联网建立数据通信接口,以便岸基技术人员能在岸基数据中心监控室远程监视太阳能供电系统的实时运行状态。

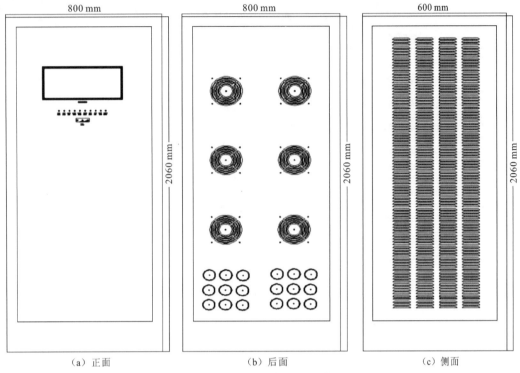

800 mm	800 mm	600 mm
（a）正面	（b）后面	（c）侧面

图 2-11　交流配电柜外观尺寸图

此外，通过提取存储的历史数据，可以开展大型远洋船舶太阳能发电状况影响因素的分析评估，利用实船数据进行仿真分析，有利于加快我国太阳能船舶的研发，提高我国节能环保型船舶的技术水平[29]。

1. 主要功能

电力管理系统具有数据采集与显示、故障报警和保护、数据保存和报表输出（光伏发电影响因素分析和发电量统计）、远程通信等功能。为方便历史数据查询和故障分析，所采集的所有数据均能够储存于上位机中，系统还能够通过网络实现数据的远程传输。以下是具体功能设计和各功能实现方式。

1）数据采集与显示

（1）环境参数采集和显示：为分析各气象因素对光伏发电系统的影响规律，需观测和记录气象因素等各类数据，包括太阳辐射强度、温度和相对湿度等，因此需要在电气设备间屋顶建立气象观测站，安装相应的传感器以获取各气象参数实时数据。为避免长距离信号传输产生干扰，采用配套的变送器将输出信号统一调理成 4～20 mA 电流信号，通过可编程逻辑控制器（programmable logic controller，PLC）模拟量扩展模块进行采集，并显示于触摸屏上。

（2）光伏控制器数据采集和显示：控制器内通过多功能表采集相关电能参数，另配置 RS485 通信接口，可与计算机远程连接，通信采用 Modbus RTU 协议，通信数据包括每路太阳能电池板工作电压、工作电流、太阳能控制器总输出电压和电流、太阳能控制器的工作状态、故障标志和总光伏发电量等。

（3）蓄电池组数据采集和显示：蓄电池的状态数据监测对蓄电池安全有效地运行具有非常重要的意义。蓄电池的充放电控制及数据的采集都是通过蓄电池管理系统（battery management system，BMS）来完成。船舶太阳能电力管理系统所采集的蓄电池组数据则通过 RS485 通信获得并输出显示，包括蓄电池组总容量、总剩余容量、总电压和总电流等。蓄电池组充放电故障也由 BMS 判别，当故障发生时，BMS 会先发出故障报警指示信号，并可在触摸屏上显示具体故障类型。

（4）并离网逆变器数据采集和显示：光伏并离网一体化逆变器在系统中是将光伏电池板所产生的直流电变换成高频三相交流电，以并网模式并入电网，离网模式直接给负载供电。其中直流侧电流、电压和频率是控制逆变的关键参数，此外逆变器自检内部故障（包括直流过压、直流欠压、A 相电压欠压、A 相电压过压等一系列故障）和发电量等信息。电力管理系统可通过逆变器 RS485 通信采集逆变器提供的相关数据（如逆变输出电压、输出电压、逆变交流电的频率、功率和故障信息等），并通过触摸屏显示逆变器当前的运行状态。

（5）交流配电柜数据采集和显示：交流配电柜是通过空开的通断来控制光伏系统电能的流向，以实现 4 种不同的工作模式，包括离网运行模式、并网运行模式、光伏出力不足和光伏系统故障时的船舶电网供能模式。工作模式之间的切换都是通过人工操作并离网切换断路器、主照明变压器切换断路器和 6 路照明机械联锁断路器实现。通过监测断路器辅助触点可以判断各断路器通断状态，并在平板操作面板上显示，在接线时只需要将各断路器辅助触点接入 PLC 数字量输入通道。这样不仅能够直观地观察各断路器工作状态，而且能够通过各工作模式特点来判断当前光伏发电系统的工作模式。

2）故障报警和保护

当系统出现故障时，报警单元发出声光报警，值班人员能及时了解故障情况，并做出相应的处理，排除故障，保障系统的正常运行。在系统出现故障的同时，各控制设备也会及时做出相应的保护，以避免系统损坏和危险事故。系统中所有控制单元都具有故障自检测功能，一旦检测到故障，都会将故障状态输出，同时故障单元也会做出相应的应急保护。如当 BMS 判断蓄电池组产生故障时，会及时自动切断蓄电池组；当数据处理单元接收到逆变器的故障位信息时，逆变器立即输入停止工作指令，并输出逆变器故障报警。

3）数据保存和报表输出

对系统运行的实时数据进行保存，方便工作人员对历史数据查询、故障分析和发电量影响因素分析，为太阳能船舶的评估和研发提供指导。数据保存通过建立 SQL 数据库，从而实现数据管理。数据管理不仅是存储和管理数据，而且能够根据用户所需的各种数据管理方式进行数据管理。保存的数据可通过 FameView 组态软件中绑定的水晶报表形式输出，可将历史数据直观清晰地呈现出来。水晶报表可使用各种资料来源制作报表，具有强大的格式设计功能及快速的报表处理功能，而且可根据客户需求对数据进行处理分析。

4）远程通信

考虑系统载体的移动性和区域的不固定性，系统中采用网络技术，建立基于 Web 技术的浏览器/服务器（browser/server，B/S）结构，岸基人员可随时随地通过 Web 浏览器来监视船舶太阳能电力系统的运行状态。网络技术是将无线通信与国际互联网等多媒体通信结合起来的新一代移动通信系统，它采用先进的空中接口技术、核心包分组技术、高效频谱利用技术，可实现实时视频、高速多媒体和移动互联网访问等业务。

2. 系统结构及设计

安全监控装置本着可靠性高、功耗低和功能完善的设计原则，确定选用技术成熟的PLC作为安全监控装置的控制核心，实现数据采集、处理和控制等功能。安全监控系统的主控单元PLC通过RS485通信方式采集控制单元（太阳能控制器、BMS）的实时数据。考虑系统的可扩展性和可靠性，选用通信模块获取提供多路RS485数据通道，各通道单独访问接收控制系统的实时参数，这样不仅保证数据传输的高速率和可靠性，而且可使系统结构灵活，方便后期维护。

以 FameView 平板触摸操作站作为上位人机操作界面，实现显示、操作和数据存储功能。此外，针对系统应用于大型远洋运输船舶，为实现工作人员在岸上及时掌握船舶航行中太阳能并网发电系统的实时数据和运行状况（包括运行故障），对海上航行船舶进行远程监控并分析其监控模式，选用基于网络通信的远程监控系统，并采用基于 Web 技术的 B/S 结构。太阳能光伏系统运行状态监测系统总体结构如图 2-12 所示。

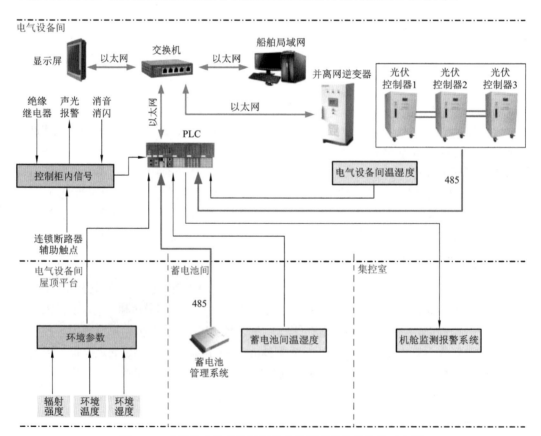

图 2-12 太阳能光伏系统运行状态监测系统总体结构示意图

2.3 光伏发电系统在船舶平台应用适应性

2.3.1 船用太阳能电池板优化布置

1. 美观性

客滚船、渡船及旅游船等类型的船舶对船舶的外观有一定的要求，因此在对该类型船舶上应用太阳能光伏系统，船舶太阳能电池板布置原则上应与船舶的特点密切配合，保持船舶的风格和美观。

2. 太阳辐射量

为了增加光伏阵列的能量输出，所有太阳能电池组件均应普照在阳光下，并获得尽可能多的太阳辐射。太阳能电池组件应避免互相遮光，以及被船舶上的建筑和机械设备阴影遮挡，保证所有电池组件得到光照。应在可能条件下，通过对太阳光伏阵列的合理布置，获得最大的能量输出[30, 31]。

3. 电缆长度

为了减少线路的压降损失、提高系统的输出能量、减小电缆尺寸以降低成本，同时减轻甲板或建筑梁的负载并提高其灵活性，从太阳能电池组件到逆变器，以及从逆变器到变电站的电力电缆，应尽可能按最短距离布置电缆。

4. 布置区域的选择

船舶上的物理空间及平台是非常有限的，一般情况下，船舶上选取用于太阳能电池板的布置区域一定是非操作区域及不具有特殊用途的区域，同时考虑经济性及有利于船舶运营安全等方面。

若在船舶上采用独立型光伏发电系统，首要考虑船舶实际的需求电量，如图2-13所示。而船舶采用并网型光伏发电系统或混合型光伏发电系统时，则优先考虑电池板布置面积最大化[32]。

船舶上布置的区域选择有以下条件：①选择的区域具有相对较大的面积；②选择的区域为非操作区域；③选择的区域不是具有特殊用途的区域，如紧急情况下的直升机停靠平台等。下面选取几种典型船型分析可布置区域。常规渡船一般选用混合供电系统或并网发电系统。从太阳能电池板在船舶上的布置条件来看，图2-14所示为某典型渡船，其布置区域为A。

干散货船一般选用混合型光伏发电系统或并网型光伏发电系统。干散货船的主甲板上若干货舱盖占有很大的一部分面积，大多数船舶的甲板属于平整区域，有利于太阳能电池阵列的安装。从船舶上太阳能电池板布置条件来看，图2-15其中的一个舱布置区域为A，其他的舱也可以进行类似布置。

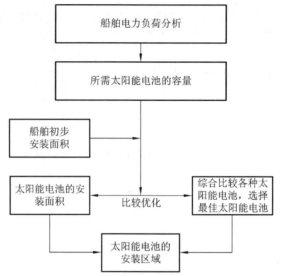

图 2-13　采用独立型光伏发电系统的船舶太阳能电池板布置原理

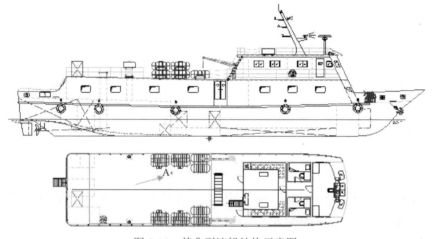

图 2-14　某典型渡船结构示意图

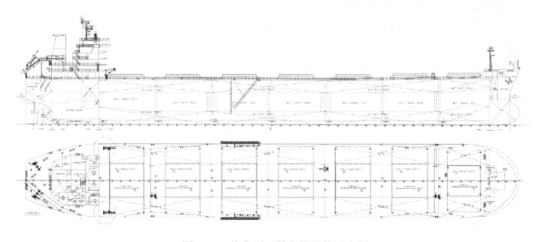

图 2-15　某典型干散货船结构示意图

客滚船一般选用混合型光伏发电系统或并网型光伏发电系统。根据布置原则和商用船舶的布置区域选择条件，如图 2-16 所示的典型客滚船可利用布置区域为 A 和 B。

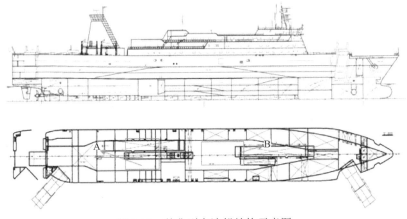

图 2-16 某典型客滚船结构示意图

2.3.2 光伏阵列对船舶稳性的影响

船舶稳性指船舶在外力作用下偏离平衡位置，当外力消失后，船舶具有自身恢复到原来平衡状态的能力。船舶稳性问题主要与船自身和外力两方面问题有关，其中船自身主要包括船的形状、尺寸、重量分布、载货性质等各种因素，外力包括外力的性质、外力的作用方式和作用位置等相关因素[33, 34]。

光伏阵列布置在船上不同的位置对船的初稳性高度 GM 有不同的影响。为使研究的问题简化，假定光伏阵列装在船舶漂心的垂线上，而且船舶仅仅发生平行的下沉，其中光伏阵列重量为 p，且 $p < D/10$（其中 D 为船舶排水量）。当光伏阵列在船舶上装载后，船舶的排水量和吃水量都发生了变化，此时船舶的重心、浮心和稳心由原来的 G、B、M 位置分别变为 G_1、B_1、M_1，从而船舶的初稳性高度也由 GM 变为 G_1M_1，如图 2-17（a）所示。

当船舶安装光伏阵列后，船舶吃水的改变量和所增加的浮力分别为 $\Delta d = p / 100\mathrm{TPC}$（其中 TPC 为每厘米排水量吨数），$\Delta D = \gamma \cdot \Delta d \cdot A_w$。其中增加的浮力 ΔD 的作用点为所增加的排水体积的中心。因为光伏阵列的重量相对于船舶重量很小，这样增加的排水体积的中心位于原来水线面的中心（即漂心）的垂直线上，而且在吃水改变量 Δd 的中点 C，即在 $\Delta d / 2$ 处。

由合力矩定理可知，新的重心和浮心高度分别表示为

$$z_{g1} = \frac{D \cdot z_g + p \cdot z_p}{D + p} \tag{2-12}$$

$$z_{b1} = \frac{D \cdot z_b + p\left(d + \dfrac{\Delta d}{2}\right)}{D + p} \tag{2-13}$$

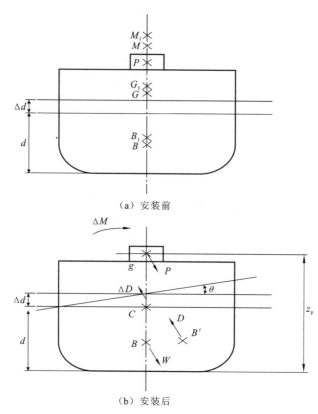

（a）安装前

（b）安装后

图 2-17 光伏阵列安装前后对船舶稳性影响示意图

新的初稳性高度可表示为

$$G_1 M_1 = r_1 + z_{b1} - z_{g1}$$

$$= \frac{I_x}{V + \Delta V} + \frac{D(z_b - z_g)}{D + p} + \frac{p}{D + p}\left(d + \frac{\Delta d}{2} - z_p\right) \quad (2\text{-}14)$$

式中

$$GM = z_b + r - z_g = z_m - z_g \quad (2\text{-}15)$$

式中：z_g 为船舶的重心距基平面的高度，可由船每航次的装载情况计算得到；z_m 为船舶的稳心距基平面的高度，可从吃水 d 从船舶静水力曲线图上查到。

将式（2-14）第一项的分子和分母分别乘以水的重量密度 γ，分母将成为 $D + p$，再把第一项和第二项进行合并，参考式（2-15），得到

$$G_1 M_1 = \frac{D}{D + p} GM + \frac{p}{D + p}\left(d + \frac{\Delta d}{2} - z_p\right) \quad (2\text{-}16)$$

新的初稳性高度的表达式同样也可以用力矩平衡的方法推导得出。如图 2-17（b）所示，由 ΔD 和 p 所组成的力偶 ΔM_s 的方向与船舶的稳性力矩的方向相反，其大小为

$$\Delta M_s = p \,;\, \overline{gc} \cdot \sin\theta = p\left(z_p - d - \frac{\Delta d}{2}\right)\sin\theta \quad (2\text{-}17)$$

船舶的稳性力矩为

$$M_s - \Delta M_s = (D+p) \cdot G_1 M_1 \sin\theta \tag{2-18}$$

由上面可得,船舶在装上光伏阵列之后,其初稳性高度为

$$G_1 M_1 = \frac{M_s - \Delta M_s}{(D+p)\sin\delta} = GM + \frac{p}{D+p}\left(d + \frac{\Delta d}{2} - z_p - GM\right) \tag{2-19}$$

式中:GM 为船未安装光伏阵列前的初稳性高度;D 为船未安装光伏阵列前的排水量;z_p 为装载光伏阵列的重心距龙骨基线的高度。将式(2-19)中的第二项表示为 ΔGM,称为由光伏阵列引起的初稳性高度的改变量。

2.3.3 船舶振动的影响

应用在大型远洋货运船舶上的太阳能光伏发电系统的工作环境通常包括海洋和船载双重环境。海洋环境相比陆地环境要复杂得多,如气体污染物(SO_x 和 NO_x)、固体颗粒(灰尘颗粒和盐粒等)及强风、浓雾、雨雪和冰雹等;船载环境因素主要包括船舶振动、燃油排放物等。这些环境因素都可能会影响太阳能光伏发电系统的输出特性,甚至对太阳能光伏发电系统产生不同程度的损伤,进而降低其可靠性和使用寿命。

对船载环境来说,船舶的低频振动一直是船舶机械可靠性研究的重要内容。相较于其他船载环境因素,可以认为低频振动是影响船用太阳能电池可靠性的重要因素,也是制约太阳能光伏发电系统在船舶上实际推广应用的关键问题[35]。

船舶振动一直以来受到相关学者的广泛关注,它不仅会引起船体结构疲劳破损、造成船体表面裂缝、缩短船舶寿命,还会干扰船上仪器、仪表和控制系统的正常使用,产生航行安全隐患。此外,船舶振动还会降低船上人员的工作效率及生活舒适性,危害航行操作。船舶在海上航行时会产生不同种类的振动,通常包括船体梁、上层建筑和尾部的振动,板格、板架、桅杆和机舱等的振动,推进轴系的振动,以及机架和机械设备的振动等。由于太阳能电池多装载于船舶甲板以上,其所受的振动一般认为是上层建筑振动。在上层建筑振动频率的计算方法中,简化计算法通常是将上层建筑分为 5 种类型,再以经验公式进行计算。有限元计算法比简化计算法更接近于实船测试结果,但计算过程较为复杂。上层建筑振动的固有频率一般为 6~15 Hz,不同船型之间有所差异。为了避免上层建筑引起共振,通常固有频率与外界激励频率之间有 1.1~1.5 倍的频率储备,同时结合大量实船案例,可认为装载在船舶甲板上的太阳能电池所处环境的振动频率主要为 5~20 Hz。

船舶甲板、机舱等部位存在大量不同的动力旋转机械,各类机械在运行过程中会持续产生低频振动,经传递作用于船舶甲板,影响安装在船舶甲板上的太阳能电池:一方面可能使电池处于疲劳状态,造成电池基体出现裂纹;另一方面可能会直接改变电池的输出特性。

为了探求低频振动对太阳能电池输出特性的影响机理,可通过试验进一步来验证低频振动与温度、辐照强度之间的关系。由于装载在船舶甲板上的太阳能电池所处环境的振动频率主要为 5~20 Hz,选取特定频率 20 Hz 作为试验振动频率。环境参数为温度 26.5℃、相对湿度 45.5%,模拟的辐照强度为 570 W/m²,并保证试验平台内部通风良好。试验测定在持续振动过程中,太阳能电池的温度和接收到的辐照强度的变化情况如图 2-18 所示。

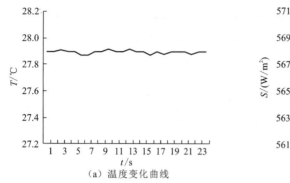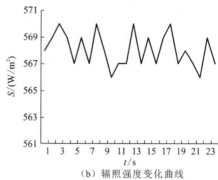

（a）温度变化曲线　　　　　　　　　（b）辐照强度变化曲线

图 2-18　低频振动下的参数变化

从图 2-18 可以看出，在 20 Hz 特定频率的持续振动下，太阳能电池的温度相对稳定，而接收到的辐照强度呈现波动。因此可认为船舶的低频振动，通过改变太阳光照的入射角，使太阳能电池接收到的辐照强度发生变化，从而影响电池的输出特性。简单来说，可以将船舶低频振动对船用太阳能电池输出特性的影响关系，转化为光照变化对船用太阳能电池输出特性的影响关系。

为了探究不同频率的振动对船用光伏的影响，采用对比试验法进行研究。试验时的环境参数为温度 27.1 ℃、相对湿度 56.8%；模拟的辐照强度 S 分别为 156 W/m^2、476 W/m^2、942 W/m^2。

试验一的结果如图 2-19 所示。可以发现在稳定的持续光照下，随着时间的推移，太阳能电池的最大功率点功率 P_m 存在波动，变化幅度约为 5%。这表明受到持续低频振动的影响，太阳能电池的输出特性并不是平稳的，而会在一个范围内变化。同时基于变化幅度，可以认为由低频振动引起的波动微小，对整体的影响并不明显。

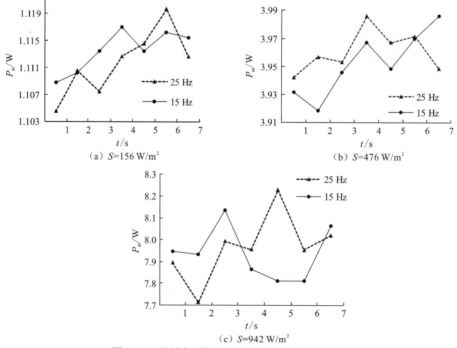

（a）S=156 W/m^2　　　　　　　（b）S=476 W/m^2

（c）S=942 W/m^2

图 2-19　持续低频振动与输出特性之间的关系

而在相同辐照强度下的试验结果，可以发现两者的变化趋势相似，都是在一个范围内波动。因此，试验结果对比可以进一步验证本章的理论分析，认为船舶低频振动对船用太阳能电池输出特性的影响主要是通过改变接收到的光照引起的。

试验二的结果如图 2-20 所示。可以发现当太阳能电池受到船舶低频振动影响的时候，随着振动频率的变化，太阳能电池的 4 个评估参数出现变化幅度小于 5% 的微小波动。

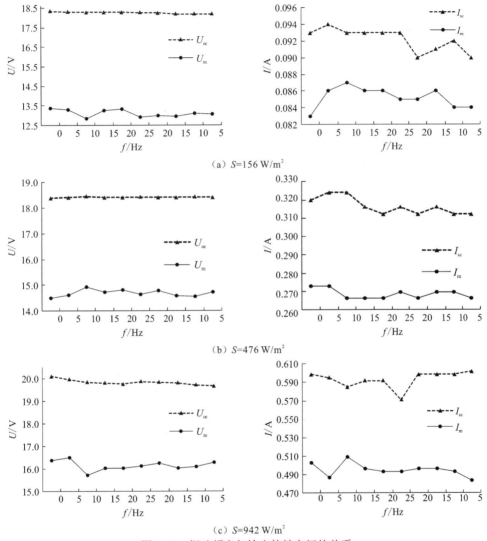

图 2-20 振动频率与输出特性之间的关系

结合图 2-19 和图 2-20，可以认为船舶低频振动对太阳能电池输出特性的影响十分微弱，虽然会引起太阳能电池输出的微小波动，但在可接受波动范围之内，同时这种影响并不会随着振动频率与辐照强度的变化而显著增强。但是也必须意识到，对于整个光伏阵列，这种程度的波动导致的功率损失总量有可能是巨大的，同时对精度要求较高的电力系统，也有可能会产生潜在的影响。

2.3.4　电磁兼容的影响

现代船舶集成了大量的电子设备，这些设备在完成其功能的同时产生了各种电磁干扰信号，这些电磁干扰信号通过传导和辐射的方式，影响船舶平台上的电子和电气设备。当太阳能光伏发电系统安装在船舶上时，船舶复杂的电磁环境将严重影响船用光伏发电系统的正常运行，因此分析船舶复杂的电磁环境对船用光伏系统的电磁干扰的干扰源、耦合途径以及敏感设备是必需的。光伏发电系统中光伏阵列的输出电压具有波动性，而逆变电路采用的是电力电子开关器件［一般使用 IGBT 或金属氧化物半导体场效应管（metaloxide semiconductor field effect transistor，MOSFET）］和脉冲宽度调制（pulse width modulation，PWM）技术，使输出电压波形有很陡峭的 dV/dr，dV/dr 类似于电磁波发射源等。这必然影响船舶电子设备的正常运行，从而影响船舶的航行安全。因此，研究船用太阳能光伏发电系统的电磁兼容影响具有重要意义[36, 37]。

现代船舶的自动化程度非常高，大量的电子设备用于通信、导航、监测诊断及控制，这虽然大大地提高了船舶运输的安全性并减轻了船员的劳动强度，但伴随而来的是复杂的电磁兼容问题。因此，船用光伏发电系统在系统设计阶段，电磁兼容问题是必须要考虑的一个问题。本小节主要分析电磁兼容的基本原理、船舶光伏发电系统的电磁环境，以及船用光伏发电系统对船舶通行的影响。

1. 电磁兼容基本理论

电磁兼容（electromagnetic compatibility，EMC）直译为电磁兼容性。所谓电磁兼容性，按照国际电工技术委员会（IEC）给出的定义，是指一个设备在电磁环境中能符合要求运行而又不对环境（包括其他设备）造成不允许的干扰的能力。按照《电工术语 电磁兼容》（GB/T 4365—2003）的说明，当 EMC 指设备或系统的性能参数时，称为电磁兼容性，而当 EMC 指一门学科、一个领域时，则应称为电磁兼容。通常为了书写方便，并不对其加以区别，而是统称为电磁兼容。

电磁噪声、无用信号或者传播媒介自身的变化引起的设备、传输通道或者系统性能的下降，即所谓的电磁干扰（EMI）。电磁干扰是由三个基本要素组合而产生的，即电磁兼容三要素。

（1）干扰源：自然产生的和人为造成的两类，典型的自然干扰源为大气中产生的雷电和宇宙干扰源，人为干扰源为产生干扰的电路或设备。

（2）敏感设备：任何一个工作的电气和电子设备、子系统或系统都是一个干扰的接收器。

（3）耦合途径：传递干扰能量到敏感源的路径。任何干扰的产生必然通过某种途径由干扰源耦合到敏感设备，按传播途径的不同可分为传导干扰和辐射干扰。

2. 传导干扰模式

传导干扰的模式主要有共模（common mode）和差模（differential mode）两种。共模干扰是指干扰源和接收器之间相连的导线上具有共同的干扰电流，即所有导线上的干

扰电流 I_{cm} 的大小相等且相位相同，它们的回流线是共用的地线，这种电流称为共模电流。在不同的导线上干扰电流大小相等而相位差 180°，这种电流称为差模电流 I_{dm}，如图 2-21 所示。图 2-22 和图 2-23 分别表示两个子系统相互干扰时共模干扰和差模干扰模式的等效电路。其中 I_{1cm} 和 I_{2cm} 分别是子系统 1 和子系统 2 作为干扰源时产生的共模干扰电流，Z_{1cm} 和 Z_{2cm} 分别是子系统 1 和子系统 2 为接收器时的共模输入阻抗；I_{1dm} 和 I_{2dm} 分别是子系统 1 和子系统 2 作为干扰源时产生的差模干扰电流，Z_{1dm} 和 Z_{2dm} 分别是子系统 1 和子系统 2 为接收器时的差模输入阻抗。因此，在任一干扰频率下连接两个子系统的各根线上的总的干扰电流是不相等的，一根线上总的干扰电流为

$$I_1 = I_{cm} + I_{dm} \tag{2-20}$$

另一根线上总的干扰电流为

$$I_2 = I_{cm} - I_{dm} \tag{2-21}$$

考虑两根线上的干扰电流时，可以把它们分成共模和差模两种模式。由式（2-20）和式（2-21）可知，两根线上的共模电流 I_{cm} 和差模电流 I_{dm} 与两根线上总的干扰电流 I_1 和 I_2 的关系为

$$I_{cm} = 0.5(I_1 + I_2) \tag{2-22}$$

$$I_{dm} = 0.5(I_1 - I_2) \tag{2-23}$$

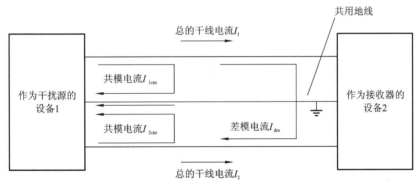

图 2-21　传导模式的共模电流和差模电流

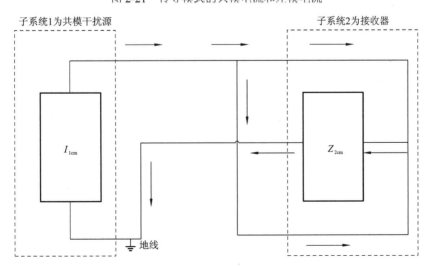

（a）子系统1为共模干扰源

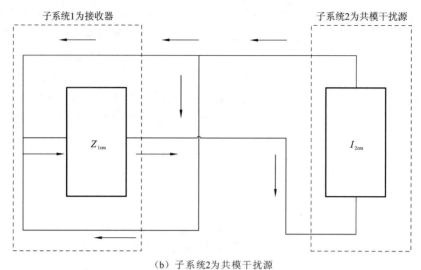

（b）子系统2为共模干扰源

图 2-22 两个子系统相互干扰时共模干扰模式的等效电路

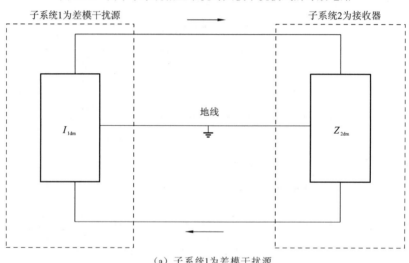

（a）子系统1为差模干扰源

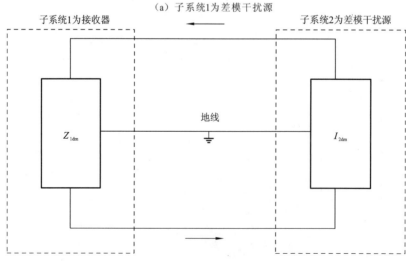

（b）子系统2为差模干扰源

图 2-23 两个子系统相互干扰时差模干扰模式的等效电路

3. 辐射干扰基本理论

电磁兼容性问题实际上是要解决系统内部或系统间的电磁干扰问题。干扰源产生的干扰通过辐射或（和）传导耦合到接收器。在分析干扰源时常常用到两个最基本的干扰源（天线）模型，即长度为 L 的短线天线和半径为 a 的小圆环天线，"短"和"小"是相对其辐射的电磁波的波长 λ 而言的，即 $L \ll \lambda$，$a \ll \lambda$。

（1）短线天线和小圆环天线产生的辐射场的一般表示式。假定短线天线和小圆环天线上的交变电流是 $I_0 \cos \omega t$，将它们视为电偶极子天线和磁偶极子天线。这两个最基本的干扰模型在实际系统中确实存在，利用它们也可以构成实际的源和天线。

短线天线产生的辐射场为

$$E_r = \frac{k^3 I_0 L \cos \theta}{j \omega 4 \pi \varepsilon_0} \left[j \frac{2}{(kr)^2} + \frac{2}{(kr)^3} \right] e^{-jkr} \tag{2-24}$$

$$E_\theta = -\frac{k^3 I_0 L \sin \theta}{j \omega 4 \pi \varepsilon_0} \left[\frac{1}{kr} - \frac{j}{(kr)^2} - \frac{1}{(kr)^3} \right] e^{-jkr} \tag{2-25}$$

$$H_\varphi = \frac{k^2 I_0 L \sin \theta}{4 \pi} \left[\frac{j}{kr} + \frac{1}{(kr)^2} \right] e^{-jkr} \tag{2-26}$$

小圆环天线产生的辐射场为

$$E_\varphi = \frac{k^2 \omega \mu_0 \pi a^2 I_0 \sin \theta}{4 \pi} \left[\frac{1}{kr} - \frac{j}{(kr)^2} \right] e^{-jkr} \tag{2-27}$$

$$H_r = \frac{k^3 \pi a^2 I_0 \cos \theta}{4 \pi} \left[\frac{2j}{(kr)^2} + \frac{2}{(kr)^3} \right] e^{-jkr} \tag{2-28}$$

$$H_\theta = -\frac{k^3 \pi a^2 I_0 \sin \theta}{4 \pi} \left[\frac{1}{kr} - \frac{j}{(kr)^2} - \frac{1}{(kr)^3} \right] e^{-jkr} \tag{2-29}$$

式中：k 为自由空间的传播常数，$k = \omega \sqrt{\varepsilon_0 \mu_0} = \dfrac{2\pi}{\lambda}$。

由式（2-24）～式（2-29）可以看出，短线天线和小圆环天线朝空中辐射的电磁波是一个球面波，相位因子为 e^{-jkr}，等相位面为球面。

（2）短线天线和小圆环天线的远区场和近区场。当 $kr \gg 1$，即 $r \gg \lambda/2\pi$ 时称为远区场。远区场中，式（2-24）～式（2-29）中相对于 $1/kr$ 项而言，其他 $1/(kr)^2$ 及 $1/(kr)^3$ 高次项可以忽略不计，因此远区场的近似表示式可做如下简化。

短线天线的远区场为

$$E_\theta = -\frac{j k^2 I_0 L \sin \theta}{j \omega 4 \pi \varepsilon_0} e^{-jkr} \tag{2-30}$$

$$H_\varphi = -\frac{k^2 \pi a^2 I_0 \sin \theta}{4 \pi r} e^{-jkr} \tag{2-31}$$

小圆环天线的远区场为

$$E_{\varphi} = \frac{k\omega\mu_0\pi a^2 I_0 \sin\theta}{4\pi r} \mathrm{e}^{-\mathrm{j}kr} \tag{2-32}$$

$$H_{\theta} = -\frac{k^2\pi a^2 I_0 \sin\theta}{4\pi r} \mathrm{e}^{-\mathrm{j}kr} \tag{2-33}$$

由式（2-30）～式（2-33）可以看出，短线天线和小圆环天线的远区场是很相似的，短线天线的电力线和磁力线与小圆环天线的磁力线和电力线是一样的，无论是电场还是磁场均没有传播方向（径向 r）的分量，因此两种干扰源模型辐射的远区场是一个横电磁（transverse electric magetic field，TEM）波，但仍是一个球面波。短线天线远区场的波阻抗 Z_{w} 为

$$Z_{\mathrm{w}} = \frac{E_{\theta}}{H_{\varphi}} = \frac{k}{\omega\varepsilon_0} = \sqrt{\frac{\mu_0}{\varepsilon_0}} = Z_0 = 120\pi \approx 377(\Omega) \tag{2-34}$$

小圆环天线远区的波阻抗 Z_{w} 为

$$Z_{\mathrm{w}} = \frac{E_{\theta}}{H_{\varphi}} = -\frac{\omega\mu_0}{k} = -\sqrt{\frac{\mu_0}{\varepsilon_0}} = -Z_0 = -120\pi \approx -377(\Omega) \tag{2-35}$$

以上分析表明，在电磁兼容性问题中处理短线天线和小圆环天线的远区场时没有什么不同。当 $kr \ll 1$，即 $r \ll \lambda/2\pi$ 时称为近区，在这一区域内的场称为近区场，近区场中起主要作用的是高次项 $1/(kr)^3$，因为 $kr \ll 1$，所以 $\mathrm{e}^{-\mathrm{j}kr} \approx 1$。因此短线天线近区场的近似表示式为

$$E_{\mathrm{r}} = \frac{I_0 L \cos\theta}{\mathrm{j}\omega 2\pi\varepsilon_0 r^3} \tag{2-36}$$

$$E_{\theta} = -\frac{I_0 L \sin\theta}{\mathrm{j}\omega 4\pi\varepsilon_0 r^3} \tag{2-37}$$

$$H_{\varphi} = -\frac{I_0 L \sin\theta}{4\pi r^2} \tag{2-38}$$

小圆环天线近区场的近似表示式为

$$E_{\varphi} = -\frac{\mathrm{j}\omega\mu_0\pi a^2 I_0 \sin\theta}{4\pi r^2} \tag{2-39}$$

4. 船用光伏发电系统的电磁环境

1）船舶复杂的电磁环境

现代船舶集中了大量的电子设备，船舶电磁环境的多种因素如图 2-24 所示，对船舶电子系统的正常工作造成恶劣的影响[38]。这些船用电子设备在完成其功能的时候，伴随产生不同类型的电磁干扰信号，这些信号通过传导和辐射耦合的方式影响甚至污染船舶这个平台的电磁环境，影响其他在这个平台上工作的设备。根据船用电子设备在船上的处所不同，船用电子设备电磁干扰问题可分为驾驶台内部电磁干扰、机舱内部电磁干扰和舱外电磁干扰三部分[39]。

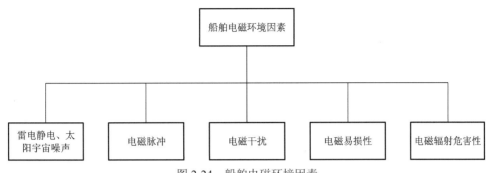

图 2-24　船舶电磁环境因素

驾驶台的空间比较小且封闭，同时还布置了大量的通信及导航电子设备。不同的通信及导航电子设备的功率、工作频率、骚扰发射强度及抗扰度各不相同，使驾驶室形成了复杂的电磁环境。

机舱内部拥有大功率的发电机、电动机，集成电路控制器等设备及大量的开关性元件。其中发电机和电动机这类感性负载不仅在它们工作时会产生交变电磁场，而且在它们停机时还会对电源产生强烈的反向过电压的传导干扰信号。机舱内部的开关、继电器等开关性元件触点的作用是通断电流。这类触点要开未开或要闭未闭的瞬间，将产生不同程度的火花放电现象。这类触点间放电能量虽然比较小，但是其放电瞬间的能量密度达到足以造成伤害的程度。

舱室外部的电磁干扰主要是无线电波、静电和雷电的电磁干扰。在驾驶台顶部，主要安装了甚高频（very high frequency，VHF）天线、雷达天线和卫星天线等无线电收发天线。这些天线周围将形成多个电磁辐射发射场，通过辐射、统射等方式干扰船上其他电子设备。雷电在放电区域附近的导体上将引起感生的瞬变过程而形成干扰源。静电放电产生的电流脉冲，因为其放电时间很短（1~2 ns），瞬间的电流可以达到 10 A 甚至更高，这足以导致电子设备工作异常甚至损坏。此外，由静电放电所产生的电磁场可通过辐射的方式影响周围的电子设备[40]。

2）光伏发电系统的电磁干扰问题

光伏发电系统的电磁干扰问题主要有：①当采用光伏阵列作为直流电源输入时，存在一定程度的电压波动；②控制器中主电路、逆变电路采用的都是电力电子开关器件（如 IGBT 或 MOSFET）和 PWM 技术，这将使电压随时间变化的波形很陡峭，即 dV/dt 的绝对值比较大，dV/dt 相当于电磁波的发射源。

（1）在传导干扰方面，由于光伏发电系统的电源特性，其输出的直流电压一定会存在不同程度的波动，其中当光伏发电系统采用最大功率点跟踪（maximum power point tracking，MPPT）控制时，光伏阵列的输出电压波动将更加明显，该电压的波动将通过光伏阵列与控制器的电缆进入控制器，造成控制器的电磁干扰。一般光伏发电系统选择把光伏阵列布置在无遮挡的开阔地带，以便于得到良好的光照，提高光伏发电系统的发电量。但是光伏阵列在开阔地带容易受到雷击，雷击产生的干扰电流通过光伏阵列与控制器的电缆，将直接干扰控制器正常工作。此外，控制器中可能存在各元器件不合理的接地，电力电子开关的动作将产生电磁干扰信号，通过公共阻抗传导耦合到光伏发电系统的其他部分。

（2）在辐射干扰方面，太阳能电池中吸收电子的银导线、光伏阵列的支架和导线构成一个复杂的天线系统。外界的电磁干扰信号在导体中引起电磁感应产生感应干扰电流，通过导体进入光伏控制器。太阳能光伏发电系统中的电力电子开关器件所产生的高次谐波等引起电磁辐射，在光伏控制器的控制电路中耦合，产生干扰电流或电压，对被控制单元形成辐射干扰。控制器中的电力电子装置所产生的高次谐波通过光伏阵列的天线作用在周边范围内形成电磁辐射，对附近的电子设备产生辐射干扰。

2.3.5　海水盐雾的影响

1. 影响机理

海洋环境十分复杂，被公认为最苛刻的腐蚀环境之一，存在湿度高和盐度大等特点。可以认为，在海洋环境中，湿度、温度、盐度、溶解、风速及 pH 等众多因素均以盐雾和海水为主要媒介对船用太阳能电池可靠性产生影响。此外，盐雾和海水除了会腐蚀太阳能电池，还可能对电池产生遮挡、影响散热等效应，改变输出特性[41]。

船用太阳能电池通常都装载于船舶甲板上，因此海洋大气区是其主要接触的环境。海洋大气区通常指由海水的蒸发所引起的湿度大、盐分高，处于海平面以上的环境。在海洋大气区，物体表面易形成一层薄液膜，空气中的一些酸性气体以及颗粒物会溶于这层液膜中，从而形成酸性液体，引起腐蚀。这层表面液膜的形成及液膜的厚度通常受大气温度、湿度、大气含盐量、光照条件、风及干湿交替等因素的影响[42]。

海洋环境通常可分为海洋大气区、海水飞溅区、海水潮差区、海水全浸区及海泥区 5个腐蚀区带。在 5 个海洋腐蚀环境的区带中，平均高潮线以上的海水飞溅区是最容易引起金属腐蚀的区带。该区域对材料产生严重腐蚀损坏的原因主要是：①海水飞溅、氧气供应充分、干湿交替等因素的存在，使环境异常苛刻；②太阳光照和海水冲击极易破坏金属材料的保护膜，导致外部环境直接作用于材料本身；③海水能够冲刷到甲板表面的太阳能电池，导致其中的大量盐分和臭氧、游离碘等腐蚀性成分均可能对电池表面造成腐蚀；④存在于太阳能电池表面的海水蒸发后会留下盐斑，也会对太阳能电池可靠性产生影响。

在海洋环境中，学者主要研究的是盐雾腐蚀对太阳能电池玻璃表面造成的损伤。太阳能电池表面的玻璃盖板一般选用的是高透光率的钢化玻璃，但海洋环境高盐度、高湿度等极端条件也常给其带来污染、着色、腐蚀和磨损等损伤。有学者指出，太阳能电池处于海水气雾中，易在其玻璃表面上形成黑色腐蚀斑点，导致光谱透过率下降。同时，在干湿交替作用下，太阳能电池表面易形成盐斑，会使玻璃盖片的透射率降低，造成局部阴影影响。此外，海洋环境还会降低太阳能电池的寿命，在海水、盐雾、振动等共同影响下，太阳能电池会出现裂纹、密封下降等问题，造成不可挽回的物理损伤。

船用太阳能电池的工作环境包括海洋和船载双重环境。目前国内外学者在研究海洋环境因素对太阳能电池影响机理方面，只单一考虑了海水对太阳能电池玻璃表面的腐蚀和遮挡影响，对海洋大气中的盐雾、海水蒸发的动态影响，以及包括风速、干湿交替等因素在内的综合影响等方面都还未有深入研究，影响机理还有许多待完善的部分。

海洋环境湿度较高，海水中含有大量盐分，海风中夹杂着各种酸碱性物质，从而使海洋环境相比陆地环境要复杂得多。根据海洋环境因素的理论分析，盐雾和海水是影响船用太阳能电池输出特性的主要海洋环境因素，故以盐雾、海水为切入点，研究海洋环境对太阳能电池输出特性的影响。本小节认为主要是潮湿的海洋大气引起含有大量盐分的水雾存在于光伏阵列之上，形成盐雾层。一方面，太阳光照需要通过盐雾层才能到达太阳能电池表面，盐雾的散射、吸收等作用会对电池实际接收到的辐照强度产生影响；另一方面，盐雾在常温常压下更容易蒸发和漂移带走热量，从而影响太阳能电池的温度。

而海水对船用太阳能电池的影响，主要指盐雾在太阳能电池表面形成的水膜或海水冲刷残留的液体覆盖在太阳能电池表面。液体蒸发不仅会对电池的散热产生影响，还会对到达电池玻璃表面的太阳光线的反射、折射产生影响。

此外，在工程实际中，盐雾和海水对太阳能电池的影响是一个动态变化的过程，盐雾会形成附着于太阳能电池表面的水膜，而水蒸发会留下盐粒覆盖于电池玻璃表面。如图 2-25 所示，盐雾和海水的动态变化会使太阳能电池产生不同的输出变化。盐雾和海水主要基于它们的动态变化，通过改变温度、辐照强度影响船用太阳能电池的输出特性。

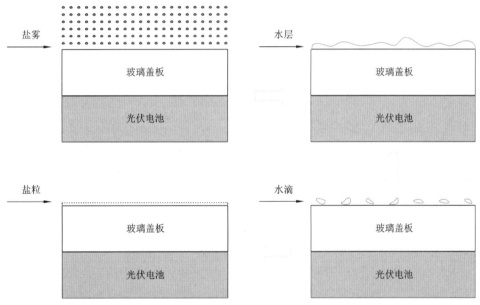

图 2-25　盐雾和海水的动态变化

2. 验证试验设计

考虑全球各地的海洋，海水中的平均盐度约为 3.5%，pH 为 7.9～8.4，而其又会因海域、天气情况的不同而产生差异。因此，验证试验以海水晶为主要原料，配制了盐度为 3.5%、pH 为 8.2 的人造海水。同时，参考美国国家航空航天局（National Aeronautics and Space Administration，NASA）公布的地球表面年平均太阳光日照强度分布，人造光源所模拟的辐照强度设定为 800 W/m^2。而试验所选取的太阳能电池型号为 GH-10W。

试验一：主要研究盐雾对太阳能电池输出特性的影响效应。试验选用盐度为 3.5%、pH 为 8.2 的人造海水的同时，选用清水及配置盐度为 10%、pH 为 8.2 的人造海水作为对比。并且通过试验平台的加热装置调控 3 次试验的起始环境温度，做到温度相近（误差不超过 1.5%）。在持续光照下，分别测定不同浓度盐雾出现前后太阳能电池的输出特性。引入 3 个评估参数来对输出特性的变化趋势进行量化分析，所选参数分别为开路电压 U_{oc}、短路电流 I_{sc}、最大功率点功率 P_{m}。同时在试验过程中，同步获取太阳能电池的温度变化和接收到的辐照强度变化数据。

试验二：主要研究海水对太阳能电池输出特性的影响效应。试验选用盐度为 3.5%、pH 为 8.2 的人造海水的同时，选用清水及配置盐度为 15%、pH 为 8.2 的人造海水作为对比。并且通过试验平台的加热装置调控三次试验的起始环境温度，做到温度相近（误差不超过 1.5%）。分别测定 3 种盐度下，海水覆盖太阳能电池表面前后，电池在持续光照下的输出特性。获取一段时间内的多组数据，并且保证测定总时间内海水蒸发留下盐粒。引入 3 个评估参数来对输出特性的变化趋势进行量化分析，所选评估参数分别为开路电压 U_{oc}、短路电流 I_{sc}、最大功率点功率 P_{m}。同时在试验过程中，同步获取太阳能电池的温度变化数据。

3. 试验结果

试验一的结果如图 2-26 所示，其中在持续光照下，试验开始 10 min 后，打开水泵，试验平台雾化喷头喷入盐雾，喷洒过程持续 15 min 后，关闭水泵，盐雾喷入停止。

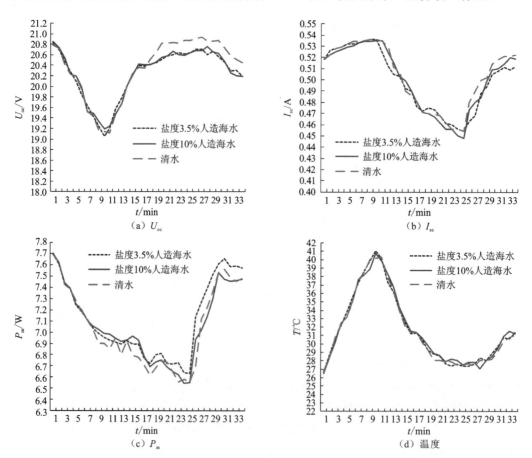

(a) U_{oc} (b) I_{sc} (c) P_{m} (d) 温度

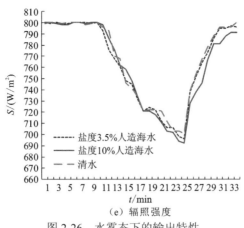

（e）辐照强度

图 2-26 水雾态下的输出特性

由图 2-26 可知，试验前期在持续光照下，太阳能电池的开路电压 U_{oc} 和最大功率点功率 P_m 持续下降，而短路电流 I_{sc} 略有上升。分析原因，根据图 2-26（d）所示太阳能电池温度变化可知，这是由于光照引起太阳能电池温度升高，半导体 PN 结带隙能量下降，导致能够跃迁的价电子变多，从而产生更多的电子-空穴对，造成短路电流增大，但是变化比较微弱；与此同时，温度的升高会显著降低开路电压，并使最大功率点功率也随之减小。

喷入盐雾后，图 2-26（d）显示随着时间的推移，由于盐雾的蒸发和漂移带走热量，太阳能电池的温度开始下降。根据相关理论，降温能够有效促进太阳能电池的输出，但是图 2-26（c）结果表明太阳能电池的最大功率点功率 P_m 并没有随之升高，反而是持续下降。进一步分析图 2-26（e），其所示结果为人造光源的光线通过盐雾层之后到达太阳能电池的辐照强度变化情况，可以发现喷入盐雾后，到达太阳能电池表面的辐照强度出现了明显的减弱。因此基于相关试验结果，本小节认为盐雾会对光线产生散射、吸收等作用，进而导致太阳能电池实际吸收的辐照强度大幅度下降[43, 44]，同时这种减弱作用所引起的太阳能电池输出变化强于降温的促进作用，从而造成了图 2-26（c）所示的最大功率点功率 P_m 下降。此外，辐照强度降低对太阳能电池开路电压的影响较弱，而对短路电流则会产生较强的减弱作用，这与温度引起的输出特性变化有所不同，从而出现如图 2-26（a）和（b）所示的结果，喷洒盐雾后开路电压 U_{oc} 升高、短路电流 I_{sc} 降低。

盐雾停止喷入以后，对辐照强度的削弱作用逐渐消失，使得太阳能电池接收到的光线增加，又引起了太阳能电池最大功率点功率 P_m 和短路电流 I_{sc} 的显著上升。

同时，通过对比清水、盐度为 3.5% 的盐雾、盐度为 10% 的盐雾这三次试验的结果可以发现，评估参数的变化趋势相近，表明盐雾的影响效应主要是基于水雾对光线及散热的作用，盐度的变化并不会使结果出现明显差别。此外根据试验结果，本小节认为在内河等湿度较大区域使用太阳能电池，环境内生成的水雾也会对电池的输出特性产生相似的影响。

试验二的结果如图 2-27 所示，其中在持续光照下，试验测试 20 min 后，在太阳能电池表面喷洒人造海水。

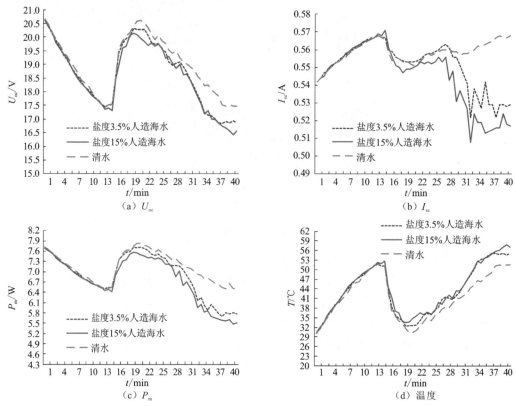

图 2-27　海水态下的输出特性

由图 2-27 可知，太阳能电池温度在持续光照下逐渐升高，由此导致开路电压 U_{oc} 和最大功率点功率 P_m 下降，短路电流 I_{sc} 略有上升。当喷洒海水之后，太阳能电池温度显著下降，说明附着于电池表面的海水由于蒸发吸热，起到了很好的降温作用。而与此同时，海水会导致照射到太阳能电池表面的光线发生反射和折射，影响电池实际接收到的辐照强度。图 2-27（a）～（c）所示结果表明，在海水引起温度与辐照强度变化的综合作用下，太阳能电池的最大功率点功率 P_m 和开路电压 U_{oc} 出现明显上升，而短路电流 I_{sc} 有微弱的下降，说明海水主要通过降温促进太阳能电池的输出。

在试验二进行约 40 min 之后，图 2-27（d）显示太阳能电池温度开始显著上升，同时电池的各输出特性参数包括开路电压 U_{oc}、短路电流 I_{sc}、最大功率点功率 P_m 都出现大幅度下降；而观察太阳能电池可以发现，除了喷洒清水的电池，其余电池原本清洁透明的玻璃表面逐渐覆盖了一些白色晶体，其中喷洒盐度为 15% 人造海水的电池表面污染程度重于盐度为 3.5% 的人造海水。分析原因，太阳能电池表面的海水蒸发后，析出的盐粒逐渐附着于太阳能电池表面，一方面遮挡太阳光线对太阳能电池的照射，使得电池实际能够接收太阳光线的有效面积减少，同时使部分入射光线在玻璃盖板中的传播均匀性发生改变，造成额外的反射损失；另一方面，盐粒作为导热系数较小的物质，阻挡太阳能电池的热量向外传递，使得电池因自身热量难以释放而温度升高，两者的共同作用造成了太阳能电池输出特性的明显减弱。而盐度为 15% 的人造海水析出的盐粒数量、覆盖的面积要高于盐度为 3.5% 的人造海水，由此造成在影响程度上有所差别。而清水蒸发后并没有留下盐粒，因此在试验后期出现与人造海水不同的试验结果。

与此同时，在开展试验一的过程中，停止喷入盐雾之后，太阳能电池表面会残留液态水，这与试验二在电池表面喷洒人造海水之后的情况类似。而进一步对比图 2-26 和图 2-27 所示的结果，特别是喷洒清水的试验，可以发现，试验一在后期太阳能电池表面有水的情况下，电池温度仍是逐渐上升的，而试验二在海水降温后经过一个较短时间也逐步升温。因此可以认为，附着在太阳能电池表面海水的降温效果虽然明显，但若没有后续海水冲刷的补充，则仅是一个短时间的过程。

基于试验一与试验二的结果分析，盐雾和海水对太阳能电池输出特性的影响存在区别。盐雾降低太阳能电池接收到的辐照强度的程度要高于降温作用，对太阳能电池输出的影响表现为减弱。而附着于太阳能电池表面的海水引起的降温起主要作用，综合影响呈现为增强太阳能电池输出。但随着海水蒸发留下盐粒覆盖在太阳能电池玻璃表面，对电池同时存在遮挡和升温影响，导致对太阳能电池输出又将表现为十分明显的减弱作用。

2.4 光伏-船电集成应用模式

2.4.1 光伏并网型集成应用模式

船用光伏并网发电系统由光伏组件、汇流箱、光伏并网逆变器和隔离变压器等组成，是目前市场应用最为主要的形式[45-47]。其原理是运用逆变器将光伏系统输出的直流电逆变为交流电，再并入大电网中，如图 2-28 所示。并网型光伏系统的结构相对简单，因为能量的变化只有单级，所以它的能量损失较小，其特点如下。

（1）结构相对简单，布置灵活；初投资和运行成本较低；

（2）并网型光伏系统一般接入 450 V 主汇流排或 230 V 照明汇流排，产生的电能经隔离变压器供全船使用；

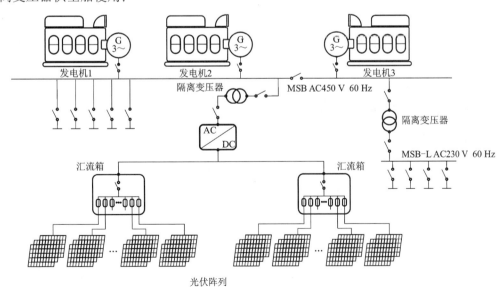

（a）光伏-主汇流排并网型集成应用模式

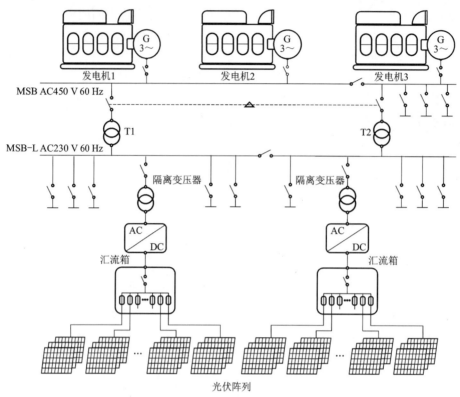

（b）光伏-照明汇流排并网型集成应用模式

图 2-28　光伏并网型集成应用模式

（3）易于参与船舶电网调压调频；

（4）并网逆变易实现孤岛保护；

（5）并网型光伏系统受光伏阵列实时输出功率影响较大，对光伏并网逆变控制策略和电能质量提出更高要求。

针对上述特点，目前船用光伏并网技术的主要研究是提高船舶光伏发电系统的渗透率和光伏并网系统的电能质量。

2.4.2　光伏-储能装置离网型集成应用模式

光伏离网发电系统主要由光伏阵列、光伏控制器、储能装置、双向 DC/DC 变换器和逆变器 5 个部分组成[48, 49]，如图 2-29 所示。不同于并网光伏系统，其多余能量不向电网输送，同时系统能量需自给自足，因此需要加装储能装置。光伏控制器将 MPPT 算法运用于 Boost 变换器，最大化太阳能输出电能的利用率，有效解决了太阳能资源浪费的问题。双向 DC/DC 变换器由一个同步 Buck-Boost 变换器组成，其主要目的是将光伏阵列所发出的电能转换为可控且持续的电能为储能装置充电，或者释放储能装置储存的电能以供负载使用。逆变器为成熟的全桥逆变拓扑结构，在功率器件的调制方式上采用了双极性调制技术，为负载提供可靠且稳定的电能。

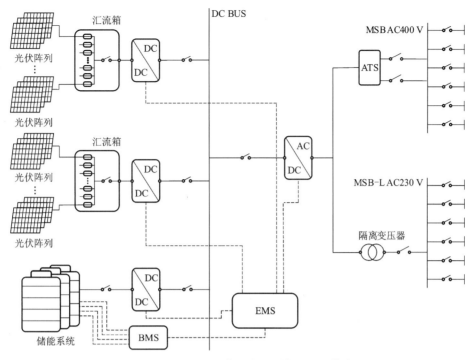

图 2-29　光伏-储能装置离网型集成应用模式

离网光伏系统单独带载运行，与船舶电网之间不存在直接电能交汇，船舶电力系统的暂态稳定性主要取决于在网同步发电机组的电力输出特性，因而对整个电网的安全性和可靠性影响较低[50]。此外，离网型光伏系统通常需要设置容量数倍于光伏组件总容量的储能装置，以满足光伏系统容量与所接负载日均能耗总量之间的匹配关系，并实现供电端和负载端之间动态电能供需平衡，以及尽可能降低光伏电-船电切换频率。特别是，离网逆变器的输出功率受所担负负载总功率的牵制，若所接负载长期在低功率水平运行，将造成逆变器运行效率降低和光伏电能浪费问题。

2.4.3　光储柴直流组网型集成应用模式

船用光储柴直流组网系统主要包含：储能系统、船舶负载、柴油发电机组、变流器、通信网络和控制器及上位机[51, 52]，如图 2-30 所示。柴油发电机组和储能系统作为船舶供电单元，通过直流配电板向负载供电。柴油发电机组提供负载绝大部分功率，与直流电网之间只存在单向能量流动；储能元件与双向 DC/DC 变换器之间有能量、信息的双向流动与交互；BMS 采集锂电池系统状态参数与信息，并由通信网络向控制器或上位机发送信号，通过调整锂电池充/放电电流或电压大小完成控制[53]，其特点如下。

（1）传统交流组网形式的电力推进系统的推进电机一般采用"交-直-交"变频推进的工作模式，而直流组网条件下推进电机使用"直-交"推进方式，减少电力电子设备的使用；船上其他交流设备，则可以使用 DC/AC 逆变器进行功率转换。

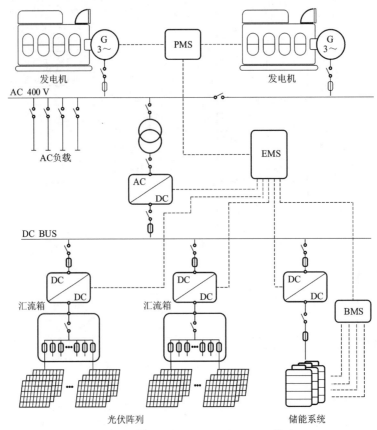

图 2-30　光储柴直流组网型集成应用模式

（2）柴油发电机组可以根据不同的负载条件实现变速运行，从而提升柴油发电机组的运行效率，降低能耗和排放，还可降低柴油发电机组的运维成本，延长柴油发电机组的寿命。

（3）直流组网系统采用的是直流电制，系统兼容性更高，储能设备、新能源及岸电电源等只需要通过集成在直流母线变频控制配电系统中的 DC/DC 斩波器便可接入直流母线，接口和控制非常简便。

（4）交流组网采用电缆和电机的交流等效阻抗抑制短路电流，采用交流断路器进行短路隔离。与之相对的，直流组网系统通过整体系统的直流阻抗来抑制短路电流，采用超高速熔断器或者类似的保护器件进行短路隔离。

参 考 文 献

[1] 孙玉伟. 海洋环境下船用太阳能光伏系统特性研究. 武汉: 武汉理工大学, 2013.

[2] 文书礼, 兰海. 新能源船舶电力系统. 北京: 科学出版社.

[3] 徐逸. 船舶光伏发电系统故障远程诊断方法研究. 武汉: 武汉理工大学, 2021.

[4] 陈建勇, 陈亚杰, 高海波, 等. 新型绿色船舶电力推进系统关键技术及应用分析. 船海工程, 2023, 52(6): 1-7.

[5] 王孟莲. 船舶电力推进系统状态评估研究. 武汉: 武汉理工大学, 2013.

[6] 王博. 船舶综合电力系统能量管理关键技术研究. 哈尔滨: 哈尔滨工程大学, 2022.

[7] 孙向东. 太阳能光伏并网发电技术. 北京: 电子工业出版社, 2014.

[8] Omar M A, Mahmoud M M. Design and simulation of a PV system operating in grid-connected and stand-alone modes for areas of daily grid blackouts. International Journal of Photoenergy, 2019, 1(1): 5216583.

[9] Shaqour A, Farzaneh H, Yoshida Y, et al. Power control and simulation of a building integrated stand-alone hybrid PV-wind-battery system in Kasuga City, Japan. Energy Reports, 2020, 6: 1528-1544.

[10] Merai M, Naouar M, Slama B, et al. A systematic design methodology for DC-link voltage control of single phase grid-tied PV systems. Mathematics and Computers in Simulation, 2020, 183: 158-170.

[11] 翁珏. 光伏系统不均匀光照下 MPPT 技术与储能监测研究. 重庆: 重庆大学, 2014.

[12] 刘艳莉, 周航, 程泽. 基于粒子群优化的光伏系统 MPPT 控制方法. 计算机工程, 2010, 36(15): 265-267.

[13] Sun Y W, Qiu Y C, Yuan C Q, et al. Research on the transient characteristic of photovotaics-ship power system based on PSCAD/EMTDC//2015 International Conference on Renewable Energy Research and Applications (ICRERA), November 22-25, 2015. Palermo, Italy. IEEE, 2015: 397-402.

[14] 张力, 阮新波, 任小永. 两级式逆变器中前级直流变换器的控制方法. 中国电机工程学报, 2015, 35(3): 660-670.

[15] 廖志贤, 罗晓曙, 黄国现. 两级式光伏并网逆变器建模与非线性动力学行为研究. 物理学报, 2015, 64(13): 28-35.

[16] Ozdemir S. Z-source T-type inverter for renewable energy systems with proportional resonant controller. International Journal of Hydrogen Energy, 2016, 41(29): 12591-12602.

[17] 杨水涛, 丁新平. Z 源-变流器在光伏发电系统中的应用. 中国电机工程学报, 2008, 1(28): 112-118.

[18] 胡义华, 陈昊, 徐瑞东, 等. 阴影影响下最大功率点跟踪控制. 中国电机工程学报, 2012, 32(9): 14-26.

[19] 崔岩, 白静晶. 光伏阵列多峰最大功率点跟踪研究. 电机与控制学报, 2012, 16(6): 87-91.

[20] 刘邦银, 梁超辉, 段善旭. 直流模块式建筑集成光伏系统的拓扑研究. 中国电机工程学报, 2008, 28(20): 99-104.

[21] Walker G R, Sernia P C. Cascaded DC-DC converter connection of photovoltaic modules. IEEE Transactions on Industrial Electronics, 2004, 19(4): 1130-1139.

[22] Roman E, Alonso R, Ibanez P, et al. Intelligent PV module for Grid-Connected PV systems. IEEE Transactions on Industrial Electronics, 2006, 53(4): 1066-1073.

[23] 王丰, 吴新科, Fred C, 等. 嵌入式智能光伏模块的最大功率输出统一控制. 中国电机工程学报, 2013, 33(21): 81-89.

[24] De Nicoló L, Haimovich H, Middleton R H. Ideal switched-model dynamic stability conditions for semi-quasi- Z-source inverters. Automatica, 2016, 63: 47-59.

[25] Khajesalehi J, Hamzeh M, Sheshyekani K, et al. Modeling and control of quasi Z-source inverters for parallel operation of battery energy storage systems: Application to microgrids. Electric Power Systems Research, 2015, 125: 164-173.

[26] 王成山, 肖朝霞, 王守相. 微网综合控制与分析. 电力系统自动化, 2008, 32(7): 98-103.

[27] 王成山. 微电网分析与仿真理论. 北京: 科学出版社, 2013.

[28] 肖朝霞. 微网控制及运行特性分析. 天津: 天津大学, 2009.

[29] 徐逸. 船舶光伏发电系统故障远程诊断方法研究. 武汉: 武汉理工大学, 2021.

[30] 胡义华, 陈昊, 徐瑞东, 等. 基于最优传感器配置的光伏阵列故障诊断. 中国电机工程学报, 2011, 31(33): 19-30.

[31] 胡义华, 陈昊, 徐瑞东, 等. 光伏电池板在阴影影响下输出特性. 电工技术学报, 2011, 26(1): 123-128.

[32] 董泽全. 伴有光伏特性的船舶姿态优化控制研究. 哈尔滨: 哈尔滨工程大学, 2018.

[33] 杨洪明, 陈博文, 王憧, 等. 局部阴影遮挡下太阳能电池-超级电容器件阵列建模及其缺失电流协同补偿方法. 电力自动化设备, 2021, 41(6): 15-23.

[34] 李路. 阴影遮挡下太阳能电池参数的 MATLAB 模拟. 科技展望, 2016, 26(9): 170.

[35] 张彦, 袁成清, 孙玉伟, 等. 船舶低频振动对光伏组件输出特性的影响研究. 太阳能学报, 2016, 37(7): 1756-1762.

[36] 马伟明, 张磊, 孟进. 独立电力系统及其电力电子装置的电磁兼容. 北京: 科学出版社, 2007.

[37] 王蔷, 李国定, 龚克. 电磁场理论基础. 北京: 清华大学出版社, 2001.

[38] 王征, 汤仕平, 潘若恩. 现代舰船电磁环境探讨. 船舶工程, 2004, 26(2): 48-50.

[39] 金华标. 船用电子设备电磁兼容技术研究. 武汉: 武汉理工大学, 2010.

[40] 林杰. 船用光伏发电系统布置优化与电磁兼容研究. 武汉: 武汉理工大学, 2012.

[41] 张彦. 环境因素对船用太阳能电池输出特性的影响机理研究. 武汉: 武汉理工大学, 2016.

[42] 赵亮亮. 船用太阳能电池板玻璃盖片光学性能损伤效应研究. 武汉: 武汉理工大学, 2010.

[43] 赵争鸣, 刘建政, 孙晓瑛, 等. 太阳能光伏发电及其应用. 北京: 科学出版社, 2005.

[44] 李圣清. 新能源发电并网控制技术及应用. 北京: 科学出版社, 2019.

[45] Kobayashi K, Takano I, Sawada Y. A study of a two stage maximum power point tracking control of a photovoltaic system under partially shaded insolation conditions//2003 IEEE Power Engineering Society General Meeting, Toronto, Canada, 2003, 4(1): 2612-2617.

[46] Noguchi T, Togashi S, Nakamoto R. Short-current pulse-based maximum power point tracking method for multiple photovoltaic and converter module system. IEEE Transactions on Industrial Electronics, 2002, 49(1): 217-223.

[47] Bekker B, Beukes H. Finding an optimal PV panel maximum power point tracking method//7th Africon Conference in Africa Gaborone, Botswana. IEEE, 2004, 2(1): 1125-1129.

[48] Miyatake M, Inada T, Hiratsuka I, et al. Control characteristics of a Fibonacci–search-based maximum power point tracker when a photovoltaic array is partially shaded. Power Electronics and Motion Control Conference, 2004, 2(1): 816-821.

[49] Solodovnik E, Liu S, Dougal R A. Power controller design for maximum power tracking in solar installations. IEEE Transactions on Power Electronics, 2014, 19(5): 1295-1304.

[50] Abdalla I, Corda J, Zhang L. Multilevel DC-Link Inverter and Control Algorithm to Overcome the PV Partial Shading. IEEE Transactions on Power Electronics, 2013, 28(1): 14-18.

[51] Zhou Y, Liu L M, Li H. A high-performance photovoltaic module-integrated converter (MIC) based on cascaded quasi-Z-source inverters(qZSI)using eGaN FETs. IEEE Transactions on Power Electronics, 2013, 28(6): 2727-2738.

[52] Liu B Y, Liang C H, Duan S X. Design Considerations and Topology Selection for DC-Module-Based Building Integrated Photovoltaic System// ICIEA 2008: 3rd IEEE Conference on Industrial Electronics and Applications, 2018.

[53] Meinhardt M, Cramer G. Past, present and future of grid connected photovoltaic- and hybrid-power-systems. IEEE-PES Summer meeting, 2000, 1(4): 1283-1288.

第 **3** 章

船用光伏 DC/DC 变换器及直流组网

3.1 典型 DC/DC 变换器

DC/DC 变换器是将一种直流电源变换为另一种具有不同输出特性的直流电源设备。它在可再生能源、电力系统、交通、航空航天、家用电器、国防军工、工业控制等领域得到广泛的应用[1]。

按照功率流向不同，DC/DC 控制器分为单向 DC/DC 变换器和双向 DC/DC 变换器。其中，单向 DC/DC 变换器只能在一个方向上转换电压，即从输入电压到输出电压[2]。它们通常用于将一个固定或可变的直流电压转换为另一个固定或可变的直流电压，单向 DC/DC 变换器的典型应用场景包括机器人、电池供电设备等。而双向 DC/DC 变换器可以在两个方向上转换电压，即从输入电压到输出电压，或从输出电压到输入电压，通常应用于能量存储系统、可再生能源系统和混合动力汽车等场景，以实现能量的双向流动。

按照电路拓扑的不同，DC/DC 变换器分为不带隔离变压器的 DC/DC 变换器和带隔离变压器的 DC/DC 变换器，如图 3-1 所示[3]。

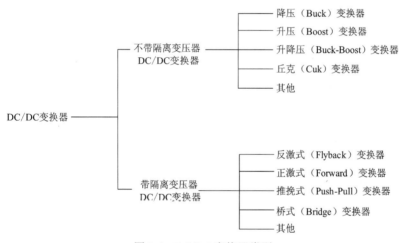

图 3-1　DC/DC 变换器类别

其中 Buck 电路和 Boost 电路是 DC/DC 变换器最基本的两种拓扑形式。DC/DC 变换器的主要功能是变换直流电压等级，隔离变压器则根据需要选取，其基本的作用是输入输出之内隔离，也可进行变压。无论哪一种 DC/DC 变换器，主回路使用的元件都是功率半导体器件电感和电容。目前使用的开关器件主要有 MOSFET、IGBT 及二极管等，电感和电容是储存和传递电能的元件。DC/DC 变换器的基本原理是通过开关器件的通断，使带有滤波器的负载线路与直流电源接通和断开，在负载上得到另一个等级的直流电压。

对于船用光伏发电系统，常用的 DC/DC 变换器包括降压（Buck）变换器、升压（Boost）变换器和升降压（Buck-Boost）变换器。

3.1.1 Buck 变换器

Buck 变换器是一种输出电压等于或小于输入电压的单管非隔离直流变换器。图 3-2 为其电路拓扑图[4]。Buck 变换器的主电路由开关管 T、二极管 D、输出滤波电感 L 和输出滤波电容 C 构成。在这种电路中，电源为电压源性质、负载为电流源性质。电路完成把直流电压 U_s 转换为较低的直流电压 U_0 的功能。

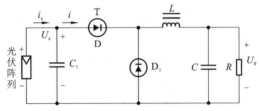

图 3-2 Buck 变换器电路拓扑图

Buck 变换器工作原理是通过斩波形式将平均输出电压予以降低，可以将输入接在光伏电池输出端，通过调节其输出电压来达到调节负载的目的，以保持光伏阵列输出电压在其最大功率点的电压和电流处。

Buck 变换器的两个工况如图 3-3 所示。为了分析稳态特性，简化推导的过程，特作如下假定。

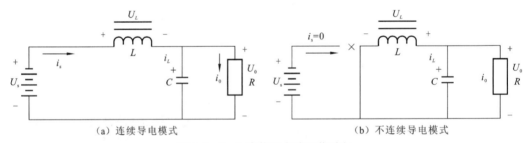

（a）连续导电模式　　　　　　　　　　（b）不连续导电模式

图 3-3 Buck 变换器电路工作过程

（1）开关管、二极管是理想元件，即可以在瞬间导通或截止，没有导通压降（导通时电阻为 0），截止时没有漏电流。

（2）电感、电容是理想元件。电感工作在线性区而未饱和，寄生电阻为零，电容的等效串联电阻为零。

（3）输出电压中的纹波电压与输出电压的比值很小，可以忽略。

定义开关管导通时间 t_{on} 与开关周期 T_s 的比值为占空比，用 D_C 表示：

$$D_C = \frac{t_{on}}{T_s} \qquad (3-1)$$

根据电感电流是否连续，Buck 变换器有连续导电、不连续导电和临界状态三种工作模式。电感电流连续是指输出滤波电感的电流总大于零，电感电流断续是指在开关管关断期间有一段时间流过电感的电流为零。在这两种工作方式之间有一个工作边界，称为电感电流临界连续状态，即在开关管关断期末，滤波电感的电流刚好降为零。它们工作波形有较大差异，图 3-4 为连续导电模式和不连续导电模式的波形图。

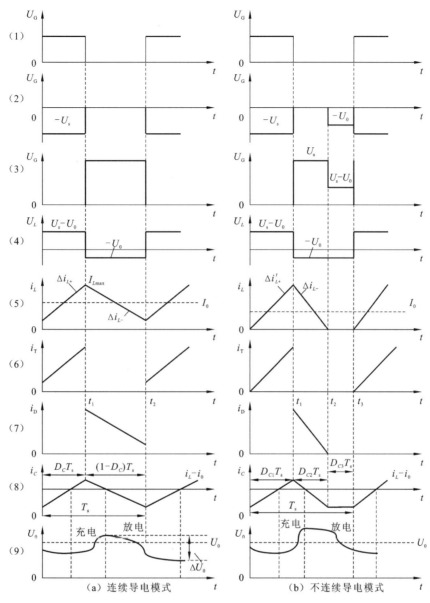

图 3-4 Buck 变换器工作波形

1. Buck 变换器连续导电模式

当开关管 T 导通时，如图 3-4（a）所示，续流二极管因反向偏置而截止，电容开始充电，直流电压源 U_s 通过电感 L 向负载传递能量。此时，电感电流 i_L 线性增加，储存的磁场能量也逐渐增加。负载 R 流过电流 I_0，两端输出电压 U_0 上正、下负。在一个开关周期 T_s 内开关管 T 导通的时间为 t_{on}。

当 T 关断时，如图 3-4（b）所示，由于电感电流不能突变，通过二极管 D 续下流，电感电流逐渐减小，电感上的能量逐步消耗在负载上，L 上储能减小。电感电流减小时，电感两端的电压 U 改变极性，二极管 D 承受正向偏压而导通，构成续流通路，负载 R

端电压 U_0 仍然是上正、下负。当 $i_L < i_0$，电容处在放电状态，以维持 I_0 和 U_0 不变。在一个周期 T_s，内开关管 T 断开的时间为 $T_s - t_{on}$。

在稳态分析中，假定输出端滤波电容很大，输出电压可以认为是平直的。同样，由于稳态时电容的平均电流为 0，Buck 变换器中电感平均电流等于平均输出电流 I_0。在连续导电模式下，电感电流不会减小到 0，前一个周期结束时刻和下一个周期开始时刻电流是连续的。

下面分析稳态工作的情况，得出输入输出之间的关系。工作波形如图 3-4（a）所示。主开关管导通时，Buck 变换器工作在图 3-3（a）的状态。电源电压通过 T 加到二极管 D 两端，二极管 D 反向截止。电流流过电感，稳态时输入输出电压保持不变，则电感两端电压极性为左正、右负，忽略管压降有 $u_L = U_s - U_0$。由于储能电感的时间常数远大于开关周期，所以在该电压作用下输出滤波电感中电流 i_L 可近似认为是线性增长的，直到 t_1 时刻，i_L 达到最大值 $I_{L\max}$。电感电流线性上升的增量为

$$\Delta i_{L+} = \int_0^{t_1} \frac{U_s - U_0}{L} \mathrm{d}t = \frac{U_s - U_0}{L} t_1 = \frac{U_s - U_0}{L} D_C T_s \tag{3-2}$$

当主开关管截止时，Buck 变换器工作在图 3-3（b）的状态。电感两端的电压极性为左负、右正，二极管导通续流，忽略管压降有 $u_L = U_0$，同样可近似认为电感中电流 i_L 是线性下降的，下降的量的绝对值为

$$\Delta i_{L-} = \int_{t_1}^{t_2} \frac{U_0}{L} \mathrm{d}t = \frac{U_0}{L}(t_1 - t_2) = \frac{U_0}{L}(1 - D_C)T_s \tag{3-3}$$

当电路工作在稳态时，电感电流波形必然周期性重复，开关管 T 导通期间电感中电流的增加量等于其截止时电感中电流的减少量，即

$$\Delta i_{L+} = \Delta i_{L-} \tag{3-4}$$

联合式（3-2）～式（3-4）可得

$$U_0 = D_C U_s \tag{3-5}$$

由式（3-5）可知，改变输出电压的办法既可以调整输入电压，也可以改变占空比。在输入电压一定的情况下，改变占空比则可控制输出平均电压。输出平均电压 U_0 总是小于输入电压 U_s。连续导电模式下 Buck 变换器的电压增益 M 为

$$M = \frac{U_0}{U_s} = D_C \tag{3-6}$$

2. Buck 变换器电感电流不连续导电模式

当电感较小、负载电阻较大，则负载电路的时间常数较小，或当开关周期 T 较大时，将出现电感电流已下降到 0，但新的周期尚未开始的情况；在新的周期中，电感电流从 0 开始线性增大，工作状态如图 3-5 所示，工作波形如图 3-4（b）所示。此时一个周期 T 内有三种状态，在图 3-4（b）中将这三种状态分为 $D_{C1}T_s$、$D_{C2}T_s$、$D_{C3}T_s$ 三部分。

开关导通时，时间从 $D_{C1}T_s$ 到 t_1，电感电流增加量为

$$\Delta i'_{L+} = \int_0^{t_1} \frac{U_s - U_0}{L} \mathrm{d}t = \frac{U_s - U_0}{L} t_1 = \frac{U_s - U_0}{L} D_{C1}T_s \tag{3-7}$$

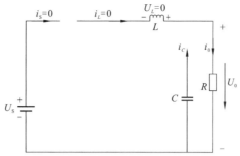

图 3-5 Buck 变换器电感电流为 0 时的工作状态

开关截止时，$D_{C2}T_s$ 时间电感电流减少量为

$$\Delta i'_{L-} = \int_{t_1}^{t_2} \frac{U_0}{L} \mathrm{d}t = \frac{U_0}{L}(t_1 - t_2) = \frac{U_0}{L}D_{C2}T_s \tag{3-8}$$

由 $\Delta i_{L+} = \Delta i_{L-}$，得

$$\frac{U_s - U_0}{L}D_{C1}T_s = \frac{U_0}{L}D_{C2}T_s \tag{3-9}$$

整理得

$$U_0 = \frac{D_{C1}}{D_{C1} + D_{C2}}U_s \tag{3-10}$$

不连续导电模式下 Buck 变换器的电压增益 M 为

$$M = \frac{U_0}{U_s} = \frac{2}{1 + \sqrt{1 + \dfrac{8\tau}{D_{C1}^2}}} \tag{3-11}$$

式中：$\tau = \dfrac{L}{RT_s}$；$D_{C2} = \dfrac{\sqrt{D_{C1}^2 + 8\tau} - D_{C1}}{2}$。

3. 电感电流连续的临界条件

如果在 T_s 时刻电感电流刚好降到零，则称为电感电流连续和断续的临界工作状态，如图 3-6 所示。

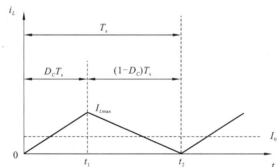

图 3-6 Buck 变换器电感电流处于临界状态时的工作波形

此时负载电流 I_0 和 i_0 之间的关系为

$$\Delta i_L = 2I_0 \tag{3-12}$$

式中

$$I_0 = \frac{U_0}{R} \qquad (3\text{-}13)$$

联立式（3-3）、式（3-12）、式（3-13），则

$$L_C = \frac{(1-D_C)}{2}RT_s = \frac{U_0(1-D_C)}{2I_0}T_s = \frac{U_0(1-D_C)}{2P_0^2}T_s \qquad (3\text{-}14)$$

式中：P_0 为输出功率，$P_0 = U_0 I_0$。

4. 纹波电压 ΔU_0 及电容计算

流经电容的电流 $i_C = i_L - I_0$ 对电容充电产生的电压 ΔU_0 称为纹波电压。纹波电压 ΔU_0 与参数的关系表达式为

$$\Delta U_0 = \frac{U_0(1-D_C)}{8LC}T_s^2 \qquad (3\text{-}15)$$

则根据要求的纹波电压和其他参数可求得电路的电容为

$$C = \frac{U_0(1-D_C)}{8L\Delta U_0}T_s^2 \qquad (3\text{-}16)$$

由式（3-14）和式（3-16）也可知，电感值与电路中的诸多参数有关，如占空比、负载、开关频率，电容值则与输出电压、纹波电压、电感值、开关频率、占空比都有关系。开关频率越高，电感和电容的值就越小。

3.1.2　Boost 变换器

3.1.1 小节中的 Buck 变换器，其拓扑结构由电压源、串联开关和电流源负载组成。进行拓扑对偶变换时，将电压源变换为电流源（电流源通常由电压源串联较大的电感组成），串联开关变换为并联开关，负载由电流源变换为电压源（即滤波由串联电感变为并联电容）。这样，得到 Buck 变换器的对偶拓扑 Boost 变换器（图 3-7）。

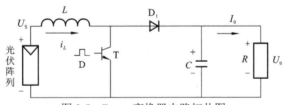

图 3-7　Boost 变换器电路拓扑图

Boost 变换器是一种输出电压等于或大于输入电压的单管非隔离直流变换器。通过控制开关管 T 的导通比，可控制升压变换器的输出电压。Boost 变换器的两个工况如图 3-8 所示。

与 Buck 变换器相似，根据电感电流是否连续，升压变换器可以分为连续导电状态、不连续导电状态及临界状态三种工作模式。

为了分析稳态工作特性，简化推导公式的过程，所需假设条件与 3.1.1 小节 Buck 变换器的假定相同。图 3-9 为连续导电模式、不连续导电模式的工作波形图。

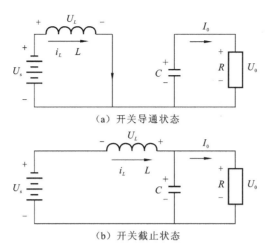

（a）开关导通状态

（b）开关截止状态

图 3-8　Boost 变换器电路工作过程

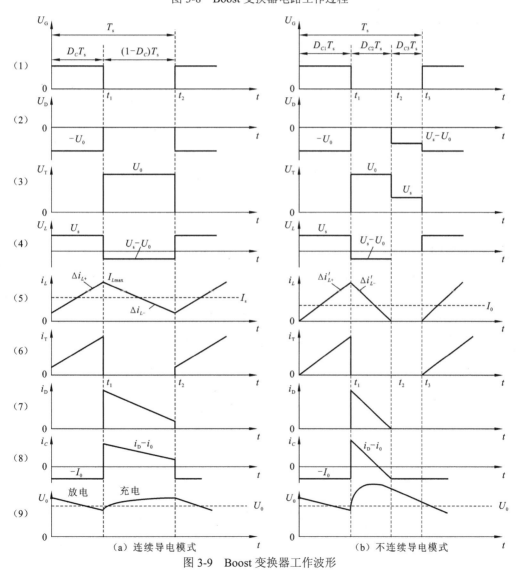

（a）连续导电模式

（b）不连续导电模式

图 3-9　Boost 变换器工作波形

1. Boost 变换器电感电流连续模式

当开关管 T 导通时，如图 3-8（a）所示，二极管阳极接 U_s 负极，承受反压而截止。电容 C 向负载 R 供电，极性上正、下负。电源电压 U_s 全部加到电感两端 $u_L = U_s$，在该电压作用下电感电流线性增长，储存的磁场能量也逐渐升高。在一个开关周期 T_s 内开关管 T 导通的时间为 t_{on}。

在 T 导通期间，电感电流的增量为

$$\Delta i_{L+} = \int_0^{t_1} \frac{U_s}{L} dt = \frac{U_s}{L} t_1 = \frac{U_s}{L} D_C T_s \tag{3-17}$$

当 T 截止时，如图 3-8（b）所示，经二极管 D 流向输出侧，电感 L 中的磁场将改变 L 两端的电压极性，以保持 i_L 不变，这样电源电压 U_s 与电感电压 u_L 串联高于 U_0，给 C 和 R 供电，负载 R 端电压 U_0 仍然是上正、下负。电感上的电压为 $U_s - U_0 < 0$，电感电流 i_L 线性小。在一个周期 T_s 内开关管 T 断开的时间为 $T_s - t_{on}$。到 T_s 时刻，i_L 达到最小值 i_{L2}。在 T 截止期间，电感电流的减小量的绝对值为

$$\Delta i_{L-} = \int_{t_1}^{t_2} \frac{U_0 - U_s}{L} dt = \frac{U_0 - U_s}{L} (1 - D_C) T_s \tag{3-18}$$

式中：D_C 为一个小于 1 的数，输出电压与输入电压的比值始终大于或等于 1，即输出电压高于输入电压。

当稳态工作时，开关管 T 导通期间电感电流的增长量 Δi_{L+} 等于 T 截止期间的减小量 Δi_{L-}。即 $\Delta i_{L+} = \Delta i_{L-}$，因此由式（3-16）和式（3-17）可得电压增益为

$$M = \frac{U_0}{U_i} = \frac{1}{1 - D_C} \tag{3-19}$$

2. Boost 变换器电感电流断续模式

当电感电流断续模式下的 Boost 变换器工作波形如图 3-9（b）所示，工作状态如图 3-10 所示。

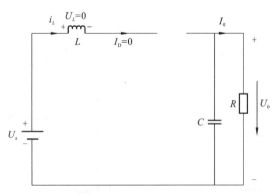

图 3-10　Boost 变换器电感电流为 0 时的工作状态

当 T 导通时，Boost 变换器电感电流断续模式下的工作情况与电感电流连续模式下的工作情况相同，此时 Δi_{L+} 为

$$\Delta i_{L+} = \int_0^{t_1} \frac{U_s}{L} \mathrm{d}t = \frac{U_s}{L} D_{C1} T_s \tag{3-20}$$

当 T 关断时，电感中电流 i_L 线性衰减，直到 t_2 时刻下降到零，即

$$\Delta i_{L-} = \int_{t_1}^{t_2} \frac{U_0 - U_s}{L} \mathrm{d}t = \frac{U_0 - U_s}{L} \cdot (t_2 - t_1)$$

$$= \frac{U_0 - U_s}{L} \cdot D_{C2} \cdot T_s \tag{3-21}$$

由 $\Delta i_{L+} = \Delta i_{L-}$ 得

$$M = \frac{U_0}{U_s} = \frac{D_{C1} + D_{C2}}{D_{C2}} \tag{3-22}$$

电感电流连续时，$D_{C1} + D_{C2} = 1$，式（3-21）等同于式（3-18）。

3. Boost 变换器电感电流临界连续条件

如图 3-9（a）中的（5）所示，Boost 变换器工作在电感电流临界连续的时刻有

$$\Delta i_L = 2I_s \tag{3-23}$$

Boost 变换器的输入功率和输出功率分别为 $P_s = U_s I_s$ 和 $P_0 = U_0 I_{0+}$。

忽略损耗时，有 $P_0 = P_s$，于是有

$$I_s = \frac{U_0}{U_s} I_0 = \frac{1}{1 - D_C} I_0 \tag{3-24}$$

联立式（3-17）、式（3-23）、式（3-24），得临界电感值为

$$L_C = \frac{R}{2} D_C (1 - D_C)^2 T_s \tag{3-25}$$

4. 纹波电压 ΔU_0 及电容设计

在电感电流连续模式下，考虑二极管电流会全部流进电容器，如图 3-9（b）所示，在每一个开关周期电容充电或者放电的能量为 ΔQ，则有

$$\Delta Q = I_0 D_C T_s \tag{3-26}$$

由 ΔQ 形成的纹波电压可表示为

$$\Delta U_0 = \frac{\Delta Q}{C} = \frac{I_0 D_C T_s}{C} = \frac{V_0 D_C T_s}{RC} \tag{3-27}$$

可计算出在电感电流连续模式时，指定纹波电压限值，需要的电容值为

$$C = \frac{V_0 D_C T_s}{R \Delta Q_0} = \frac{I_0 D_C T_s}{\Delta U_0} \tag{3-28}$$

3.1.3 Buck-Boost 变换器

将 Buck 变换器与 Boost 变换器二者的拓扑组合在一起，除去 Buck 中的无源开关和 Boost 中的有源开关，便构成了一种新的变换器拓扑，如图 3-11 所示，称为 Buck-Boost 变换器。它是由电压源、电流转换器、电压负载组成的一种拓扑，中间部分含有一级电感储能电流转换器。它是一种输出电压既可以高于也可以低于输入电压的单管非隔离直

流变换器。Buck-Boost 变换器和前两者最大的不同就是输出电压 U_0 的极性和输入电压 U_s 的极性相反，输入电流和输出电流都是脉动的，但是由于滤波电容的作用，负载电流应该是连续的。

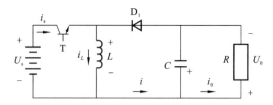

图 3-11　Buck-Boost 变换器拓扑

Buck-Boost 变换器同样存在电感电流连续、电感电流断续和电感电流临界连续三种工作模式。图 3-12 为电感电流连续时 Buck-Boost 变换器在开关管分别在导通和关断时的工况。图 3-13 为 Buck-Boost 变换器在电感电流连续和不连续时的工作波形。

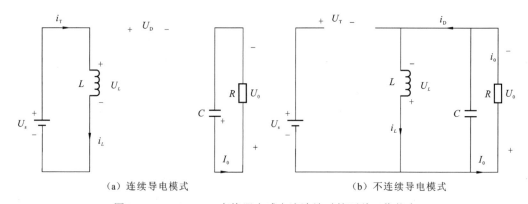

（a）连续导电模式　　　　　　　　　　（b）不连续导电模式

图 3-12　Buck-Boost 变换器电感电流连续时的两种工作状态

为了分析稳态工作特性，简化推导公式的过程，所需假设条件与 3.1.1 小节 Buck 变换器的假定相同。

1. Buck-Boost 变换器电感电流连续模式

开关管导通时，二极管阴极接电压源正极，承受反向电压而截止，输入电压 U_s 直接加在电感 L 上，极性为上正、下负，电流流过电感使之储能增加。

如图 3-12（a）所示，电感电流的增量为

$$\Delta i_{L+} = \int_0^{t_1} \frac{U_s}{L} \mathrm{d}t = \frac{U_s}{L} D_C T_s \qquad (3\text{-}29)$$

开关管截止时，电感电流 i_L 有减小的趋势，电感线圈产生自感电势反向，为下正、上负，二极管 D 受正向压降而导通，电感通过二极管对电容 C 充电储能，当开关管导通时对负载放电维持输出 U_0 不变。如图 3-12（b）所示，这个过程中电感电流减小量的绝对值为

$$\Delta i_{L-} = \int_{t_1}^{t_2} \frac{U_0}{L} \mathrm{d}t = \frac{U_0}{L}(1 - D_C) T_s \qquad (3\text{-}30)$$

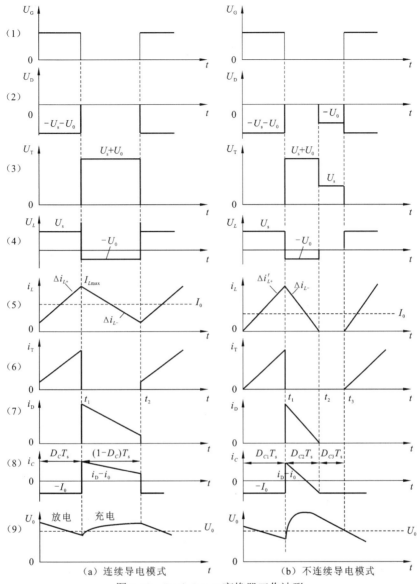

图 3-13 Buck-Boost 变换器工作波形

由 $\Delta i_{L+} = \Delta i_{L-}$ 得

$$M = \frac{U_0}{U_s} = \frac{D_C}{(1-D_C)} \tag{3-31}$$

2. Buck-Boost 变换器电感电流不连续模式

在电流不连续模式下，Buck-Boost 变换器在一个周期内有三个工作状态，如图 3-13（b）所示。开关管 T 导通（二极管截止）时间段为 D_{C1}，二极管导通（开关管截止）的时间段为 D_{C2}，余下的时间段开关管 T 和二极管 D 同时截止。

在 D_{C1} 时间段内，电感电流的增加量与式（3-29）相似：

$$\Delta i_{L+} = \int_0^{t_1} \frac{U_s}{L} \mathrm{d}t = \frac{U_s}{L} D_{C1} T_s \tag{3-32}$$

在 D_{C2} 时间段内，电感电流的减少量的绝对值为

$$\Delta i_{L-} = \int_{t_1}^{t_2} \frac{U_0}{L} \mathrm{d}t = \frac{U_0}{L} D_{C2} T_s \tag{3-33}$$

由于稳态时在一个控制周期内电感电流总增量为零，联立式（3-32）和式（3-33）可得电感电流不连续工作模式下 Buck-Boost 变换器电压增益为

$$M = \frac{U_0}{U_s} = \frac{D_{C1}}{D_{C2}} \tag{3-34}$$

在 D_{C3} 时间段内，电感电流为 0，则其端电压也为 0，开关管 T 直接承受输入电压，输出侧的电容对负载电阻放电以维持电流 I_0 恒定。此时的工作状态如图 3-14 所示。

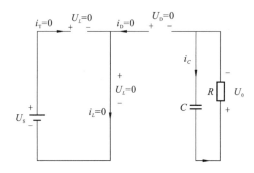

图 3-14　Buck-Boost 变换器电感电流断续状态

3. Buck-Boost 变换器电感电流临界连续模式

分析方法与 Buck 变换器和 Boost 变换器的分析方法相同，Buck-Boost 变换器电感电流临界连续模式的电感值计算公式为

$$L_C = \frac{R}{2}(1 - D_C)^2 T_s \tag{3-35}$$

4. 纹波电压与电容

Buck-Boost 变换器工作在电流连续模式下，纹波电压要求为 ΔU_0，则输出侧滤波电容值为

$$C = \frac{V_0 D_C T_s}{R \Delta U_0} = \frac{I_0 D_C T_s}{\Delta U_0} \tag{3-36}$$

这与 Boost 变换器的式（3-28）是相同的。

3.2　单向 DC/DC 控制技术：MPPT 控制策略

最大功率点跟踪（MPPT）控制策略实时检测光伏阵列的输出功率，采用一定的控制算法预测当前工况下阵列可能的最大功率输出，通过调节光伏电源内阻值，保证负载

端的功率最大，进而实现光伏最大功率输出，其等效电路原理如图 3-15 所示[5]，其中 V 为光伏模块的端电压；R_i 为光伏电池内阻；R_o 为负载等效电阻。

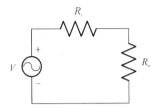

图 3-15　等效电路原理图

在该线性电路中，负载功率为

$$P_{R_o} = I^2 R_o = \left(\frac{V}{R_i + R_o} \right)^2 \times R_o \tag{3-37}$$

式中：I 为光伏电流。

将式（3-37）对 R_o 求导，可得

$$\frac{\mathrm{d} P_{R_o}}{\mathrm{d} R_o} = V^2 \frac{R_i - R_o}{(R_i + R_o)^3} \tag{3-38}$$

从式（3-38）中可以得出：当 $R_o = R_i$ 时，P_{R_o} 有最大值，换句话说，在线性电路中，当光伏电源内阻和负载等效电阻相等时，即处于最大功率点。光伏并网系统中的光伏电源和 DC/DC 变换电路在极小的时间间隔中近似为线性电路。那么，光伏系统 DC/DC 整流输出侧最大功率跟踪的实现只需通过调节整流电路的等效电阻阻值，使其实时跟踪不同工况下的光伏电池的内阻即可。这样即使光伏电池的表面温度升高使阵列的输出功率减小，系统仍然可以运行在当前工况下的最佳状态。

从光伏输出特性来说，如图 3-16 所示，假定图中曲线 1 和曲线 2 为不同光照强度下光伏阵列的输出特性曲线，点 A 和点 B 分别为相应的最大功率输出点；并假定某一时刻，系统运行在点 A[6]。当光照强度发生变化，即光伏阵列的输出特性由曲线 1 上升为曲线 2。此时如果保持负载 1 不变，系统将运行在 A' 点，这样就偏离了相应光照强度下的最大功率点。为了继续跟踪最大功率点，应当将系统的负载特性由负载 1 变化至负载 2，以保证系统运行在新的最大功率点 B。同样，如果光照强度变化使光伏阵列的输出特性由曲线 2 降至曲线 1，则相应的工作点由 B 点变化到 B' 点，应当相应地调整负载 2 至负载 1 以保证系统在光照强度减小的情况下仍然运行在最大功率点 A。

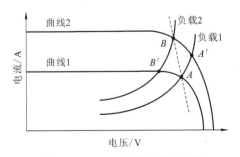

图 3-16　MPPT 算法分析示意图

在目前船用光伏发电系统中，常用的最大功率跟踪控制方法包括扰动观测（perturbation and observation，P&O）法、电导增量（incremental conductance，INC）法、应对遮挡多峰现象的智能 MPPT 算法等。

3.2.1 扰动观测法

扰动观测法是实现 MPPT 最常用的自寻优类方法之一[7]。其基本思想是：首先扰动光伏电池的输出电压（或电流），然后观测光伏电池输出功率的变化，根据功率变化的趋势连续改变扰动电压（或电流）方向，使光伏电池始终工作于最大功率点。对光伏并网系统而言，从观测对象来说，扰动观测法又可以分为两种：一种是基于并网逆变器输入参数的扰动观测法；另一种是基于并网逆变器输出参数的扰动观测法。

基于并网逆变器输入参数的扰动观测法直接检测逆变器输入侧光伏电池的输出电压和电流，通过计算光伏电池的输出功率并采用功率扰动寻优的方法来跟踪光伏电池的最大输出功率点；而基于输出参数的扰动观测法则是在不考虑逆变器损耗的情况下，根据功率守恒原理（逆变器输入功率等于逆变器输出功率），通过并网逆变器网侧输出功率扰动寻优的方法来跟踪光伏电池的最大输出功率点，实际上这是一种光伏并网逆变系统的 MPPT 方法。

下面以并网逆变器输入参数的扰动观测法为例介绍其基本原理[8]。

正常条件下，光伏电池 P-U 特性曲线是一个以最大功率点为峰值的单峰值函数，这一特点为采用扰动观测法来寻找最大功率点提供了步进搜索的思路，即从起始状态开始，每次对输入信号做有限变化，然后测量由输入信号变化引起输出变化的大小及方向，待方向确定后，再控制被控对象的输入按需要的方向调节，从而实现自寻最优控制。将步进搜索算法应用于光伏系统的 MPPT 控制时，即扰动观测法。如图 3-16 所示，当负载特性与光伏电池特性的交点在最大功率点左侧时，MPPT 控制会使交点处的电压升高；而当交点在最大功率点右侧时，MPPT 控制会使交点处的电压下降，如果持续这样的搜索过程，最终可使系统跟踪光伏电池的最大功率点运行。即使用 $\dfrac{\Delta P}{\Delta U}$ 代替 $\dfrac{\mathrm{d}P}{\mathrm{d}U}$，期望得出的工作点满足 $\dfrac{\Delta P}{\Delta U} \approx 0$，即为最大功率点。

为讨论方便，假定辐照度、温度等环境条件不变，并设 U_1、I_1 为第一次光伏电池的电压、电流调整值，P_1 为对应的输出功率，U、I 为当前光伏电池的电压、电流检测值，P 为对应的输出功率，ΔU 为电压调整步长，$\Delta P = P_1 - P$ 为电压调整前后的输出功率差。图 3-17 显示了扰动观测法的 MPPT 过程，具体描述如下。

（1）当增大参考电压 $U(U_1 = U + \Delta U)$ 时，若 $P_1 > P$，表明当前工作点位于最大功率点的左侧，此时系统应保持增大参考电压的扰动方式，即 $U_2 = U + \Delta U$，其中 U_2 为第二次调整后的电压值，如图 3-17（a）所示。

（2）当增大参考电压 $U(U_1 = U + U)$ 时，若 $P_1 < P$，表明当前工作点位于最大功率点的右侧，此时系统应采用减小参考电压的扰动方式，即 $U_2 = U - \Delta U$，如图 3-17（b）所示。

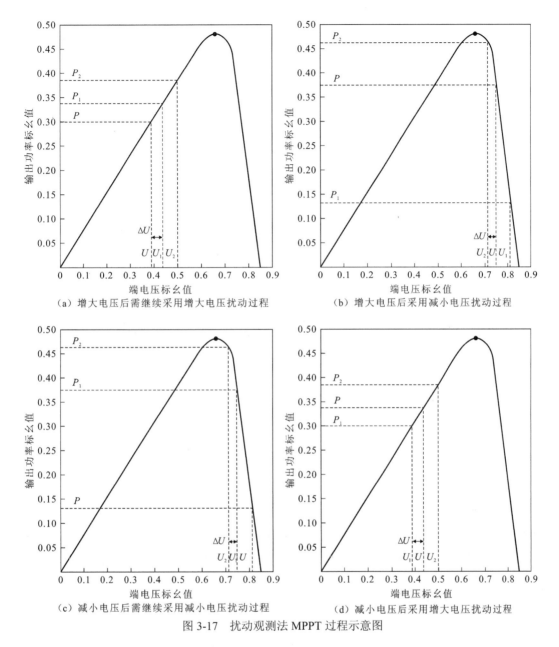

（a）增大电压后需继续采用增大电压扰动过程

（b）增大电压后采用减小电压扰动过程

（c）减小电压后需继续采用减小电压扰动过程

（d）减小电压后采用增大电压扰动过程

图 3-17 扰动观测法 MPPT 过程示意图

（3）当减小参考电压 $U(U_1=U-\Delta U)$ 时，若 $P_1>P$，表明工作点位于最大功率点的右侧，此时系统应保持减小参考电压的扰动方式，即 $U_2=U-\Delta U$，如图 3-17（c）所示。

（4）当减小参考电压 $U(U_1=U-\Delta U)$ 时，若 $P_1<P$，表明工作点位于最大功率点的左侧，此时系统应采用增大参考电压的扰动方式，即 $U_2=U+\Delta U$，如图 3-17（d）所示。

可见，扰动观测法就是按照图 3-17 所示的过程反复进行输出电压扰动，并使其电压的变化不断使光伏电池输出功率朝大的方向改变，直到工作点接近最大功率点。扰动观测法按每次扰动的电压变化量是否固定，可以分为定步长扰动观测法和变步长扰动观测法两类，定步长扰动观测法的流程如图 3-18 所示。

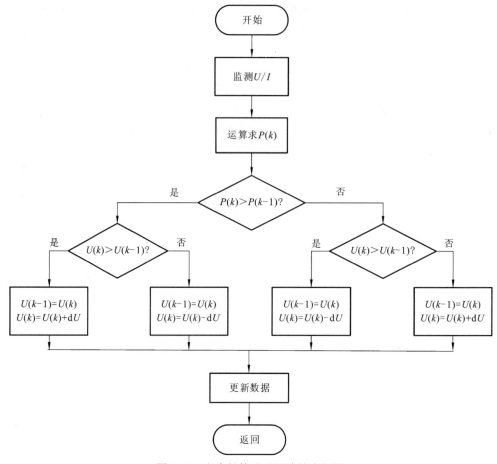

图 3-18　定步长扰动观测法的流程图

　　通过以上分析可知，扰动观测法具有控制概念清晰、简单、被测参数少等优点，因此被普遍地应用于实际光伏系统的 MPPT 控制。值得注意的是，在扰动观测法中，电压初始值及扰动电压步长对跟踪精度和速度有较大影响。

3.2.2　电导增量法

　　以上讨论表明，最大功率点跟踪实质上就是搜索满足条件 $\dfrac{\mathrm{d}P}{\mathrm{d}U}=0$ 的工作点，受到数字控制中检测及控制精度的限制，以 $\dfrac{\Delta P}{\Delta U}$ 近似代替 $\dfrac{\mathrm{d}P}{\mathrm{d}U}$ ，从而影响 MPPT 算法的精确性[9]。一般而言， ΔU 由步长决定，当最小步长一定时，MPPT 算法的精度就由 ΔP 对 $\mathrm{d}P$ 的近似程度决定。扰动观测法用两点功率差近似替代微分 $\mathrm{d}P$ ，即从 $\mathrm{d}P \approx P_k - P_{k-1}$ 出发，推演出以功率增量为搜索判据的 MPPT 算法。实际上，为了进一步提高 MPPT 算法对最大功率点的跟踪精度，可以考虑采用功率全微分近似替代 $\mathrm{d}P$ 的 MPPT 算法，即从 $\mathrm{d}P = U\mathrm{d}I + I\mathrm{d}U$ 出发，推演出以电导和电导变化率之间的关系为搜索判据的 MPPT 算法，即电导增量法，以下详细介绍这种 MPPT 算法。

电导增量法从光伏电池输出功率随输出电压变化率而变化的规律出发，推导出系统工作点位于最大功率点时的电和电导率变化率之间的关系，进而提出相应的 MPPT 算法[10]。

图 3-19 给出了光伏电池 P-U 特性曲线及 $\dfrac{\mathrm{d}P}{\mathrm{d}U}$ 变化特征，即在光强一定的情况下仅存在一个最大功率点，且在最大功率点两边 $\dfrac{\mathrm{d}P}{\mathrm{d}U}$ 符号相异，而在最大功率点处 $\dfrac{\mathrm{d}P}{\mathrm{d}U}=0$。

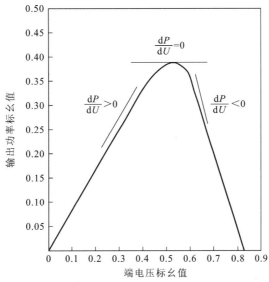

图 3-19　光伏电池 P-U 特性曲线及 $\dfrac{\mathrm{d}P}{\mathrm{d}U}$ 变化特征

显然，通过对 $\dfrac{\mathrm{d}P}{\mathrm{d}U}$ 的定量分析，可以得到相应的最大功率点判据。考虑光伏电池的瞬时输出功率为

$$P=UI \tag{3-39}$$

将式（3-39）两边对光伏电池的输出电压 U 求导，则

$$\frac{\mathrm{d}P}{\mathrm{d}U}=I+U\frac{\mathrm{d}I}{\mathrm{d}U} \tag{3-40}$$

当 $\dfrac{\mathrm{d}P}{\mathrm{d}U}=0$ 时，光伏电池的输出功率达到最大。则可以推导出工作点位于最大功率点时需满足以下关系：

$$\frac{\mathrm{d}I}{\mathrm{d}U}=-\frac{I}{U} \tag{3-41}$$

实际中以 $\dfrac{\Delta I}{\Delta U}$ 近似代替 $\dfrac{\mathrm{d}I}{\mathrm{d}U}$，使用电导增量法进行最大功率点跟踪时，判据如下：

$$\begin{cases} \dfrac{\Delta I}{\Delta U}>-\dfrac{I}{U}, & \text{最大功率点左边} \\[2mm] \dfrac{\Delta I}{\Delta U}=-\dfrac{I}{U}, & \text{最大功率点} \\[2mm] \dfrac{\Delta I}{\Delta U}<-\dfrac{I}{U}, & \text{最大功率点右边} \end{cases} \tag{3-42}$$

图 3-20 为定步长电导增量法流程图,其中 ΔU 为每次系统调整工作点时固定的电压改变量(步长), U_r 为下一工作点电压。从图中可以看出计算出 ΔU 之后,对其是否为零进行判定,使流程图出现两条分支,其中:左分支与上述分析相吻合;而右分支则主要是为抑制当外部辐照度发生突变时的误判而设置的。

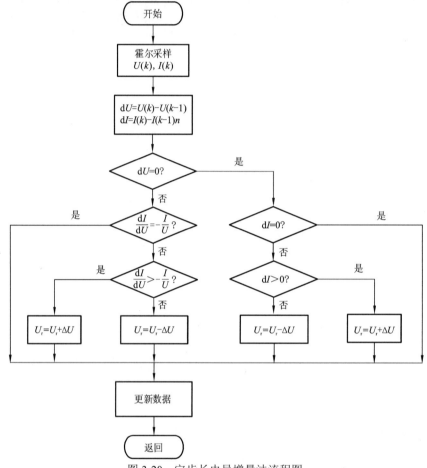

图 3-20 定步长电导增量法流程图

从本质上说,电导增量法和扰动观测法都是求出工作点电压变化前后的功率差,找出满足 $\dfrac{\Delta P}{\Delta U} = 0$ 的工作点,两者的主要区别在于功率差的计算方式。

在最大功率点跟踪过程中,电导增量法在 $\dfrac{\mathrm{d}P}{\mathrm{d}U} = 0$(或 $\dfrac{\mathrm{d}I}{\mathrm{d}U} = -\dfrac{I}{U}$)时,方能使光伏电池输出最大功率。然而,受到采样与控制精度的限制,实际应用中可以将 $\dfrac{\mathrm{d}P}{\mathrm{d}U} = 0$ 的条件改造为 $\dfrac{\mathrm{d}P}{\mathrm{d}U} < \varepsilon$,其中 ε 是在满足最大功率点跟踪一定精度范围内的阈值,由具体的要求决定。

MPPT 的控制稳定度高,当外部环境参数变化时,系统能平稳地追踪其变化,且与光伏电池的特性及参数无关。然而,电导增量法对控制系统的要求则相对较高,此外,电压初始化参数对系统启动过程中的性能有较大影响,若设置不当可能产生较大的功率损失。

3.2.3 应对遮挡多峰现象的智能 MPPT 算法

通常情况下，单个光伏电池的输出电压、输出电流及输出功率都比较小，难以满足实际生产生活需要，工程应用中为提高光伏系统的输出电压和输出功率，通过串联光伏组件构成的光伏阵列在实际生活中被普遍采用。而在实际工程应用中，光伏组件受云层移动、顶层甲板建筑物遮挡、废气灰尘堆积等客观因素影响，其 *P-U* 输出特性曲线会出现两个及以上的峰值点，致使传统 MPPT 控制方法陷入局部峰值点而跟踪失败，降低了光伏阵列的太阳能利用效率[11-13]。图 3-21 和图 3-22 所示为船用光伏阵列受到局部遮阴时的输出特性。

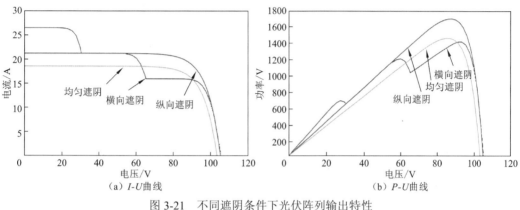

（a）*I-U* 曲线 　　　　　　（b）*P-U* 曲线

图 3-21　不同遮阴条件下光伏阵列输出特性

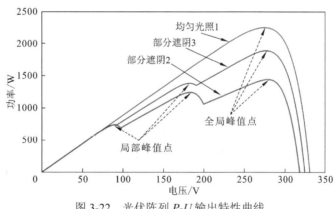

图 3-22　光伏阵列 *P-U* 输出特性曲线

如图 3-22 所示，光伏阵列 *P-U* 曲线在均匀光照 1 情形下只有一个峰值点，同时也是最大功率点。光伏阵列 *P-U* 曲线在部分遮阴 2 和部分遮阴 3 情形下都出现了两个局部峰值点和一个最大功率点，最大值点为全局最大峰值点，其余的峰值点都是局部峰值点。此外，遮阴情况越严重，系统最大输出功率越小[14]。

针对光伏多峰现象，扰动观察法等常规 MPPT 算法难以准确捕捉到最大功率点。因此，目前通常借助智能优化算法，通过非线性函数寻优的途径，对最大功率点进行定位。本小节以粒子群优化（particle swarm optimization，PSO）算法为例，介绍智能 MPPT 算法求解过程。

粒子群优化算法是利用每个粒子相互合作及信息分享的方式在搜索空间内寻找最

优解，作为一种不确定算法，在求解非线性问题和全局最优问题上的能力均强于确定性算法。当前已广泛应用于电力系统设计、半导体器件综合、决策调度等方面[15]。

粒子在搜索空间移动时，规定粒子的位置 $X \in (X_{\min}, X_{\max})$，$V \in (V_{\min}, V_{\max})$，更新粒子的位置和速度：

$$V_{id}^{k+1} = \omega V_{id}^k + c_1 r_1 (P_{bestd}^k - X_{id}^k) + c_2 r_2 (G_{bestd}^k - X_{id}^k) \tag{3-43}$$

$$X_{id}^{k+1} = X_{id}^k + V_{id}^{k+1} \tag{3-44}$$

粒子群算法适用于求解非线性函数的寻优问题，将其应用到光伏最大功率点跟踪时，若以光伏阵列输出电压为参考量，可将粒子位置定义为光伏阵列输出电压 u_i，粒子速度 v_i 代表对参考电压的扰动，则式（3-43）、式（3-44）可分别改写为

$$u_i(n+1) = u_i(n) + v_i(n+1) \tag{3-45}$$

$$v_i(n+1) = \omega v_i + c_1 r_1 (P_{besti}(n) - u_i(n)) + c_2 r_2 (G_{best}(n) - u_i(n)) \tag{3-46}$$

以式（3-45）和式（3-46）为基础，基于 PSO 算法的多峰值 MPPT 方法主要步骤如下。

（1）根据初始化规则和参数设置，初始化粒子种群。

（2）一次发送并执行当前所有代码，检测并记录输出值。

（3）更新个体最优粒子。

（4）更新全体最优粒子。

（5）根据式（3-45）计算下一代参考电压波动。

（6）根据式（3-44）更新粒子位置，并转入步骤（2）。

图 3-23 为基于 PSO 算法多峰值 MPPT 方法的运动轨迹，其中种群规模为 3，粒子 u_1、u_2、u_3 分别用三角形、圆形、方形表示。第一次迭代如图 3-23（a）所示，粒子 u_1、u_2、u_3 分别为相应粒子个体最优值，记为 $P_{best(i=1,2,3)}$，其中粒子 u_2 的输出功率最大，为全体最优，记为 G_{best}。

第二次迭代如图 3-23（b）所示，由于初始速度 v_i 和 $P_{besti} - u_i$ 均为 0，速度值仅取决于 $G_{besti} - u_i$。由于 G_{best} 等于 u_2，此时 v_2 为 0 造成 u_2 不变，使其失去探索性，为避免该种情况出现，一般会给 u_2 一个很小的扰动使其保持探索性。

第三次迭代如图 3-23（c）所示，所以粒子都接近最大功率点，在此后的迭代中，三个粒子会围绕着最大功率点小幅度震荡直至最终稳定于最大功率点。

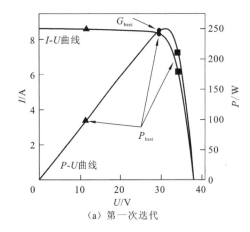
（a）第一次迭代

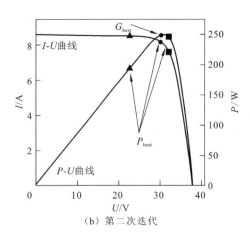
（b）第二次迭代

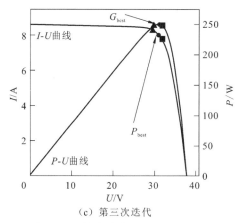

（c）第三次迭代

图 3-23　基于 PSO 的多峰值 MPPT 方法粒子运动过程

3.3　双向 DC/DC 控制技术：光伏储能充放电控制

3.3.1　双向 DC/DC 变换器的工作原理

半桥型双向 DC/DC 变换器是在单向 Buck 或 Boost 变换器基础上构成的，其电路拓扑如图 3-24 所示[16]。该变换器的 PWM 控制方式有互补 PWM 控制和独立 PWM 控制两种。互补 PWM 控制方法是指同一桥臂的两个开关管互补导通。独立 PWM 控制方法是指同一桥臂的开关管有一个工作在 PWM 运行方式，而另一个开关管始终处于关断状态。

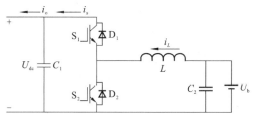

图 3-24　半桥型双向 DC/DC 变换器电路拓扑图

S_1 和 S_2 为开关管，U_{dc} 为电源侧电压，U_b 为储能侧电压

1. 互补 PWM 控制方式

双向 DC/DC 变换器工作于互补 PWM 控制方式时，变换器同一桥臂的两个开关管在一个开关周期内互补导通，通过设置必要的死区时间可以有效避免上下两个开关管直通带来的危害。互补 PWM 方式下开关管的驱动信号及电感电流波形如图 3-25 所示（图中驱动信号省略了死区时间）。

图 3-25 中，g_1，g_2 为开关管 S_1 和 S_2 的驱动波形，i_L 为电感电流波形。设开关周期为 T_s，两个开关管以 PWM 方式互补导通。如果开关管 S_1 的占空比为 D，则开关管 S_2 占空比为 $1-D$。以储能介质放电时电感电流的方向为正，一个开关周期内的功率器件的开关状态可以描述如下。

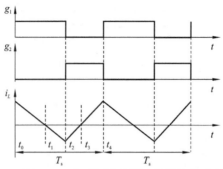

图 3-25　互补 PWM 方式下开关驱动信号及电感电流波形

第一阶段：在 $t_0 \sim t_2$ 区间内，开关管 S_1 导通，开关管 S_2 关断，此时有

$$\Delta Q_1 = \int_{t_0}^{t_2} (U_{dc} - U_b)(-i_L)\mathrm{d}t = -(U_{dc} - U_b)\int_{t_0}^{t_2} i_L \mathrm{d}t \tag{3-47}$$

第二阶段：在 $t_2 \sim t_4$ 区间内，开关管 S_1 关断，开关管 S_2 导通，此时有

$$\Delta Q_2 = \int_{t_2}^{t_4} U_b i_L \mathrm{d}t = U_b \int_{t_2}^{t_4} i_L \mathrm{d}t \tag{3-48}$$

一个开关周期内，总的能量变化值为

$$\Delta Q = \Delta Q_1 + \Delta Q_2 = -DT_s(U_{dc} - U_b)\frac{i_{t_0} + i_{t_2}}{2} + (1-D)T_s U_b \frac{i_{t_2} + i_{t_4}}{2} \tag{3-49}$$

设稳态时，电源侧电压 U_{dc} 是储能侧电压 U_b 的 α 倍，即 $U_{dc} = \alpha U_b$。由图 3-25 可以看出，稳态时，一个开关周期内不同时刻的电感电流存在 $i_{t_0} = i_{t_4}$ 的数学关系，则有 $\overline{i_L} = \dfrac{i_{t_0} + i_{t_2}}{2} = \dfrac{i_{t_2} + i_{t_4}}{2}$，故式（3-49）可简化为

$$\Delta Q = \Delta Q_1 + \Delta Q_2 = -DT_s(U_s - U_b)\overline{i_L} + (1-D)T_s U_b \overline{i_L} = (1-\alpha D)T_s U_b \overline{i_L} \tag{3-50}$$

由式（3-50）不难看出，双向 DC/DC 变换器在一个开关周期内总的能量变化值 ΔQ 决定了储能介质的运行状态。ΔQ 的符号可以判断充放电模式，ΔQ 数值的大小反映充放电能量的多少。当 $U_{dc} = 2U_b$，若 $D > 0.5$，则 $\Delta Q < 0$，储能装置充电；若 $D < 0.5$，则 $\Delta Q > 0$，储能装置放电。

2. 独立 PWM 控制方式

独立 PWM 控制是指双向 DC/DC 变换器中只有一个开关管始终工作在 PWM 方式，另一个开关管一直关断。该控制方式有三种运行模式，分别为降压模式、升压模式和备用模式，其驱动信号和电感电流波形如图 3-26 所示。在一个开关周期内，双向 DC/DC 变换器会出现 4 种开关模式，如图 3-27 和图 3-28 所示。

1）降压模式

如图 3-27 所示，开关管 S_1 工作在 PWM 方式，开关管 S_2 关闭，变换器中的能量通过反并联二极管 D_2 续流，双向 DC/DC 变换器相当于一个单向 Buck 电路。高压侧为直流母线侧，低压侧为储能介质侧，能量由直流母线流向储能介质。

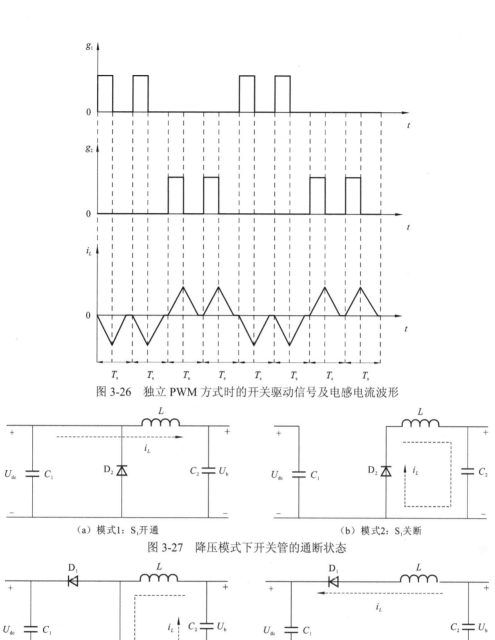

图 3-26   独立 PWM 方式时的开关驱动信号及电感电流波形

（a）模式1：S_1开通

（b）模式2：S_1关断

图 3-27   降压模式下开关管的通断状态

（a）模式3：S_2开通

（b）模式4：S_2关断

图 3-28   升压模式下开关管的通断状态

2）升压模式

如图 3-28 所示，此模式下开关管 S_1 关断，开关管 S_2 工作在 PWM 运行方式，系统中的能量通过反并联二极管 D_1 续流，双向 DC/DC 变换器相当于一个单向 Boost 电路，能量由储能介质侧流向直流母线。

3）备用模式

当直流母线电压为给定值或是在其允许的范围内波动时，开关管 S_1 和 S_2 都不工作，双向 DC/DC 变换器停止工作，储能介质既不充电也不放电，处于备用状态。

3.3.2　双向 DC/DC 变换器的数学模型

本小节重点讨论图 3-29 中半桥型双向 DC/DC 变换器数学模型的建立。用 U_{dc} 表示直流母线电压，U_b 为储能介质的端电压，R_{dc} 和 R_b 分别表示直流母线侧和储能介质侧的等效内阻，C_1 和 C_2 分别为直流母线侧和储能介质侧的电容器容值，i_L 为双向 DC/DC 变换器的电感电流。

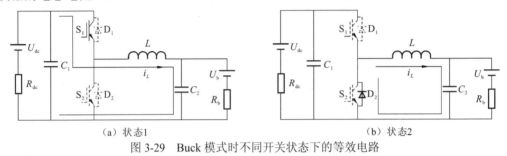

（a）状态1　　　　　　　　　　　　（b）状态2

图 3-29　Buck 模式时不同开关状态下的等效电路

1. 理想开关模型

按照状态空间平均法建模，定义状态方程为 $X^* = AX + BU$。以 U_{C1}、U_{C2} 和 i_L 为状态变量，U_{dc} 和 U_b 为输入扰动量，可得矩阵方程：

$$\begin{pmatrix} \dfrac{\mathrm{d}U_{C1}}{\mathrm{d}t} \\[2mm] \dfrac{\mathrm{d}U_{C2}}{\mathrm{d}t} \\[2mm] \dfrac{\mathrm{d}i_L}{\mathrm{d}t} \end{pmatrix} = A \begin{pmatrix} U_{C1} \\ U_{C2} \\ i_L \end{pmatrix} + B \begin{pmatrix} U_{dc} \\ U_b \end{pmatrix} \tag{3-51}$$

1）Buck 工作模式

当变换器工作于 Buck 模式时，开关管 S_1 开通，开关管 S_2 关断，根据反并联二极管 D_2 是否续流，变换器的等效电路具有两种工作状态。Buck 模式下变换器的等效电路如图 3-29 所示。

状态 1：由图 3-29（a）的等效电路可知，该工作状态下，开关管 S_1 以 PWM 模式开通和关断，开关管 S_2 始终截止，反并联二极管 D_1 和 D_2 均不导通。此时，系统中各个变量之间的关系表示为

$$\begin{cases} U_{dc} = R_{dc}\left(C_1 \dfrac{\mathrm{d}U_{C1}}{\mathrm{d}t} + i_L \right) + U_{C1} \\[2mm] U_b = R_b\left(C_2 \dfrac{\mathrm{d}U_{C2}}{\mathrm{d}t} - i_L \right) + U_{C2} \\[2mm] U_{C1} = L \dfrac{\mathrm{d}i_L}{\mathrm{d}t} + U_{C2} \end{cases} \tag{3-52}$$

整理得

$$
\begin{cases}
\dfrac{\mathrm{d}U_{C1}}{\mathrm{d}t} = -\dfrac{1}{R_{dc}C_1}U_{C1} - \dfrac{1}{C_1}i_L + \dfrac{1}{R_{dc}C_1}U_{dc} \\[2mm]
\dfrac{\mathrm{d}U_{C2}}{\mathrm{d}t} = -\dfrac{1}{R_b C_2}U_{C2} + \dfrac{1}{C_2}i_L + \dfrac{1}{R_b C_2}U_b \\[2mm]
\dfrac{\mathrm{d}i_L}{\mathrm{d}t} = \dfrac{1}{L}U_{C1} - \dfrac{1}{L}U_{C2}
\end{cases}
\tag{3-53}
$$

因此状态 1 情况下，状态方程可表示为 $X^* = \boldsymbol{A}_1 X + \boldsymbol{B}_1 U$，其系数矩阵为

$$
\boldsymbol{A}_1 = \begin{pmatrix}
-\dfrac{1}{R_{dc}C_1} & 0 & -\dfrac{1}{C_1} \\[2mm]
0 & -\dfrac{1}{R_b C_2} & \dfrac{1}{C_2} \\[2mm]
\dfrac{1}{L} & -\dfrac{1}{L} & 0
\end{pmatrix}, \quad
\boldsymbol{B}_1 = \begin{pmatrix}
\dfrac{1}{R_{dc}C_1} & 0 \\[2mm]
0 & \dfrac{1}{R_b C_2} \\[2mm]
0 & 0
\end{pmatrix}
\tag{3-54}
$$

状态 2：开关管 S_1 和 S_2 均处于关断状态，与开关管 S_1 对应的反并联二极管 D_1 截止，与开关管 S_2 对应的反并联二极管 D_2 导通保证回路续流，图 3-29（b）为该状态下的等效电路。

由基尔霍夫定理可知

$$
\boldsymbol{A}_1 = \begin{pmatrix}
-\dfrac{1}{R_{dc}C_1} & 0 & -\dfrac{1}{C_1} \\[2mm]
0 & -\dfrac{1}{R_b C_2} & \dfrac{1}{C_2} \\[2mm]
\dfrac{1}{L} & -\dfrac{1}{L} & 0
\end{pmatrix}, \quad
\boldsymbol{B}_1 = \begin{pmatrix}
\dfrac{1}{R_{dc}C_1} & 0 \\[2mm]
0 & \dfrac{1}{R_b C_2} \\[2mm]
0 & 0
\end{pmatrix}
\tag{3-56}
$$

整理得

$$
\begin{cases}
\dfrac{\mathrm{d}U_{C1}}{\mathrm{d}t} = -\dfrac{1}{R_{dc}C_1}U_{C1} + \dfrac{1}{R_{dc}C_1}U_{dc} \\[2mm]
\dfrac{\mathrm{d}U_{C2}}{\mathrm{d}t} = -\dfrac{1}{R_b C_2}U_{C2} + \dfrac{1}{C_2}i_L + \dfrac{1}{R_b C_2}U_b \\[2mm]
\dfrac{\mathrm{d}i_L}{\mathrm{d}t} = -\dfrac{1}{L}U_{C2}
\end{cases}
\tag{3-56}
$$

因此状态 2 时，状态方程可表示为 $X^* = \boldsymbol{A}_2 X + \boldsymbol{B}_2 U$，其系数矩阵为

$$
\boldsymbol{A}_2 = \begin{pmatrix}
-\dfrac{1}{R_{dc}C_1} & 0 & 0 \\[2mm]
0 & -\dfrac{1}{R_b C_2} & \dfrac{1}{C_2} \\[2mm]
0 & -\dfrac{1}{L} & 0
\end{pmatrix}, \quad
\boldsymbol{B}_2 = \begin{pmatrix}
\dfrac{1}{R_{dc}C_1} & 0 \\[2mm]
0 & \dfrac{1}{R_b C_2} \\[2mm]
0 & 0
\end{pmatrix}
\tag{3-57}
$$

2）Boost 工作模式

当变换器工作于 Boost 模式时，开关管 S_1 关断，开关管 S_2 开通，根据反并联二极管

D_1 是否续流，变换器的等效电路具有两种工作状态。Boost 模式下变换器的等效电路如图 3-30 所示。

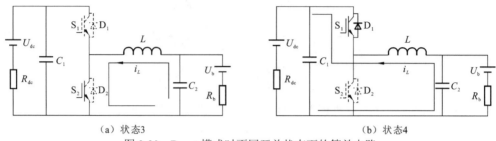

（a）状态3 　　　　　　　　　　　（b）状态4

图 3-30　Boost 模式时不同开关状态下的等效电路

状态 3：双向 DC/DC 变换器工作在 Boost 模式，开关管 S_2 开通、开关管 S_1 关断，电路中的两个反并联二极管均处于截止状态，图 3-30（a）为该状态下的等效电路图。

$$\begin{cases} U_{dc} = R_{dc}C_1\dfrac{dU_{C1}}{dt} + U_{C1} \\[2mm] U_b = R_b\left(i_L + C_2\dfrac{dU_{C2}}{dt}\right) + U_{C2} \\[2mm] U_{C2} = L\dfrac{di_L}{dt} \end{cases} \tag{3-58}$$

整理得

$$\begin{cases} \dfrac{dU_{C1}}{dt} = -\dfrac{1}{R_{dc}C_1}U_{C1} + \dfrac{1}{R_{dc}C_1}U_{dc} \\[2mm] \dfrac{dU_{C2}}{dt} = -\dfrac{1}{R_bC_2}U_{C2} - \dfrac{1}{C_2}i_L + \dfrac{1}{R_bC_2}U_b \\[2mm] \dfrac{di_L}{dt} = \dfrac{1}{L}U_{C2} \end{cases} \tag{3-59}$$

因此状态 3 时，状态方程可表示为 $X^* = \boldsymbol{A}_3 X + \boldsymbol{B}_3 U$，其系数矩阵为

$$\boldsymbol{A}_3 = \begin{pmatrix} -\dfrac{1}{R_{dc}C_1} & 0 & 0 \\[3mm] 0 & -\dfrac{1}{R_bC_2} & -\dfrac{1}{C_2} \\[3mm] 0 & \dfrac{1}{L} & 0 \end{pmatrix}, \quad \boldsymbol{B}_3 = \begin{pmatrix} \dfrac{1}{R_{de}C_1} & 0 \\[3mm] 0 & \dfrac{1}{R_bC_2} \\[3mm] 0 & 0 \end{pmatrix} \tag{3-60}$$

状态 4：开关管 S_1 和 S_2 均处于关断状态，其中之一的反并联二极管 D_1 导通续流，D_2 关断，此时的等效电路如图 3-30（b）所示。

$$\begin{cases} U_{dc} = R_{dc}\left(C_1\dfrac{dU_{C1}}{dt} - i_L\right) + U_{C1} \\[2mm] U_b = R_b\left(i_L + C_2\dfrac{dU_{C2}}{dt}\right) + U_{C2} \\[2mm] \acute{U}_{C1} = -L\dfrac{di_L}{dt} + U_{C2} \end{cases} \tag{3-61}$$

整理得

$$\begin{cases} \dfrac{\mathrm{d}U_{C1}}{\mathrm{d}t} = -\dfrac{1}{R_{dc}C_1}U_{C1} + \dfrac{1}{C_1}i_1 + \dfrac{1}{R_{dc}C_1}U_{dc} \\ \dfrac{\mathrm{d}U_{C2}}{\mathrm{d}t} = -\dfrac{1}{R_b C_2}U_{C2} - \dfrac{1}{C_2}i_L + \dfrac{1}{R_b C_2}U_b \\ \dfrac{\mathrm{d}i_L}{\mathrm{d}t} = -\dfrac{1}{L}U_{C1} + \dfrac{1}{L}U_{C2} \end{cases} \tag{3-62}$$

由此可得该状态下变换器状态方程的系数矩阵为

$$\boldsymbol{A}_4 = \begin{pmatrix} -\dfrac{1}{R_{dc}C_1} & 0 & \dfrac{1}{C_1} \\ 0 & -\dfrac{1}{R_b C_2} & -\dfrac{1}{C_2} \\ -\dfrac{1}{L} & \dfrac{1}{L} & 0 \end{pmatrix}, \quad \boldsymbol{B}_4 = \begin{pmatrix} \dfrac{1}{R_{dc}C_1} & 0 \\ 0 & \dfrac{1}{R_b C_2} \\ 0 & 0 \end{pmatrix} \tag{3-63}$$

2. 状态空间平均模型

本小节讨论双向 DC/DC 变换器在不同工作模式下状态空间平均模型的建立方法。用 $X^* = \boldsymbol{A}_{\text{Buck}}X + \boldsymbol{B}_{\text{Buck}}U$ 表示系统运行于 Buck 工作模式一个开关周期内的平均状态方程，于是得到系数矩阵与该模式下其他系数矩阵之间的关系为

$$\begin{cases} \boldsymbol{A}_{\text{Buck}} = d_{\text{Buck}}\boldsymbol{A}_1 + (1-d_{\text{Buck}})\boldsymbol{A}_2 \\ \boldsymbol{B}_{\text{Buck}} = d_{\text{Buck}}\boldsymbol{B}_1 + (1-d_{\text{Buck}})\boldsymbol{B}_2 \end{cases} \tag{3-64}$$

整理可得

$$\boldsymbol{A}_{\text{Buck}} = \begin{pmatrix} -\dfrac{1}{R_{dc}C_1} & 0 & -\dfrac{d_{\text{Buck}}}{C_1} \\ 0 & -\dfrac{1}{R_b C_2} & \dfrac{1}{C_2} \\ \dfrac{d_{\text{Buck}}}{L} & -\dfrac{1}{L} & 0 \end{pmatrix}, \quad \boldsymbol{B}_{\text{Buck}} = \begin{pmatrix} \dfrac{1}{R_{dc}C_1} & 0 \\ 0 & \dfrac{1}{R_b C_2} \\ 0 & 0 \\ 0 & 0 \end{pmatrix} \tag{3-65}$$

式中：d_{Buck} 为双向 DC/DC 变换器工作在 Buck 模式下的占空比。

同理，在 Boost 模式下，系数矩阵为

$$\boldsymbol{A}_{\text{Boost}} = \begin{pmatrix} -\dfrac{1}{R_{dc}C_1} & 0 & \dfrac{1-d_{\text{Boost}}}{C_1} \\ 0 & -\dfrac{1}{R_b C_2} & -\dfrac{1}{C_2} \\ -\dfrac{1-d_{\text{Boost}}}{L} & -\dfrac{1}{L} & 0 \end{pmatrix}, \quad \boldsymbol{B}_{\text{Boost}} = \begin{pmatrix} \dfrac{1}{R_{dc}C_1} & 0 \\ 0 & \dfrac{1}{R_b C_2} \\ 0 & 0 \end{pmatrix} \tag{3-66}$$

3. 双向 DC/DC 变换器的传递函数模型

根据双向 DC/DC 变换器的状态空间平均模型，用式（3-67）的统一表达式来描述电

路的状态方程：

$$X^* = F(X, U, d) \tag{3-67}$$

对式（3-67）应用泰勒级数进行展开得 $\hat{X} = X - X_0$，$\hat{Y} = Y - Y_0$，$\hat{d} = d - d_0$，当系统运行在工作点附近的小范围邻域时，忽略二次方以上的高次项，系统小信号模型状态方程表示为

$$X^* = A\hat{X} + B\hat{U} + C\hat{d} \tag{3-68}$$

式中：$A = \partial F(X_0, U_0, d_0) / \partial X$；$B = \partial F(X_0, U_0, d_0) / \partial U$；$C = \partial F(X_0, U_0, d_0) / \partial d$；$X_0, U_0, d_0$ 分别为各向量的小信号扰动量。

对上述时域中的小信号模型进行拉普拉斯变换，可以得到小信号模型状态方程的复频域表达式：

$$s\hat{X}(s) = A\hat{X}(s) + B\hat{U}(s) + C\hat{d}(s) \tag{3-69}$$

如果 $(sI - A)^{-1}$ 存在，则复频域内小信号状态方程的解表示为

$$\hat{X}(s) = (sI - A)^{-1}B\hat{U}(s) + (sI - A)^{-1}C\hat{d}(s) \tag{3-70}$$

应用 MATLAB 求解式（3-70），即可得到状态变量与输入扰动量及状态变量间的传递函数。

4. 等效阻抗模型（电路结构模型）

根据双向半桥型直流变换器的工作模式，以控制框图为基础，建立带有控制器参数的电路结构模型，然后根据建立的模型进行电路分析。蓄电池组支路通常采用双向直流变换器以图 3-31 所示的形式接入公共直流母线。

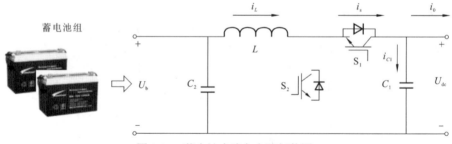

图 3-31　蓄电池支路主电路拓扑图

图 3-31 中蓄电池支路与直流母线间的能量通过电流 i_S 进行交互。目前主要依据公共直流母线电压的变化规律对 i_S 进行控制，从而实现对系统能量的动态管理。由于流过开关管 S_1 的电流 i_s 具有很强的不连续性，难以直接控制，而电感电流 i_L 具有很强的连续性，并且在单个开关周期内其平均值 $\bar{i}_L$ 与 $\bar{i}_s$ 呈现严格的比例关系，其关系可表示为

$$\bar{i}_s = \frac{U_b}{U_{dc}} \times \bar{i}_L \tag{3-71}$$

由式（3-71）给出的比例关系与电流特征可以看出，双向 DC/DC 变换器的输出电流是由电感电流间接控制得到的。因此可以使用图 3-32 所示双闭环控制结构对蓄电支路进行控制，该闭环系统利用了系统中变量的平均值关系，为平均值模型控制系统。其中

$G_u(s)$、$G_i(s)$ 分别为电压外环与电流内环的 PI 控制器，图中变量 $\hat{U}_{dc}$、$\hat{U}_b$ 为实际采样值。

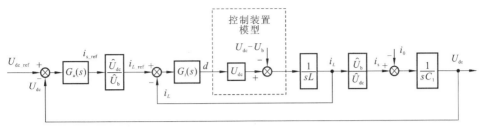

图 3-32 双向半桥型 DC/DC 变换器双闭环控制结构框图

直流母线参考电压 U_{dc_ref} 与实际的直流母线电压 U_{dc} 作差后经电压环控制得到变换器输出电流 i_S 的参考值 i_{s_ref}，由于双向直流变换器输出电流与变换器电感电流 i_L 具有如式（3-71）所示的比例关系，进而得到电感电流的参考值 i_{L_ref}。电感电流的参考值与实际的电感电流作差经过内环的控制器得到开关管的占空比 d，在开关管的开通与关断作用控制下得到期望的电感电流 i_L，进而得出期望控制的输出电流 i_S。由双向 DC/DC 变换器电路拓扑可知，流过直流母线电容 C_1 的电流 i_{C1} 等于输出电流 i_S 与电流 i_0 之差。通过对输出电流 i_S 控制实现对直流母线电容电流 i_{C1} 流入与流出的控制，从而间接实现对直流母线电压 U_{dc} 的控制。分析图 3-32 所示的双闭环控制系统结构，得到电流内环的开环传递函数为

$$G_0(s) = [G_i(s)U_{dc} - (U_{dc} - U_b)]\frac{1}{sL} \tag{3-72}$$

由式（3-72）可知，电流内环受到两端电压等参数变化及非线性化的影响。为了减小这种影响，实现对内环控制的优化，在忽略高频干扰因素及理想采样的情况下，可利用直流母线电压解耦控制与端电压前馈控制对内环控制系统进行优化。引入端电压前馈控制实现内环控制的线性化：

$$G_0(s) = [G_i(s)U_{dc} - (U_{dc} - U_b) + (\hat{U}_{dc} - \hat{U}_b)]\frac{1}{sL} \tag{3-73}$$

由式（3-73）可知，在忽略采样误差条件下，电流环的开环传递函数可优化为

$$G_0(s) = G_i(s)U_{dc}\frac{1}{sL} \tag{3-74}$$

在此基础上，进一步引入直流母线电压解耦控制实现内环控制的解耦：

$$G_0(s) = G_i(s)U_{dc}\frac{1}{\hat{U}_{dc}}\frac{1}{sL} \tag{3-75}$$

同样忽略直流母线电压采样误差情况下，根据式（3-75）可将内环的开环传递函数进一步优化为

$$G_0(s) = \frac{G_i(s)}{sL} \tag{3-76}$$

此时，在上述端电压前馈及直流母线电压解耦下，可实现内环控制系统的解耦及近似线性化，优化后的控制结构如图 3-33 所示。

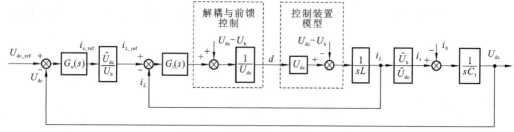

图 3-33　优化的控制结构框图

而在这种控制结构作用下，由于端电压运动时间常数远大于内环控制时间常数，忽略端电压采样误差及开关驱动延迟情况，得到简化的控制结构框图，如图 3-34 所示。

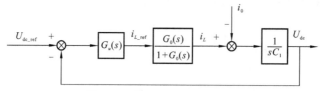

图 3-34　简化的控制结构框图

由此得到系统的输出电压方程为

$$U_{dc}(s) = \frac{G_0(s)G_u(s)}{sC_1[1+G_0(s)]+G_0(s)G_u(s)}U_{dc\_ref}(s)$$
$$-\frac{1}{sC_1(1+G_0(s))+G_0(s)G_u(s)}i_0(s)$$

（3-77）

由式（3-77）中可知，直流母线电压 U_{dc} 受控制量参考电压和干扰量 i_0 的影响，可以通过调节控制器参数达到电路工作的设计性能要求。

3.3.3　光伏储能双向 DC/DC 变换器的 PI 控制方法

无论是独立光伏发电系统还是光伏储能直流微电网系统，分布式电源的波动以及负荷投切等因素都会造成直流母线电压波动。为了稳定直流母线电压，提高系统的性能，通常需要配备一定的储能装置来达到削峰填谷、平抑波动的目的。作为储能装置接口电路的双向 DC/DC 变换器是连接直流母线和储能介质的重要纽带，在系统中起着调节能量双向流动的作用，因此对储能装置接口电路控制显得尤为重要。通常情况下，双向 DC/DC 变换器采用基于 PI 控制的电压、电流双闭环控制策略，如图 3-35 所示。

图 3-35 直流母线电压给定值 U_{dc_ref} 与实际输出电压 U_{dc} 的偏差，通过 PI 电压调节器得到电流的给定值 i_L。i_{L_ref} 与实际电感电流信号 i_L 的偏差，通过 PI 电流调节器所得到的输出再经过脉宽调制产生开关器件的控制信号。在 Buck 工作模式下，储能介质处于充电状态，光伏电源多余的能量通过双向 DC/DC 变换器存储在储能介质中。在 Boost 工作模式下，通过储能介质放电来补偿光伏电源输出功率的不足，电感电流内环控制实现了对储能介质放电电流的控制。为了尽量真实地反映系统的输出特性，图 3-36 为考虑数字系统延时情况下的基于 PI 控制的双向 DC/DC 变换器控制框图。其中 $G_u(s)$、$G_i(s)$ 分别

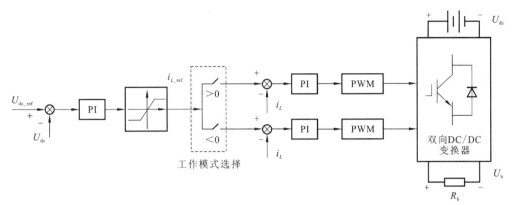

图 3-35 基于 PI 控制的双向 DC/DC 变换器控制原理图

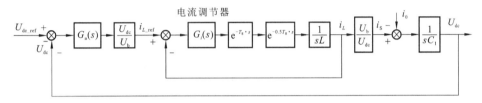

图 3-36 考虑数字系统延时的基于 PI 控制的双向 DC/DC 变换器控制框图

为电压外环和电流内环 PI 控制器的传递函数，实际中选择电感 L 为 2.5 mH，直流母线侧电容 C_1 为 50 μF。

3.4 光储直流组网协调控制策略与分析

在孤岛模式下，由于缺少大电网的支撑，光储直流系统需要根据网内的功率需求和直流母线电压变化情况，合理选择功率变换器的运行模式，维持系统功率平衡，保障母线电压在合理区间稳定运行。

3.4.1 光储直流组网协调控制策略

直流母线作为直流组网系统的核心，是连接功率变换器和负载的枢纽，其电压大小和动态趋势直接反映了直流系统的运行状态与功率平衡关系。图 3-37 所示为直流母线等效电路，其中 P_{PV} 为光伏输出功率，P_B 为电池输出功率（放电为正，充电为负），P_L 为负载需求功率，P_C 为电容功率，U_{dc} 为母线电压。

根据直流母线等效电路列出功率平衡方程：

$$P_C = P_{PV} + P_B - P_L \tag{3-78}$$

母线电容电流的公式为

$$C\frac{dU_{dc}}{dt} = \frac{P_{PV} + P_B - P_L}{U_{dc}} \tag{3-79}$$

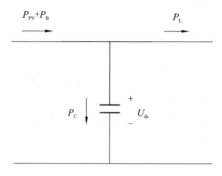

图 3-37 直流母线等效电路

由式（3-79）可以看出，当系统处于稳态时，即 $\mathrm{d}U_{\mathrm{dc}}/\mathrm{d}t=0$，负载功率等于光伏和电池功率之和。任意功率发生变化，平衡被打破，电压随之波动。当负载功率大于光伏和电池功率之和，则电容释放能量，母线电压下降；当负载功率小于光伏和电池功率之和，则电容充电，母线电压抬升。

因此可以采用基于直流母线信号（DC bus signal，DBS）分层控制实现光储系统的协调控制，分层控制分为设备层控制和系统层控制。设备层控制为 3.2 节和 3.3 节所提光伏和电池的底层控制策略，系统层控制是根据直流母线电压的变化，对系统内的光伏发电单元、储能单元和负载功率进行调度，通过改变光伏和电池的工作模式维持系统内功率平衡。例如当分布式电源光伏输出功率减小时，可以改变电池的工作模式释放缺额功率。当光伏输出功率过剩时，可以调整电池工作模式来吸收多余的功率。为了防止电池的过充过放，应该对电池荷电状态进行约束。

根据国家标准《中低压直流配电电压导则》（GB/T 35727—2017），1.5 kV 等级以下的直流供电系统，其电压的允许偏差范围为基准电压的-20%～+5%。在此设置直流母线的基准电压 U_{N} 为 700 V，根据直流母线电压 U_{dc} 的实际运行范围，将孤岛型光储直流系统工作状态划分为 4 个层区：$0.8U_{\mathrm{N}}<U_{\mathrm{dc}}\leqslant 0.9U_{\mathrm{N}}$；$0.9U_{\mathrm{N}}<U_{\mathrm{dc}}\leqslant U_{\mathrm{N}}$；$U_{\mathrm{N}}<U_{\mathrm{dc}}\leqslant 1.03U_{\mathrm{N}}$；$1.03U_{\mathrm{N}}<U_{\mathrm{dc}}\leqslant 1.05U_{\mathrm{N}}$，分别对应 4 种工作模式。

1. 工作模式一

当 $1.03U_{\mathrm{N}}<U_{\mathrm{dc}}<1.05U_{\mathrm{N}}$ 时，此时直流母线电压远高于基准值，光伏发电单元功率严重过剩。光伏由 MPPT 模式切换为限功率模式，则电池运行在恒流充电状态，以最大充电功率吸收多余的功率。若负载进一步减小，当 $U_{\mathrm{dc}}>1.05U_{\mathrm{N}}$，光伏停止工作，由储能完全承担负载功率。若负载增大，母线电压降低，当 $U_{\mathrm{dc}}<1.03U_{\mathrm{N}}$，直流系统运行在工作模式二。

2. 工作模式二

当 $U_{\mathrm{N}}<U_{\mathrm{dc}}<1.03U_{\mathrm{N}}$ 时，此时直流母线电压稍高于基准值，光伏发电单元功率略大于负载需求功率。此时光伏应为 MPPT 模式，则电池根据光伏与负载的功率差值运行在下垂充电模式，以最大充电功率吸收多余的功率。若负载功率进一步降低，电池达到最

大充电电流，则直流系统将维持更高的电压继续运行。当 $U_{dc} > 1.03U_N$ 时，直流系统运行在工作模式一；若负载功率升高，则电池的充电功率减小，直流系统将以稍低的母线电压继续运行。当 $U_{dc} < U_N$ 时，直流系统运行在工作模式三。

3. 工作模式三

当 $0.9U_N < U_{dc} < U_N$ 时，直流系统的母线电压略低于额定电压，光伏发电单元功率缺额，不足以提供负载功率所需。此时光伏运行在 MPPT 模式维持最大功率输出，电池根据系统的功率缺额工作在下垂放电模式。若负载功率减小，则电池的放电功率减小，直流系统以相对较高的母线电压继续运行。当 $U_{dc} > U_N$ 时，直流系统运行在模式二；若负载功率进一步升高，电池放电功率随之增大，直流系统以更低母线电压稳定运行。当 $U_{dc} < 0.9U_N$ 时，直流系统运行在工作模式四。

4. 工作模式四

当 $0.8U_N < U_{dc} < 0.9U_N$ 时，直流系统的母线电压低于基准电压，光伏发电单元功率严重缺额。此时光伏运行在 MPPT 模式维持最大功率输出，电池工作在恒流放电模式，以最大电流放电维持相对较低水平的母线电压。若负载功率进一步升高，则需要卸掉一部分次要负荷，并启动备用柴油发电机维持系统稳定运行；若负载减小，当 $U_{dc} > 0.9U_N$ 时，直流系统运行在工作模式三。

孤岛模式直流系统工作状态如表 3-1 所示。

表 3-1   孤岛模式直流系统工作状态

模式	光伏工作状态	储能工作状态
模式一	限功率	恒流放电
模式二	MPPT	下垂充电
模式三	MPPT	下垂放电
模式四	MPPT	恒流充电

为防止工作模式误切换，即存在因测量问题引起电压跳变的情况，在逻辑判断上还要与上持续时间判断。当电压超过切换值时，延迟 3 s，若电压仍然达到切换值，则进行工作模式切换，否则维持原来运行状态，继续对母线电压值进行判断，计时器重新计时。

光储直流组网系统运行中，辐照度和负载变化可能引起母线电压在切换临界点附近波动，干扰协调控制逻辑，这会造成系统在两种模式之间反复切换，引发系统失稳。因此为防止电压波动引起工作模式反复切换采取滞环控制，分别在 $0.9U_N$、U_N、$1.03U_N$ 处设置一个 -5 V 的滞环宽度，系统在电压滞环宽度内保持原来的运行状态。以系统运行在工作模式三为例，即 $0.9U_N < U_{dc} < U_N$，当 $U_{dc} > U_N$ 时，直流系统切换至工作模式二，然而当电压降到 U_N 时，系统工作模式不变，仍运行在工作模式二，直到母线电压比 U_N 小 5 V 以上，系统重新切换为工作模式三。

3.4.2 控制策略分析：负载连续变动

某海上旅游养殖平台光储直流组网系统由两套光伏阵列，两组电池和阻性负载组成，图 3-38（a）为其直流母线电压变化曲线。图 3-38（b）和（d）分别为电池输出功率曲线和 SOC 变化曲线，电池初始荷电状态分别为 70% 和 30%。图 3-38（c）为光伏输出功率曲线，其中两个光伏阵列的最大功率分别为 19 kW、15 kW。图 3-38（e）为负载功率变化曲线。直流母线基准电压为 700 V，各层的切换电压分别为 630 V、700 V、721 V。

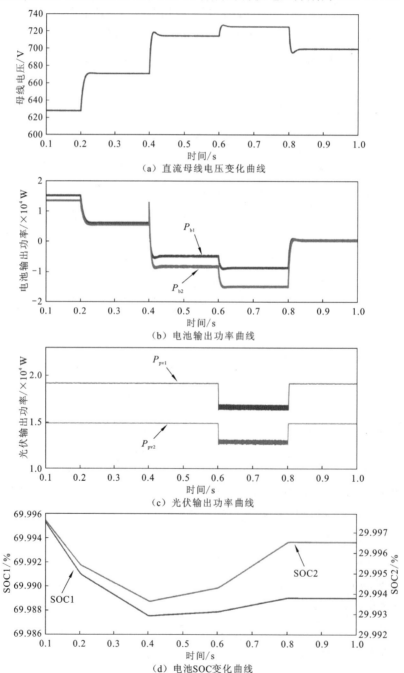

（a）直流母线电压变化曲线

（b）电池输出功率曲线

（c）光伏输出功率曲线

（d）电池SOC变化曲线

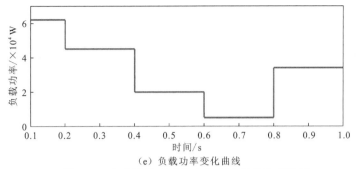

（e）负载功率变化曲线

图 3-38　负载连续变动的光储直流系统仿真结果

负载隔 0.2 s 变化一次，初始负载设定为 62 kW，此时光伏工作在 MPPT 模式。1#电池组达到最大放电电流，工作恒流放电模式，输出功率为 15 kW。2#电池组工作在下垂放电模式，输出功率为 13.3 kW，光伏功率加电池最大放电功率小于负载功率，负载降压运行，直流母线电压稳定在 628 V，光储直流组网系统运行在工作模式四。

当 $t=0.2$ s 时，负载功率突降至 45 kW，光伏功率小于负载功率，光伏仍维持最大功率输出，电池工作在下垂放电模式，放电功率分别为 6 kW 和 5.3 kW，母线电压稳定在 670 V，系统由工作模式四切换为工作模式三。

当 $t=0.4$ s 时，负载功率突降至 20 kW，此时光伏功率略大于负载功率，光伏工作在 MPPT 模式，电池工作在下垂充电模式，1#电池组和 2#电池组的充电功率分别为 5 kW 和 8.5 kW。这是因为电池的充放电策略与 SOC 相关，即 SOC 高的多放少充，SOC 低的少放多充。直流母线电压升至 706 V，系统由工作模式三切换为工作模式二。

当 $t=0.6$ s 时，负载功率突降至 5 kW，此时光伏功率过剩，随着 2#电池组达到最大充电电流，母线电压超过模式切换临界点 721 V，光伏工作模式由 MPPT 切换为限功率模式，1#光伏阵列和 2#光伏阵列输出功率分别为 16.6 kW 和 12.9 kW，输出功率比依然为 1.29:1，仍然保持按容量分配。1#电池组工作在下垂充电模式，2#电池达到最大充电电流，工作在恒流充电模式。1#电池组和 2#电池组的充电功率分别为 8.5 kW 和 15 kW。直流母线电压升至 725 V，系统由工作模式二切换为工作模式一。

当 $t=0.8$ s 时，负载功率突升至 34 kW，此时光伏功率等于负载功率。当母线电压下降，光伏工作模式由限功率模式切换为 MPPT 模式，1#光伏阵列和 2#光伏阵列输出功率分别恢复至 19 kW 和 15 kW，输出功率比依然为 1.29:1，即模式切换后依然保持按容量分配。1#电池组和 2#电池组输出功率几乎为零。直流母线电压降至 700 V，系统由工作模式一切换为工作模式二。

3.4.3　控制策略分析：光伏单元的退出与投入

光储系统由三个光伏阵列、两组电池和负载组成。图 3-39（a）为其直流母线电压变化曲线。三个光伏阵列的最大输出功率分别为 10.5 kW、12.6 kW、4.2 kW。光伏输出功率曲线如图 3-39（b）所示，2#光伏阵列全程保持运行，3#光伏阵列在 0.2 s 时退出运行，随后在 0.4 s 时重新接入，1#光伏阵列在 0.6 s 时接入系统投运。电池输出功率和 SOC 变化分别如图 3-39（c）和（d）所示，负载保持 5 kW 不变。

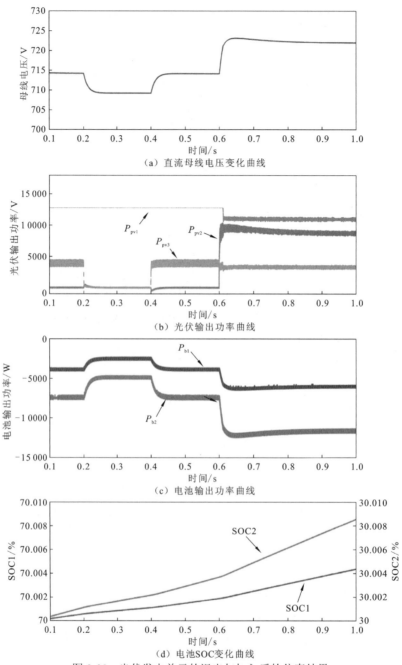

（a）直流母线电压变化曲线

（b）光伏输出功率曲线

（c）电池输出功率曲线

（d）电池SOC变化曲线

图 3-39　光伏发电单元的退出与加入后的仿真结果

　　初始时刻，2#光伏阵列和 3#光伏阵列运行，光伏输出功率大于负载功率，光伏保持最大功率输出，电池工作在下垂充电模式，母线电压为 714 V，光储直流组网系统运行在工作模式二。

　　当 $t=0.2$ s 时，3#光伏阵列退出运行，只留 2#光伏阵列运行，母线电压下降。由于光伏功率仍然大于负载功率，多余的电能由电池吸收，电池工作在下垂充电模式，充电功率分别减小至 2.5 kW 和 5 kW，这是因为充电功率由电池本身 SOC 决定。1#电池组的初始 SOC 为 70%，2#电池组的初始 SOC 为 30%，所以 1#电池组充电功率小，2#电池组充电功率大，以达到 SOC 均衡，避免电池过放而提前退出系统。母线电压经过 0.3 s 后稳定在 709 V，光储直流组网系统仍然运行在工作模式二。

当 $t=0.4$ s 时，3#光伏阵列重新投入运行，母线电压升高到 712 V。系统恢复至初始时刻的运行方式，2#光伏阵列和 3#光伏阵列运行在 MPPT 模式，两组电池工作在下垂充电模式，充电功率分别恢复至 3.9 kW 和 7.5 kW。

当 $t=0.6$ s 时，1#光伏阵列投入运行，母线电压进一步抬升。当母线电压达到 721 V 时，光储直流组网系统运行在工作模式一。电池由下垂充电模式切换为恒流充电模式，电池的输出功率分别为 6 kW 和 11.8 kW。光伏由 MPPT 模式切换为限功率模式，1#光伏阵列、2#光伏阵列和 3#光伏阵列的输出功率分别降为 8.8 kW、10.7 kW 和 3.5 kW，输出功率比为 2.5∶3∶1，母线电压为 722 V。

3.5　光储直流组网案例

由于光伏电源和储能系统等新能源的直流特性，采用直流组网可以减少中间变流环节，提高能源转换效率。此外，直流组网技术没有频率、相位等同步问题，只需维持母线电压稳定，其控制和运行方式灵活，因此直流组网配电系统在船舶、海工和水上设施等装备上应用得到快速发展。

3.5.1　电力系统拓扑结构

某型养殖工船光储互补新能源系统主要由光伏系统和储能系统组成，如图 3-40 所示。光伏组件布置在主甲板前部，总装机容量为 105.6 kWp（kWp 表示光伏组件最佳工作状态下的峰值千瓦）。锂电池储能系统采用磷酸铁锂电池组，容量为 645.12 kW·h。锂电池储能系统集成在 20 英尺集装箱内，集装箱放置在主甲板上。集装箱内集成锂电池储能系统、直流配电柜（图 3-41）、监控单元、热管理及温控系统、可燃气体探测及应急排风系统、视频监控系统、照明系统、消防系统等系统和设备。

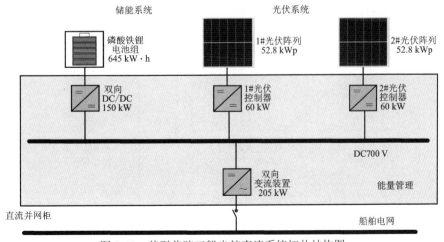

图 3-40　某型养殖工船光储直流系统拓扑结构图

图 3-41 某型养殖工船光储直流配电柜

光伏电源与锂电池储能系统采用直流并网方式，如图 3-42 所示。直流母线电压为
700 V，直流配电系统采用能量管理系统管理光伏电源和锂电池储能系统的能量分配，保
证供电稳定性和可靠性。新能源发电系统采用离网方式向负载供电。

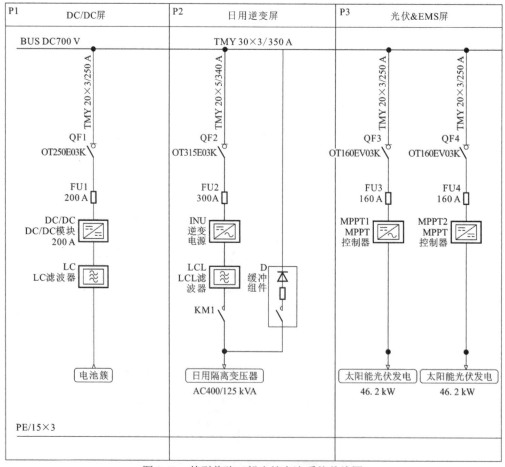

图 3-42 某型养殖工船光储直流系统单线图

3.5.2 光伏发电系统

根据光伏发电系统在标准辐照条件下的功率计算，太阳能组件的总功率设置为105.6 kWp。采用两台 60 kW 光伏控制器，每台汇流箱串并联方案为 12 串×8 并。具体参数如表 3-2 所示。

表 3-2 光伏发电系统参数

光伏板数量/块	总功率/kWp	串×并联	组串开路电压/V	组串短路电流/A	最佳功率电压/V	最佳功率电流/A
96	52.8	12×8	601.32	112.08	498.12	106

1. 光伏组件参数

光伏组件选用 550W P-type 单晶硅双玻光伏组件，主要参数如表 3-3 所示。

表 3-3 光伏组件参数

参数	数值（标准测试条件下）
峰值功率/W	550
最佳工作电压/V	41.51
最佳工作电流/A	13.25
开路电压/V	50.11
短路电流/A	14.01
组件效率/%	21.29
组件工作温度/℃	−40～85
组件尺寸/mm	2278×1134×30
重量/kg	32
接线盒防护等级	≥IP67

2. 船用光伏汇流箱

光伏汇流箱在光伏发电系统中是保证光伏组件有序连接和汇流功能的接线装置。该装置能够保障光伏系统在维护、检查时易于切断电路，当光伏系统发生故障时减小停电的范围。光伏汇流箱技术参数如表 3-4 所示。

表 3-4　光伏汇流箱技术参数

技术参数	数值
规格	8 进 1 出（2 台）
最大开路直流电压/V	850
最大输入峰值功率直流电压/V	820
最大短路电流/A	130
最大输入峰值功率电流/A	110
防护等级	IP56（室外）
整机尺寸（宽×深×高）/mm	600×160×450

3. 光伏控制器

光伏 MPPT 控制器采用全数字化智能跟踪算法，快速获取太阳能电池组件的最大功率点，光伏组件利用率高，控制器采用集中化设计，稳定可靠。控制器主要技术参数如表 3-5 所示。

表 3-5　光伏控制器主要技术参数

技术参数	数值或说明
额定功率/kW	60
直流输出电压/V	700
直流输入电压/V	600～800
电流范围/A	0～120
整机效率/%	≥95（额定功率）
保护功能	过流、短路、过热、过载、直流过欠压等
噪声/dB	＜72
防护等级	IP22
允许环境温度/℃	−25～50
冷却方式	强制风冷
允许相对湿度/%	0～95（无冷凝）
通信接口	RS485/以太网
散热方式	强制风冷
整机尺寸/mm	482×600×222

3.5.3 锂电池储能系统

1. 电池参数

动力锂电池系统（以下简称电池系统）由一个动力锂电池组构成，选用通过中国船级社认证的 LF280K 单体电池成组，单体电池的额定电压为 3.2 V，工作电压范围为 2.8～3.6 V，额定容量为 280 A·h。动力锂电池组由汇流柜和 40 个电池包组成，每个电池包采用 1 并 18 串方式连接，单个电池包标称电压为 57.6 V，标称容量为 280 A·h，标称能量为 16.128 kW·h。电池包通过连接线缆串联，形成 4 并 10 串的组合电池簇。电池簇额定电压为 576 V，额定容量为 1120 A·h，能量为 645.12 kW·h，最大持续工作电流可达 560 A。电池系统布置于独立的电池舱内，电池舱六面均为 A60 防火结构。具体参数如表 3-6 所示。

表 3-6　电池储能系统技术参数

参数类型	技术参数	数值或说明
电芯性能	电池类型	磷酸铁锂
	电池型号	LF280K
	标称电压/容量	3.2V/280A·h
	单体电压范围/V	2.50～3.65
	宽度/mm	174
	厚度/mm	72
	高度(总高)/mm	204
电池包	电池包尺寸/mm	896×426×241
	重量/kg	120
	防护等级	IP67
	电池成组方案	1P18S
	标称电压/容量	57.6 V/280 A·h
	标称能量/(kW·h)	16.128
电池簇	电池包数量	10
	每簇电池串并数	1P180S
	电芯数量	180
	标称电压/V	576
	电压范围/V	522～630
	标称容量/(A·h)	280
	标称能量/(kW·h)	161.28

参数类型	技术参数	数值或说明
	主体尺寸	20 尺标准箱
	重量/kg	7312
	功能描述	灭火、通风，风冷
	电池簇成组方案	4P180S
系统性能	标称总电压/容量	576 V/280 A·h
	标称总能量/(kW·h)	645.12
	使用电压范围/V	522~630
	最大充放电倍率	0.5C
	最大工作电流/A	560
	电池循环次数	4000

电池包安装有电池管理系统从控模块，用以采集其内部多串电池单体电压、内部温度及进行电池单体电量均衡，通过安装在电池包外部的通信接口与电池组管理系统主控模块进行通信；电池包安装有维修开关，可在其需要进行断电时安全断开电气连接，维修开关内部安装有保险丝，可在电池包外短路时进行短路保护；电池包安装有电池正负极安装插座，用以电池组的串并联连接。以上各接口均安装在电池包的前端面，方便安装和维修。

2. 电池管理系统

电池管理系统（BMS）主要由 BSU（BMS 从控单元）、SBSU（BMS 安全功能从控单元）、电池簇管理单元（battery cluster management unit，BCMU）和电池组管理单元（battery pack management unit，BPMU）组成 3 级系统。BPMU 和 BCMU 分别含有完全独立的安全功能模块，在出现单点失效或非安全功能异常时，保证系统的安全性。电池管理系统的具体功能如下。

（1）信息采集功能。系统对电池及自身状态进行监控，为系统的逻辑判断、动作执行提供依据。采集的信息包括：电芯单体电压、电芯单体温度、电池组总电压、总电流、每簇电池组电流、系统绝缘状态、环境温度、电池箱内环境状态、高压连接器状态、高压继电器状态、保险状态、风机状态等。

（2）信息处理功能。对采集的基本信息进行处理，为用户使用、优化电池系统运行和系统维护提供数据支持。其功能主要包含：单体电压极值判断及定位、单体温度极值判断及定位、电压差温度差计算、电压温度平均值计算、荷电状态（state of charge，SOC）估算、健康状态（state of health，SOH）估算、功率状态（state of power，SOP）估算、实际可用能量（state of energy，SOE）估算、运行参数统计等。

（3）安全功能。安全功能包含单体过高温保护、模组过压保护和高压互锁功能。执行此功能的软硬件完全独立于执行常规功能的 BMS 部分，同时两部分相互监控，保证系统安全功能的有效性。

（4）高压上下电管理。系统通过自检后，根据上级系统指令，自动或手动进行高压预充和上电。整个上电过程都有完整的诊断和处理措施。高压下电分为正常下电、因故障下电和手动紧急下电。当电池系统出现关系安全的严重故障时，系统将立即切断高压，自动紧急下电。系统设有急停控制按钮，紧急情况下可由操作人员手动直接切断高压输出。电池系统运行报警功能：在电池系统运行出现过压、欠压、过流、高温、低温、漏电、通信异常、电池管理系统异常等状态时，应能显示并上报告警信息。

（5）热管理。热管理策略根据具体电芯特性、热管理方式、使用工况等进行调整，在保证安全和寿命的前提下发挥电芯最大效能。

（6）均衡控制。系统提供主动均衡和被动均衡方式，可根据项目需求进行选择。系统默认提供被动均衡方式，可满足大部分应用场景。均衡策略根据电芯特性和充放电工况进行灵活调整。

（7）多电池簇管理。系统支持多电池簇管理，由设置在底层的电池簇单元完成，协调和管理由 BCMU 实现。在提高系统总容量和总输出功率的同时，通过冗余的方式增强系统的可靠性。在单个电池簇出现故障时，不影响推进系统的正常运行。系统运行过程中对电池簇间的环流进行监控，采取多种手段减小系统中的环流。

（8）故障诊断及处理。故障诊断分为电池和系统自身两大部分。其中安全相关故障（如电池过高温、电池过高压）使用完全独立的硬件及相应监控程序实现，使得系统出现单点故障时，保护和报警功能不会同时失效，安全功能和非安全功能不同时失效。系统自身诊断包含系统供电异常、预充故障、主要继电器故障、主要熔断器故障、高压连接器故障、电流检测故障、单体电压采集故障、温度传感器故障、板级故障、电池箱内故障，如漏液、电池舱通风故障、其他外部设备相关故障。

（9）外部设备交互。系统设置有对外接口，可与船舶能量管理系统（power management system，PMS）、显示报警系统等多个外部系统进行交互。

（10）人机界面和远程监控。系统可配置触控屏幕，可通过屏幕进行系统的监控、操作和参数设置。对安全相关故障、SOC 故障和一般故障分别设置独立的报警装置。配置急停按钮，在紧急情况下可手动直接切断系统输出（急停功能由独立硬件电路来执行）。

（11）数据记录。对系统运行过程中的事件和状态进行记录，记录事件不少于 10 000 条，记录历史数据不少于 10 天。

3. 双向 DC/DC 变换器

双向运行的 DC/DC 变换器主要由直流斩波功率模块、直流斩波滤波模块、电压电流检测回路、混合动力控制单元和配件卡等组成。双向 DC/DC 变换器将固定的直流电转换为可调的直流电，供直流输出侧使用，也可将负载侧的能量回馈至母线。双向 DC/DC 变换器参数如表 3-7 所示。

表 3-7　双向 DC/DC 变换器参数

参数类型	技术参数	数值或说明
高压侧	最大功率/kW	150
	直流电压范围/V	700
	电流范围/A	0～270
低压侧	最大功率/kW	150
	直流电压范围/V	100～670
	电流范围/A	0～290
系统	系统供电/V DC	24
	噪声/dB	≤85
	防护等级	IP20
	允许环境温度/℃	−20～45
	冷却方式	强制风冷
	允许相对湿度/%	5～95（无冷凝）
	允许最高海拔/m	≤1000（超过 1000 m 降额使用）
	保护功能	短路、过流、过压、过热
通信	标准通信方式	RS485/以太网
尺寸/重量	主机尺寸（宽×深×高）/mm	180×438×770
	重量/kg	35

4. 双向变流装置

双向变流装置针对储能系统，可实现并网发电和离网逆变功能；若电网断电，储能系统可自动无缝切换成离网工作模式，保证负载不间断供电。装置包含功率模块、滤波器、控制器和检测单元等。双向变流装置参数如表 3-8 所示。

表 3-8　双向变流装置参数

参数类型	技术参数	数值或说明
基本性能	额定功率/kW	205
	交流输入电压/V	380～415
	输入频率/Hz	47～63
	电压不平衡度	最大额定线电压的 3%
	直流侧输出电压/V DC	540～700
	工作效率/%	97

参数类型	技术参数	数值或说明
系统	系统供电/V DC	24
	噪声/dB	≤85
	防护等级	IP20
	允许环境温度/℃	−10~40
	冷却方式	强制风冷
	允许相对湿度/%	5~95（无冷凝）
	允许最高海拔/m	≤1000（超过1000 m 降额使用）
	保护功能	短路、过流、过载、过压、欠压、缺相、三相不平衡、过热等
通信	标准通信方式	RS485/以太网
尺寸/重量	主机尺寸（宽×深×高）/mm	180×438×770
	重量/kg	40

3.5.4 能量管理系统

能量管理装置设备组成见表 3-9，包含 PMS 控制主站、控制软件及人机界面，以实现 PMS 的高效运行。PMS 是新能源系统中必不可少的部分，它根据新能源系统的功率需求，自动地管理光伏发电系统、锂电池储能系统和双向变流装置的运行和电能的分配。

表 3-9　能量管理装置设备组成

设备	描述	组成
PMS 控制主站	安装在配电板中，接口发电机组、配电板等设备，并输出控制指令	工业 PLC
人机界面，10.4 寸液晶屏	集中管理数据，存储、检索、趋势显示	工业触摸屏
PMS 控制软件	用于自动控制新能源系统及提供保护	定制开发
机舱监测报警系统接口	RS-485	标准通信口
控制接口	控制线硬线	标准 IO 模块

能量管理系统通过数据通信的方式采集光伏控制器、锂电池组 BMS、双向 DC/DC 和双向变流装置的数据，依据电池 SOC 值的不同将能量管理策略划分为多种工作模式，能量管理装置根据不同模式下的功率需求输出控制信号，控制锂电池组、光伏控制器的运行工况。采用 PLC 作为能量管理系统的主控单元，能够很好地适应环境变化，对各单元的各个设备进行集中管理，提高系统运行的稳定性和可靠性。

能量管理系统适用于新能源系统，模块化的设计使系统简洁、易于升级，其网络拓扑结果如图 3-43 所示。PMS 系统安装在直流配电柜中，根据功率的实时需求对光伏发电系统、锂电池储能系统和双向变流装置进行监控并协调发电、储能的工作，并可以对新能源系统进行故障报警和处理，为用电设备提供可靠、稳定及优化配置的电力能源。

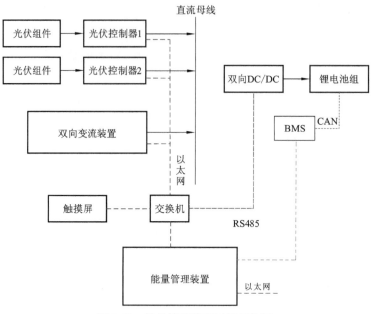

图 3-43　能量管理装置网络拓扑图

直流组网系统人机交互界面如图 3-44 所示，包括主界面、光伏界面、锂电池组显示界面等。操作人员可以通过导航按钮进入各工作子模块的显示界面，从中获取光伏单元、储能单元和报警监测历史记录等子系统运行数据，以此来判断系统运行状况是否正常。

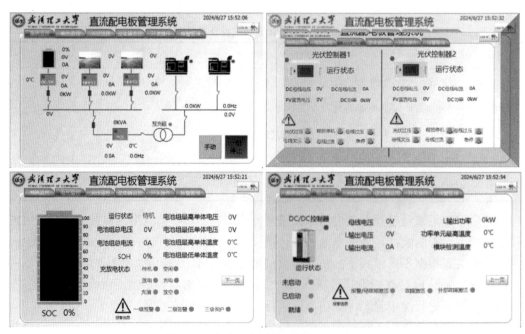

图 3-44　直流配电板管理系统显示界面

在光伏发电单元界面中，显示两组光伏的运行数据，包括光伏阵列的电压、直流母线电压、光伏输出电流、光伏输出功率，并设置 10 个故障报警显示，包括光伏过压、光伏欠压、母线欠压、母线过压、光伏过流、急停、过热、IGBT 故障等，可以在第一时间显示故障原因，方便后续设备维护。

锂电池组单元界面中，可实时监测电池的输出电流、组串电压、单体最高电压、最低电压、最高温度、最低温度和运行状态。此外，电池管理界面还兼有故障报警功能和保护功能，如充放电过压和欠压报警、过流报警，根据保护值设置三级警报功能，操作人员可根据实际运行情况进行调整。

参 考 文 献

[1] 许海平. 大功率双向 DC-DC 变换器拓扑结构及其分析理论研究. 北京: 中国科学院电工研究所, 2005.

[2] 陈亚爱, 梁新宇, 周京华. 双向 DC-DC 变换器拓扑结构综述. 电气自动化, 2017, 39(6): 1-6.

[3] 刘明义. 电池储能电站能量管理与监控技术. 北京: 中国电力出版社, 2021.

[4] 文书礼, 兰海. 新能源船舶电力系统. 北京: 科学出版社, 2019.

[5] 孙玉伟. 海洋环境下船用太阳能光伏系统特性研究. 武汉: 武汉理工大学, 2013.

[6] Kobayashi K, Takano I, Sawada Y. A study ol a two stage maximum power point tracking control of a photovoltaic system under partially shaded insolation conditions//2003 IEEE Power Engineering Society General Meeting, Toronto, Canada. IEEE, 2003, 4: 2612-2617.

[7] Noguchi T, Togashi S, Nakamoto R. Short-current pulse-based maximum power point tracking method for multiple photovoltaic and converter module system. IEEE Transactions on Industrial Electronics, 2002, 49(1): 217-223.

[8] 孙向东. 太阳能光伏并网发电技术. 北京: 电子工业出版社, 2014.

[9] Bekker B, Beukes H J. Finding an optimal PV panel maximum power point tracking method//7th AFRICON Conference in Africa, Gaborone, Botswana. IEEE, 2004, 2: 1125-1129.

[10] Miyatake M, Inada T, Hiratsuka I, et al. Control characteristics of a fibonacci-search-based maximum power point tracker when a photovoltaic array is partially shaded// IPEMC 2004: 4th International Power Electronics and Motion Control Conference, 2004, 2: 816-821.

[11] 王云平. 局部阴影条件下光伏阵列结构、MPPT 方法及阻抗匹配变换器研究. 南京: 南京航空航天大学, 2018.

[12] 宁勇. 基于粒子群算法的光伏系统控制方法优化研究. 长沙: 湖南大学, 2019.

[13] 李善寿. 阴影条件下光伏系统的失配分析与优化控制研究. 合肥: 合肥工业大学, 2016.

[14] Solodovnik E V, Liu S, Dougal R A. Power controller design for maximum power tracking in solar installations. IEEE Transactions on Power Electronics, 2004, 19(5): 1295-1304.

[15] 胡克用. 光伏微电网系统的群控策略与能量优化方法研究. 杭州: 浙江工业大学, 2016.

[16] 杨惠. 光伏储能双向 DC-DC 变换器控制策略研究. 西安: 西安理工大学, 2018.

第 4 章

计及光伏功率平抑的
DC/AC 控制

由于光伏发电系统没有转动惯量和阻尼特性,在船舶电网中集成船舶柴电/光伏并网电力系统,随着光伏渗透率的升高,原船舶电力系统所固有的惯性、阻尼水平会被大幅度削弱[1]。再者,光伏发电系统易受外界环境因素(如光照强度、表面温度等)的影响,输出功率呈现出间歇性和随机性等非线性特征[2]。当光伏电池板受到驾驶台或者云层遮挡使光伏发电系统的输出功率突然下降时,由于柴油发电机组的发电功率受其喷油系统和转速的限制,难以瞬时提高其发电量以补偿光伏功率的波动[3]。在这期间,船舶负荷处于低功率状态,影响负荷的正常运行。此外,光伏发电功率的不稳定,造成柴油发电机组的转速和喷油系统频繁变化,对柴油发电机组和船舶负荷正常使用造成极大的威胁。因此,如何有效地抑制光伏发电功率波动是船用光伏发电系统关键问题之一。

4.1 基于恒功率控制的船用光伏并网控制策略

恒功率(PQ)控制策略原理如图 4-1 所示。PQ 控制思路为:光伏发电系统与船舶电力系统并网时,由船舶电网为光伏系统提供电压和频率支撑,电网的负荷波动或电压频率扰动由电网承担。在采用 PQ 控制时,为实现光伏能源的最大利用,将 MPPT 控制器的输出功率作为逆变器输出控制的参考功率 P_{ref}。系统正常运行过程中,光伏在并网过程中只输出有功功率,因此无功参考功率 Q_{ref} 为 0。

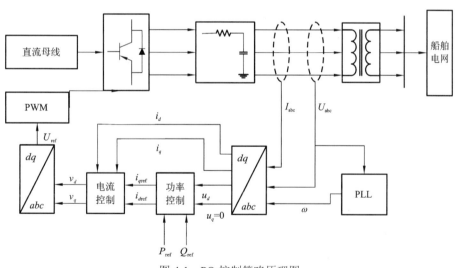

图 4-1   PQ 控制策略原理图

4.1.1   PWM 逆变器数学模型

图 4-2 为三相 PWM 逆变器主电路图。

忽略电路中滤波电容充放电电流影响,可得每相电压平衡方程:

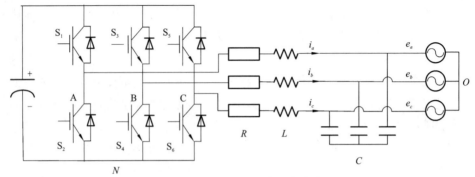

图 4-2　三相 PWM 逆变器主电路

$$\begin{cases} u_{aN} + u_{NO} = i_a R + L\dfrac{\mathrm{d}i_a}{\mathrm{d}t} + e_a \\[2mm] u_{bN} + u_{NO} = i_b R + L\dfrac{\mathrm{d}i_b}{\mathrm{d}t} + e_b \\[2mm] u_{cN} + u_{NO} = i_c R + L\dfrac{\mathrm{d}i_c}{\mathrm{d}t} + e_c \end{cases} \tag{4-1}$$

式中：u_{aN}、u_{bN}、u_{cN} 分别为 a、b、c 三相相电压，u_{NO} 为负直流母线相对于三相电网中性点 N 的电压。

逆变器三相输出电压可表示为

$$\begin{cases} v_a = u_{aN} + u_{NO} \\ v_b = u_{bN} + u_{NO} \\ v_c = u_{cN} + u_{NO} \end{cases} \tag{4-2}$$

结合式（4-1）和式（4-2）可知：

$$\begin{cases} v_a = i_a R + L\dfrac{\mathrm{d}i_a}{\mathrm{d}t} + e_a \\[2mm] v_b = i_b R + L\dfrac{\mathrm{d}i_b}{\mathrm{d}t} + e_b \\[2mm] v_c = i_c R + L\dfrac{\mathrm{d}i_c}{\mathrm{d}t} + e_c \end{cases} \tag{4-3}$$

可见在 abc 静止坐标系下，三相电流之间相互解耦，但控制对象均为时变量，导致控制回路设计困难。为此，可通过借鉴矢量控制系统中坐标变换基本原理，将控制量先经 Clarke 矩阵变换到 $\alpha\beta$ 坐标系下，再经 Park 矩阵变换到 dq 坐标系下表示，并建立逆变器数学模型进行分析[4]。

1. Clarke 变换

Clarke 变换指的是从三相静止坐标系（abc 坐标系）到两相静止坐标系（$\alpha\beta$ 坐标系）之间的变换，如式（4-4）所示。$\alpha\beta$ 坐标系到 ABC 坐标系的变换称为反 Clarke 变换，如式（4-5）所示。

$$T_{\text{ABC}-\alpha\beta} = \frac{2}{3}\begin{bmatrix} 1 & -\dfrac{1}{2} & -\dfrac{1}{2} \\ 0 & \dfrac{\sqrt{3}}{2} & -\dfrac{\sqrt{3}}{2} \end{bmatrix} \tag{4-4}$$

$$T_{\alpha\beta-\text{ABC}} = \frac{2}{3}\begin{bmatrix} 1 & 0 \\ -\dfrac{1}{2} & \dfrac{\sqrt{3}}{2} \\ -\dfrac{1}{2} & -\dfrac{\sqrt{3}}{2} \end{bmatrix} \tag{4-5}$$

式（4-6）为式（4-3）经 Clark 变换，在 $\alpha\beta$ 坐标系下的表达式为

$$\begin{bmatrix} L\dfrac{\mathrm{d}i_\alpha}{\mathrm{d}t} \\ L\dfrac{\mathrm{d}i_\beta}{\mathrm{d}t} \end{bmatrix} = \begin{bmatrix} -R & 0 \\ 0 & -R \end{bmatrix}\begin{bmatrix} i_\alpha \\ i_\beta \end{bmatrix} + \begin{bmatrix} 1 & 0 \\ 0 & 1 \end{bmatrix}\begin{bmatrix} v_\alpha \\ v_\beta \end{bmatrix} - \begin{bmatrix} 1 & 0 \\ 0 & 1 \end{bmatrix}\begin{bmatrix} e_\alpha \\ e_\beta \end{bmatrix} \tag{4-6}$$

2. Park 变换

Park 变换指的是两相静止 $\alpha\beta$ 坐标系下的物理量到同步旋转 dq 坐标系下物理量之间的变换，变换关系式为

$$T_{\alpha\beta-dq} = \begin{bmatrix} \cos\omega t & \sin\omega t \\ -\sin\omega t & \cos\omega t \end{bmatrix} \tag{4-7}$$

dq 坐标系到 $\alpha\beta$ 坐标系的变换称为反 Park 变换，如式（4-8）所示。

$$T_{dq-\alpha\beta} = \begin{bmatrix} \cos\omega t & -\sin\omega t \\ \sin\omega t & \cos\omega t \end{bmatrix} \tag{4-8}$$

式（4-6）经过 Park 变换，在 dq 坐标系下可表示为

$$\begin{bmatrix} L\dfrac{\mathrm{d}i_d}{\mathrm{d}t} \\ L\dfrac{\mathrm{d}i_q}{\mathrm{d}t} \end{bmatrix} = \begin{bmatrix} -R & \omega L \\ -\omega L & -R \end{bmatrix}\begin{bmatrix} i_d \\ i_q \end{bmatrix} + \begin{bmatrix} 1 & 0 \\ 0 & 1 \end{bmatrix}\begin{bmatrix} v_d \\ v_q \end{bmatrix} - \begin{bmatrix} 1 & 0 \\ 0 & 1 \end{bmatrix}\begin{bmatrix} e_\alpha \\ e_\beta \end{bmatrix} \tag{4-9}$$

可见，各控制量在 dq 轴上均表现为恒定值，整体为时不变系统，简化了控制回路设计。

4.1.2 功率-电流双环解耦控制

由式（4-9）可知，d 轴负载电压分量受到 q 轴上电流的扰动影响，q 轴负载电压分量受到 d 轴上电流的扰动影响，dq 坐标系下各控制量相互耦合，通过在控制算法中引入前馈补偿环节实现 dq 轴参数解耦。式（4-9）可改写为

$$\begin{cases} i_d R + L\dfrac{\mathrm{d}i_d}{\mathrm{d}t} = v_d + \omega L i_q - e_d \\ i_q R + L\dfrac{\mathrm{d}i_q}{\mathrm{d}t} = v_q - \omega L i_d - e_q \end{cases} \tag{4-10}$$

令

$$\begin{cases} v_d' = v_d + \omega L i_q - e_d \\ v_q' = v_q - \omega L i_d - e_q \end{cases} \tag{4-11}$$

$$\begin{cases} v_d' = i_d R + L \dfrac{\mathrm{d} i_d}{\mathrm{d} t} \\ v_q' = i_q R + L \dfrac{\mathrm{d} i_q}{\mathrm{d} t} \end{cases} \tag{4-12}$$

结合式（4-12），变量 v_d'、v_q' 由电流 dq 轴分量独立控制，式（4-13）为引入电流环 PI 调节器设计的控制回路：

$$\begin{cases} v_d' = K_i \left(1 + \dfrac{1}{\tau s}\right)(i_{d\,\mathrm{ref}} - i_d) \\ v_q' = K_i \left(1 + \dfrac{1}{\tau s}\right)(i_{q\,\mathrm{ref}} - i_q) \end{cases} \tag{4-13}$$

式中：K_i 为比例系数；τ 为积分时间常数；$i_{d\mathrm{ref}}$ 及 $i_{q\mathrm{ref}}$ 分别为 d 轴和 q 轴参考电流值；v_d 和 v_q 可表示为

$$\begin{cases} v_d = K_i \left(1 + \dfrac{1}{\tau s}\right)(i_{d\,\mathrm{ref}} - i_d) - \omega L i_q + e_d \\ v_q = K_i \left(1 + \dfrac{1}{\tau s}\right)(i_{q\,\mathrm{ref}} - i_q) + \omega L i_d + e_q \end{cases} \tag{4-14}$$

可见，通过解耦 v_d、v_q 已实现独立控制。由于锁相环时刻追踪电网的相位信息，当三相电压对称时通过坐标变换可得，e_d 为电网电压幅值，e_q 为 0。根据瞬时功率理论，dq 坐标系下系统有功功率 P 和无功功率 Q 可表示为

$$\begin{cases} P = \dfrac{3}{2}(e_d i_d + e_q i_q) = \dfrac{3}{2} e_d i_d \\ Q = \dfrac{3}{2}(e_q i_d - e_d i_q) = -\dfrac{3}{2} e_d i_q \end{cases} \tag{4-15}$$

式（4-15）中由于 e_d 为常量，功率与电流之间存在一次线性关系，于是引入 PI 控制器[5]，可得

$$\begin{cases} i_{d\,\mathrm{ref}} = K_j \left(1 + \dfrac{1}{\tau' s}\right)(P_{\mathrm{ref}} - P) \\ i_{q\,\mathrm{ref}} = K_j \left(1 + \dfrac{1}{\tau' s}\right)(Q_{\mathrm{ref}} - Q) \end{cases} \tag{4-16}$$

结合式（4-16）及式（4-14）建立功率外环和电流内环的有功、无功双环解耦控制算法，如图 4-3 所示。

图 4-3 中的有功功率指令值 P_{ref} 及无功功率指令值 Q_{ref} 经双闭环 PI 环节后，输出控制电压指令 v_d、v_q，后经反 Park 变换及空间矢量脉宽调制（SVPWM）产生 PWM 信号，驱动开关管反复通断，从而达到功率控制的目的。

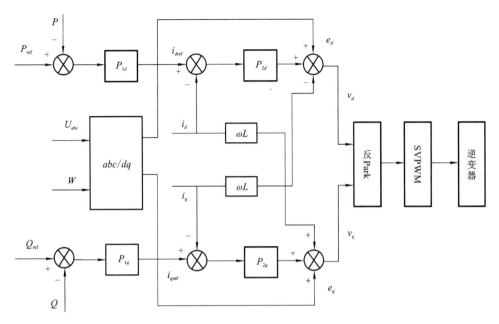

图 4-3 有功和无功功率双环解耦控制

4.1.3 PWM 信号产生原理与实现

目前，PWM 信号产生方法主要包括计算法和调制法，正弦波脉宽调制（sinusoidal pulse width modulation，SPWM）法及空间矢量脉宽调制（SVPWM）法在三相逆变器调制算法设计中得到广泛应用。相对于 SPWM，SVPWM 具有直流电压利用率高、同等品质波形下开关频率低、损耗小及动态追踪性能好的特点[6]。

1. SVPWM 控制基本原理

SVPWM 是将逆变器和交流电机看成统一的整体，着眼于得到理想的圆形旋转磁场。设电机由理想的三相交流电供电，则有

$$\begin{cases} u_a = U_m \sin(\omega_1 t) \\ u_b = U_m \sin(\omega_1 t - 2\pi / 3) \\ u_c = U_m \sin(\omega_1 t + 2\pi / 3) \end{cases} \quad (4\text{-}17)$$

式中：u_a、u_b 和 u_c 分别为电机 A、B、C 三相定子绕组电压；U_m 为电源峰值相电压；ω_1 为电压角频率。

则对应的电压空间矢量 $\boldsymbol{u}_s$ 可表示为

$$\boldsymbol{u}_s = \frac{2}{3}(u_a + u_b \mathrm{e}^{\mathrm{j}r} + u_c \mathrm{e}^{\mathrm{j}2r}) \quad (4\text{-}18)$$

式中：$r = 120°$。结合式（4-17）及式（4-18）可得理想供电条件下的电压空间矢量：

$$\boldsymbol{u}_s = \frac{2}{3}\left(\frac{3}{2}U_m \mathrm{e}^{\mathrm{j}\omega t}\right) = U_m \mathrm{e}^{\mathrm{j}\omega t} \quad (4\text{-}19)$$

可见，理想情况下 $\boldsymbol{u}_s$ 轨迹是幅值不变的圆形旋转磁场。

用 $\boldsymbol{u}_s$ 表示定子电压方程式：

$$\boldsymbol{u}_s = \boldsymbol{I}_s R_s + \frac{\mathrm{d}\boldsymbol{\psi}_s}{\mathrm{d}t} \tag{4-20}$$

式中：$\boldsymbol{I}_s$ 为定子电流空间矢量；$\boldsymbol{\psi}_s$ 为定子磁链空间矢量。

忽略定子电阻上的电压降，则 $\boldsymbol{u}_s$ 与 $\boldsymbol{\psi}_s$ 之间的关系可表示为

$$\boldsymbol{u}_s \approx \frac{\mathrm{d}\boldsymbol{\psi}_s}{\mathrm{d}t} \tag{4-21}$$

等效于：

$$\boldsymbol{\psi}_s \approx \int \boldsymbol{u}_s \,\mathrm{d}t \tag{4-22}$$

将式（4-19）代入式（4-22），表示为

$$\boldsymbol{\psi}_s \approx \boldsymbol{\psi}_m \mathrm{e}^{\mathrm{j}(\omega t - \pi/2)} \tag{4-23}$$

式中：$\boldsymbol{\psi}_m = \dfrac{U_m}{\omega}$ 为电机磁链幅值。

由式（4-23）可知，当电源压频比保持不变时，电机磁链幅值也保持恒定，且磁链圆轨迹切线方向为电压空间矢量方向。当磁链矢量 $\boldsymbol{\psi}_s$ 旋转一周时，电压空间矢量 $\boldsymbol{u}_s$ 也按照磁链圆的切线方向旋转一周[7]。SVPWM 技术可将电机旋转磁场轨迹问题转化成电压空间矢量轨迹问题，通过控制各开关管组合式通断，使电流输出电压空间矢量达到接近于理想圆形磁场轨迹的目的。

由于三相全桥逆变拓扑共有三对桥臂，每对桥臂中上桥臂与下桥臂的开关动作相反，处于互补导通状态。用 1 表示上桥臂导通、下桥臂不导通，0 表示下桥臂导通、上桥臂不导通，则三对桥臂具有(000)、(100)、(110)、(010)、(011)、(001)、(101)、(111) 共 8 种电压输出状态，其中(000)和(111)组合的合成电压矢量大小为零，定义为零矢量。

图 4-4 所示为 $\alpha\beta$ 坐标系下的基本电压矢量。其中，$\boldsymbol{u}_1 \sim \boldsymbol{u}_6$ 表示 6 个非零电压矢量，$\boldsymbol{u}_0$、$\boldsymbol{u}_7$ 表示零矢量。6 个非零电压矢量将平面划分为 6 个区域，每个区域都有两个非零矢量作为边界，设电压空间矢量由 $\boldsymbol{u}_1$(100)位置开始，依照基波频率每隔一段时间旋转一个角度，新位置下的参考电压矢量 $\boldsymbol{u}_{\mathrm{ref}}$ 可以用该区内相邻的两个基本非零向量与零电压矢量予以合成，旋转一周代表一个三相正弦电压输出周期，通过控制各个电压矢量的作用时间，使电压空间矢量轨迹接近于理想圆形磁场。

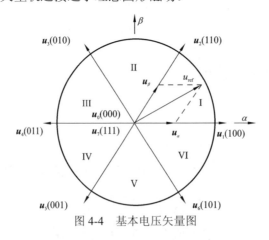

图 4-4　基本电压矢量图

2. SVPWM 控制流程

首先判断 $\boldsymbol{u}_{\mathrm{ref}}$ 所在的扇区，从而选择相应的基本电压矢量合成参考电压矢量。通过双闭环解耦控制所得的 dq 坐标系下电压控制量 $\boldsymbol{u}_d$、$\boldsymbol{u}_q$，进行反 Park 变换后得出 $\alpha\beta$ 坐标系下的控制量 $\boldsymbol{u}_\alpha$、$\boldsymbol{u}_\beta$。为确定 $\boldsymbol{u}_{\mathrm{ref}}$ 所在的扇区，引入 A、B、C 三个决策变量，并定义如下：

$$\begin{cases} \boldsymbol{u}_\beta > 0, & A=1 \text{ 或 } A=0 \\ \sqrt{3}\boldsymbol{u}_\alpha - \boldsymbol{u}_\beta > 0, & B=1 \text{ 或 } B=0 \\ -\sqrt{3}\boldsymbol{u}_\alpha - \boldsymbol{u}_\beta > 0, & C=1 \text{ 或 } C=0 \end{cases} \tag{4-24}$$

定义变量 $N=A+2B+C$，$\boldsymbol{u}_{\mathrm{ref}}$ 所在扇区号与变量 N 之间关系如表 4-1 所示。

表 4-1　u_{ref} 所在的扇区与变量 N 对应关系

N	1	2	3	4	5	6
扇区	II	VI	I	IV	III	V

确定 $\boldsymbol{u}_{\mathrm{ref}}$ 所在扇区后，需确定扇区内相邻非零矢量及零矢量的作用顺序与作用时间。为使功率开关管的开关次数尽可能少，并减少逆变电流中的谐波分量，可采用工程中常见的七段式 SVPWM 调制方法，如表 4-2 所示。

表 4-2　七段式 SVPWM 调制方法

u_{ref} 所在扇区	SVPWM 的七段式组合
I	$u_0 u_1$　$u_2 u_7 u_2$　$u_1 u_0$
II	$u_0 u_3$　$u_2 u_7 u_2$　$u_3 u_0$
III	$u_0 u_3$　$u_4 u_7 u_4$　$u_3 u_0$
IV	$u_0 u_5$　$u_4 u_7 u_4$　$u_5 u_0$
V	$u_0 u_5$　$u_6 u_7 u_6$　$u_5 u_0$
VI	$u_0 u_1$　$u_6 u_7 u_6$　$u_1 u_0$

定义相邻参考电压矢量作用时间 T_i 和 T_{i+1} 表示为

$$T_i = \frac{\sqrt{3}}{2}\frac{T_{\mathrm{s}}}{U_{\mathrm{d}}}\left(\sin\frac{i\pi}{3}\cdot\boldsymbol{u}_\alpha - \cos\frac{i\pi}{3}\cdot\boldsymbol{u}_\beta\right) \tag{4-25}$$

$$T_{i+1} = \frac{\sqrt{3}}{2}\frac{T_{\mathrm{s}}}{U_{\mathrm{d}}}\left[\cos\frac{(i-1)\pi}{3}\cdot\boldsymbol{u}_\beta - \sin\frac{(i-1)\pi}{3}\cdot\boldsymbol{u}_\alpha\right] \tag{4-26}$$

$$T_0 = \frac{T_{\mathrm{s}}}{2} - (T_i + T_{i+1}) \tag{4-27}$$

式中：T_0 为零矢量的作用时间；i 为扇区号，取值为 1~6；T_{s} 为采样周期；U_{d} 为直流母线电压。

综上所述，SVPWM 的基本流程：首先根据式（4-24）判断参考电压矢量 $\boldsymbol{u}_{\mathrm{ref}}$ 所在的扇区，再通过七段式 SVPWM 调制方法得出扇区内基本电压矢量的组合方式，最后根据式（4-25）～式（4-27）计算非零矢量及零矢量的作用时间，完成整个 SVPWM 过程。

4.2　基于虚拟同步发电机的船用光伏并网控制策略

为提高包含分布式电源的船舶电力系统稳定性,虚拟同步发电机(virtual synchronous generator, VSG)逆变器通过在前级配备一定容量的储能装置,使逆变电源可以模拟或部分模拟出同步发电机暂态响应特性,其控制原理如图 4-5 所示。

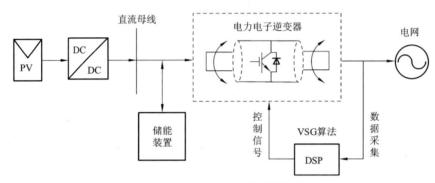

图 4-5　分布式电源 VSG 控制原理框图

光伏阵列输出通过 DC/DC 变换升压或降压后与直流母线相连;储能装置一方面起到稳定逆变器输入侧电压的作用,另一方面可平抑光伏功率波动,满足能量管理系统对光伏并网输出功率的调节。电力电子逆变器作为分布式能源与船舶电网功率交换的接口,其往往采用三相桥式逆变电路;DSP 芯片作为并网逆变器的控制核心,通过采集相关数据,执行内部的 VSG 算法,并输出控制电力电子逆变器的运行。

可见,要实现分布式电源模拟同步发电机的动态和静态特性,需要包含:分布式能源及储能装置、电力电子变换器接口、核心控制器及数据采集模块、VSG 控制策略。其中,VSG 控制策略是决定分布式能源能否模拟出同步发电机特性的关键所在。VSG 控制策略可分成两部分:一部分是逆变器模拟同步发电机运行特性的核心算法,输出有功功率指令信号;另一部分是功率-电流双环解耦控制,以执行 VSG 功率控制。

4.2.1　虚拟惯量控制

根据同步发电机基本原理,忽略其定子电气特性以避免复杂的电磁暂态计算过程,建立 VSG 二阶暂态模型,其中转子运动方程为

$$J\frac{\mathrm{d}\Omega}{\mathrm{d}t} = M_\mathrm{T} - M_\mathrm{e} \tag{4-28}$$

式中:J 为转子转动惯量;Ω 为机械角速度;M_T 为机械转矩;M_e 为电磁转矩。

由电角速度 ω 和机械角速度 Ω 的关系:$\omega = P \cdot \Omega$,若取极对数 $P=1$,式(4-28)可表示为

$$J\frac{\mathrm{d}\omega}{\mathrm{d}t} = M_\mathrm{T} - M_\mathrm{e} = \frac{1}{\omega}(P_\mathrm{T} - P_\mathrm{e}) \tag{4-29}$$

式中:P_T 为机械功率;P_e 为电磁功率。

可见，当电网频率变化导致 ω 改变时，VSG 转子的输出功率变化量为 $-J\omega\mathrm{d}\omega/\mathrm{d}t$，引入与输出功率变化量等效的虚拟惯量功率指令 P_{inertia}：

$$P_{\mathrm{inertia}} = -J\omega\frac{\mathrm{d}\omega}{\mathrm{d}t} \tag{4-30}$$

式（4-30）表明电网负荷变化造成系统频率改变时，等效虚拟惯量功率绝对值正比于电角速度及电角速度变化率之积[8]，即电网频率暂态变化过程中，频率低于额定值时，VSG 逆变器增加有功功率输出；频率高于额定值时，VSG 逆变器减少有功功率输出。由于电力电子设备开关动作响应时间远小于同步发电机调速器执行机构响应时间，因负载变化造成频率突变时，VSG 逆变器可迅速增/减并网输出功率，实现对电网频率波动的抑制。

在实际电力系统中考虑虚拟惯量功率受电网频率波动及逆变器采集精度的双重影响，难以保证其在电网暂态过程中的稳定输出。电力系统突变负荷时间点附近具有较大的电角速度变化率及频率偏差，因此可通过虚拟惯量门限判断系统负荷突变情况并稳定虚拟惯量功率输出。

式（4-30）中转动惯量 J=0.1 kg·m²，$\omega \approx 2\pi f$=120π，当虚拟惯量功率绝对值为 50 kW 时，电角速度变化率 dω/dt = 13.09。设计虚拟惯量门限算法如下。

（1）电角速度变化率 dω/dt≥13.09 且频率偏差 Δf_{dev}<−0.4 Hz 时，判断系统负载增加，限定虚拟惯量最大功率输出 P_{inertia} = +50 kW。

（2）dω/dt≤−13.09 且 Δf_{dev}>0.4 Hz 时，判断系统负载减少，限定虚拟惯量最小功率输出 P_{inertia}=−50 kW。

（3）其他情况下，判断系统负载大小保持不变，虚拟惯量 P_{inertia} 输出功率置零。

当电网频率由暂态过程过渡到稳态过程后，虚拟惯量功率输出为零，为保证稳态时逆变器有效的功率输出，可在逆变算法中引入下垂控制，实现光伏并网输出功率大小随负载功率变化自动调节。

4.2.2　基于功-频有差特性的下垂控制

频率作为船舶电能质量参数的重要指标，要求其必须保持在一定的范围内，电网频率的大幅偏差将会严重影响船舶电力系统的稳定运行。由于电网频率 f 与柴油发电机转速 n 之间满足关系式 $f = P \times n/60$，保证频率稳定实际就是维持转速的恒定，船舶柴油发电机组就是由调速器来实现原动机的转速定值控制。

当柴油发电机的输出功率满足负载功率要求时，发电机转速将稳定在某一值。若负荷突然增加，此时由于调速器还没来得及响应，原动机所发出的机械功率将低于负载实际功率，一部分转子动能将转换成电功率，以弥补系统功率缺失，造成同步发电机转速下降，系统频率降低。一段时间后，原动机调速器响应系统频率变化，逐渐增大油门，调节同步发电机出力以适应负荷变化需求，使得系统功率负载重新达到平衡。在调速器工作过程中，由于其内部机械结构平衡特性，在调节过程结束后，电力系统建立新的稳态，频率与初始值略有偏差，具体表现为柴油发电机响应电力负荷增大后，系统频率低于初始值；柴油发电机响应电力负荷减小后，频率高于初始值[9]。反映该特性的曲线称为发电机功-频有差特性曲线，如图 4-6 所示。

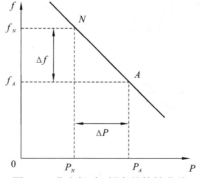

图 4-6 发电机功-频有差特性曲线

发电机组初始运行于图 4-6 中工作点 N，因系统负荷增大，发电机组工作点逐渐下移，最后在 A 点稳定运行。其中，电网负荷变化导致频率变化量为 Δf，相应功率变化量为 ΔP，下垂控制倾斜度用调差系数 K 表示：

$$K = -\frac{f_A - f_N}{P_A - P_N} = -\frac{\Delta f}{\Delta P} \tag{4-31}$$

调差系数反映的是发电机负荷变化时相应的频率偏移，受调速机构及频率波动范围限制，其只能在一定的范围内取值，通常为 4%～5%。

若将功-频下垂特性引入逆变器控制算法，实现逆变器输出功率随电网负载变化而自动调节，则光伏-船电并网系统相当于两台同步发电机组并联运行，两者有功功率分配原理如图 4-7 所示。

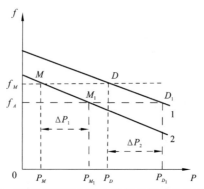

图 4-7 VSG 逆变器与发电机组并联有功功率分配

图 4-7 中初始状态下逆变器和同步发电机分别在 M 点、D 点稳定运行，两者输出功率大小分别为 P_M 和 P_D，随着电网负荷增加，两者工作点沿着各自的特性曲线逐渐下移至 M_1 和 D_1 点，逆变器功率输出变化量为 ΔP_1，同步发电机功率输出变化量为 ΔP_2。由于并联运行，两者的频率变化量均为 Δf，根据式（4-31）可得

$$\frac{\Delta P_1}{\Delta P_2} = \frac{K_2}{K_1} \tag{4-32}$$

可见，VSG 逆变器及发电机承担的电力负荷与各自的调差系数 K_1、K_2 成反比，当电网负载波动时，两者共同分担电网负荷的变化。

4.2.3 船舶 VSG 控制策略及控制流程设计

结合虚拟惯量控制以及下垂控制，建立船舶 VSG 上层控制原理框图，如图 4-8 所示。其中，K1～K4 为控制开关；$G/(1+T_s)$ 为一阶惯性环节；P_N 为船舶能量管理系统（PMS）设定逆变器功率输出值；f_N 为电网额定频率；f 为电网实际频率；ΔP 为频率偏差输出有功功率变化量；P_A 是 P_N 与 ΔP 相减的输出变量值；P_{droop} 为逆变器下垂控制输出功率指令值；P_{ref} 为解算并网逆变器有功功率指令值。

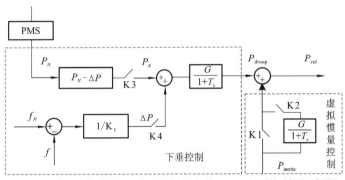

图 4-8　基于虚拟惯量及下垂控制的船舶 VSG 上层控制原理框图

由于电力电子设备具有响应速度快的特点，逆变器输出功率几乎瞬时达到设定值，而对同步发电机而言，有功功率变化到新的稳态是一个相对缓慢的过程，逆变器输出功率突变不仅增加了自身过流过载的风险，也影响船舶电力系统的稳定运行，故通过在 VSG 上层控制中引入一阶惯性环节 $G/(1+T_s)$，以模拟同步发电机功率输出变化的暂态过程。

光伏-船电并网电力系统中负载功率变化及 PMS 功率调节这两种情况是导致同步发电机组及并网逆变器工作状态改变的主要原因。VSG 上层控制在上述情况下有着不同的控制思想及控制目标。在负载功率变化暂态过程需考虑对电力系统频率波动的抑制及负荷的自动分配；在 PMS 功率调节暂态过程需考虑逆变器并网功率的柔性输出及精确控制。通过在 VSG 上层控制算法中引入控制开关及阈值门限判断，以达到不同情况下期望的控制效果，具体控制流程如图 4-9 所示。

1. 负载功率变化情况

当电力负载大小发生变化时，逆变器并网输出功率设定值 P_N 保持恒定，开关 K3 断开，K4 闭合，P_A 大小保持不变。同时因电网频率快速波动，虚拟惯量功率开始作用，K1 闭合，K2 断开，并网逆变器并入电网的功率迅速增加或减少，以弥补负载功率需求的快速变化；当虚拟惯量控制作用时，下垂控制环节中开关 K4 由闭合状态转换成断开状态，避免因频率上下波动造成有功功率变化量 ΔP 大幅变化，使 P_{droop} 值保持恒定；当采集的电网频率经滤波器滤波后上下波动幅值 $\Delta f_{\max} \leqslant 0.3\ \mathrm{Hz}$，判断电网过渡到稳定状态，$P_{\mathrm{inertia}}$ 置零，K1 断开，K2 闭合，通过一阶惯性环节减缓虚拟惯量功率突变，与此同时，开关 K4 闭合，并网逆变器利用下垂控制环节使其稳定在新的工作点。

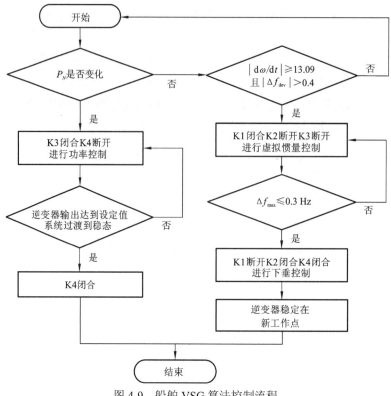

图 4-9　船舶 VSG 算法控制流程

2. PMS 主动功率调节情况

当 PMS 主动对光伏-船电并网电力系统进行能量调度，需调节逆变器的设定并网输出功率 P_N。但逆变器增减并网输出功率的同时，也会导致同步发电机输出功率的改变，造成系统频率变化时，下垂控制环节 ΔP 的变化，从而使逆变器无法对 PMS 功率调度指令实现精确跟踪。为避免这种情况的发生，可采用如下控制流程：当 P_N 发生改变时，控制算法中 K3 闭合，K4 断开，ΔP 保持不变，P_N 由减法环节与 ΔP 相减后，得出 P_A，再与 ΔP 相加，输出值仍为 P_N，通过一阶惯性环节缓慢改变并网逆变器输出功率直至达到指令值 P_{ref}，避免逆变器并网输出功率的突变。当逆变器并网输出功率达到给定值，系统处于稳定状态，K4 闭合，P_A、ΔP 发生变化，但两者之和输出量 P_{droop} 仍为改变后的 P_N 大小，保证逆变器对功率指令的精确控制。

4.3　系统建模及仿真分析

4.3.1　VSG 并网逆变器模型搭建

VSG 并网逆变器采用的是如图 4-2 所示的三相全桥逆变拓扑结构，其中需要整定搭建逆变器仿真模型所需的主要硬件参数，包括逆变器工作频率、直流侧母线电容参数和输出滤波电路参数。

1. 逆变器工作频率

逆变器工作频率选择是否合理关系逆变系统工作效率的高低和系统稳定性的优劣。工作频率过低会导致输出电流电能质量下降，逆变器滤波环节设计容量增大；工作频率过高虽然能够降低并网电流的谐波量，但也增加了逆变器发热和损耗的风险[10]。

2. 直流侧母线电容参数

直流侧母线电容并联在逆变器输入端，起到抑制直流侧谐波，稳定输入电压及吸收前级尖峰脉冲的作用。直流侧母线电容大小应满足：

$$C_{dc} \geqslant \frac{2P}{kU_{dc}^2 \omega} \tag{4-33}$$

式中：k 为允许直流侧电压波动；U_{dc} 为直流侧电压；ω 为逆变器输出电压角频率；P 为逆变器额定功率。

在 4.3.3 小节案例中，取额定功率 $P=150$ kW，允许最大电压波动 $k=10\%$，直流侧电压 U_{dc} 为 380 V，角频率 ω 取 120 π rad/s。计算可得 $C_{dc} \geqslant 0.17$ mF，为保有一定裕量，直流侧电容取 0.2 mF。

3. 输出滤波电路参数

逆变器的驱动信号是高频 PWM 信号，含有大量开关频率倍数的高次谐波，因此往往需在逆变器功率开关管的输出端串联低通滤波器，滤除相关高次谐波以得到期望的输出电压。LC 滤波器作为传统的无源滤波器，其电感整定值是否合适直接影响输出纹波电流的大小，两者之间满足如下关系：

$$\Delta I_{max} = \frac{U_{dc}}{2Lf_s} \tag{4-34}$$

又有

$$f_n = \frac{1}{2\pi\sqrt{LC}} \tag{4-35}$$

在 4.3.3 小节案例中，取直流侧电压 U_{dc} 为 380 V；额定电流 I_m 为 335 A，纹波电流 ΔI_{max} 按额定电流的 15% 计算，取 50.3 A。f_s 为开关频率 5 kHz，f_n 为转折频率，为了滤除开关谐波，截止频率必须远低于开关频率，f_n 取 f_s 的 1/2[11]，大小为 2.5 kHz。将上述参数代入式（4-34）和式（4-35）中，计算滤波电感 $L=0.76$ mH，滤波电容 $C=0.013$ mF。

图 4-10 为 VSG 并网逆变器 PSCAD 仿真模型。三相全桥电路中开关器件选用三对理想 IGBT，接收来自 SVPWM 模块的调制信号，直流恒压源逆变输出后经过 Y-Δ 变压器升压并入船舶电网。

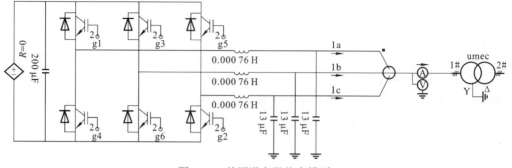

图 4-10 并网逆变器仿真模型

4.3.2 船舶柴油同步发电机组模型

相对于陆地电网，船舶电力系统具有电站容量较小、电网输电线路短、电气设备工作环境差等特点[12]，船舶电力系统工况的频繁变化，使船舶电网更容易出现电能质量参数大幅波动的情况。为保证电力系统的稳定运行，船舶发电装置必须具有良好的动态特性及稳态特性。

目前，船舶交流发电系统普遍采用柴油发电机作为主电源，主要由柴油原动机、交流发电机、机组监控系统、配电装置、调速系统等部分组成，系统结构如图 4-11 所示。

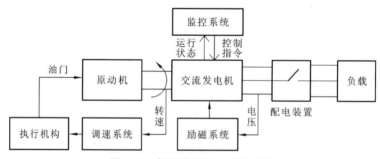

图 4-11 船舶交流发电系统结构

1. 交流发电机

交流发电机作为柴油发电机组的重要组成部分，其作用是将原动机的机械能转变成一定幅值电压、频率的电能供给负载使用，等效原理如图 4-12 所示。图中：E_f 为电枢

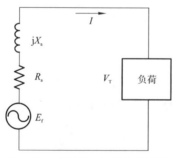

图 4-12 交流发电机等效原理图

线圈感应电动势；R_a 为电枢线圈电阻；X_a 为电枢线圈同步电抗；V_T 为输出端电压；I 为负荷电流（一般滞后于端电压）。

设 n 为发电机转速，I_f 表示励磁电流，Φ_p 表示每极磁通，K_{m1} 和 K_{m2} 均为电机常数，若不考虑磁饱和，则感应电动势可表示为

$$E_f = K_{m1}n\Phi_p = K_{m2}nI_f \qquad (4\text{-}36)$$

端电压等于每相线圈中的感应电动势 E_f 减去电阻 R_a 和电抗 X_s 上的电压降，用相量表示为

$$V_T = E_f - I(R_a + jX_s) \qquad (4\text{-}37)$$

忽略电阻 R_a 上压降的影响，式（4-37）可简化为

$$V_T \approx E_f - jIX_s \qquad (4\text{-}38)$$

受到发电机自身电抗及感性负载影响，输出电流 I 往往滞后于端电压 V_T 一个相角 θ，忽略电枢电阻影响的单相向量图如图 4-13 所示。

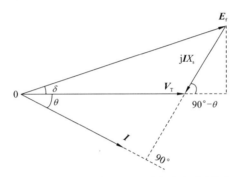

图 4-13 忽略电枢电阻影响的单相向量图

同步发电机每相功率大小 P 可表示为 $V_T I \cos\theta$，根据图 4-13 中三角关系有：$IX_s \cos\theta = E_f \sin\delta$，则三相总功率 P 可表示为

$$P = 3\frac{V_T E_f}{X_s}\sin\delta = P_{max}\sin\delta \qquad (4\text{-}39)$$

式中：E_f 与 V_T 之间的夹角 δ 称为柴油发电机功率角。结合式（4-39）可知，发电机输出功率的改变实际就是其功率角的变化。

图 4-14 为 PSCAD 库文件中提供的标准交流发电机模型，可直接与调速系统、励磁系统、配电系统相连。该模型包括模拟 2 个 Q 轴阻尼选项，可设置成隐极机或凸极机模式，并可直接在电动机 W 端输入参考值控制电动机转速或在 T_m 输入机械转矩值。

2. 原动机及调速系统

船舶电站中发电原动机多采用中速四冲程柴油机，通过调速器改变柴油原动机供油量，以适应负载功率变化需求，维持系统频率稳定。柴油机调速器模型如图 4-15 所示，其中，ω_{ref} 为转速给定值，ω 为转速反馈值，P_{ref} 为有功功率给定值，μ 为调节油门开度信号。K_G 为单位功率调节系数，其倒数为调速器静态调差系数，该系数决定了调速系统稳态时的转速偏差量。

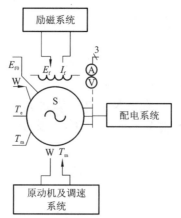

图 4-14　PSCAD 标准柴油发电机模型

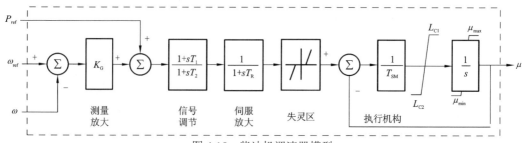

图 4-15　柴油机调速器模型

利用信号调节单元可提高调速系统的动态响应性能；伺服放大单元通常为一阶惯性环节，可将控制信号进行隔离放大，驱动执行机构动作；失灵区是为避免当负载大幅波动时，调速器频繁响应而造成的系统振荡现象；针对调速器的液压执行机构，其数学模型相当于积分环节，积分输出经喷油阀开关速度限制及开度限制后可得出内燃机燃料输入量[13]。

3. 励磁系统

船舶电力系统包含数量众多的电动机等感性负载，导致负载电流及功率因数的变化都会使发电机组电枢产生增磁或去磁作用，从而引起发电机端电压的改变，因此船舶柴油发电机组普遍采用相复励自励恒压装置来维持电力系统电压的稳定，其工作原理如下。

由图 4-13 可得电势平衡方程：

$$\dot{E}_f = \dot{V}_T + jX_s\dot{I}_a \tag{4-40}$$

在发电机电枢磁路不饱和状态下，空载电压 V_T 与励磁电流 I_L 成正比，即

$$K\dot{I}_L = \dot{E}_f = \dot{V}_T + jX_s\dot{I}_a \tag{4-41}$$

发电机励磁电流可表示为

$$\dot{I}_L = \frac{\dot{V}_T}{K} + \frac{jX_s\dot{I}_a}{K} \tag{4-42}$$

由式（4-42）可知，为维持端电压 V_T 恒定，励磁电流 I_L 必须在负载电流 I_a 大小及相位发生变化时及时调整，从而保持系统无功功率的平衡[14]。

在 PSCAD 元件库中可用的励磁机模型可分为直流励磁系统、交流励磁系统和静止励磁系统三类。其中：直流励磁系统是将直流发电机和换向器作为励磁系统电源的模式；

交流励磁系统是使用交流发电机和静止或旋转整流器来产生励磁所需的直流电源；静止励磁系统是指励磁电源由变压器或辅助发电机绕组和整流器提供。综合考虑实船情况，选用交流励磁系统来搭建船舶柴油发电机组模型。

图 4-16 为某船舶交流发电系统整体模型，设置柴油发电机启动后，在网有功功率共有 900 kW，功率因素 0.8 的感性负载，10 s 时刻断开额定功率 300 kW 的电力负荷，主要电能质量参数变化情况如图 4-17～图 4-20 所示。

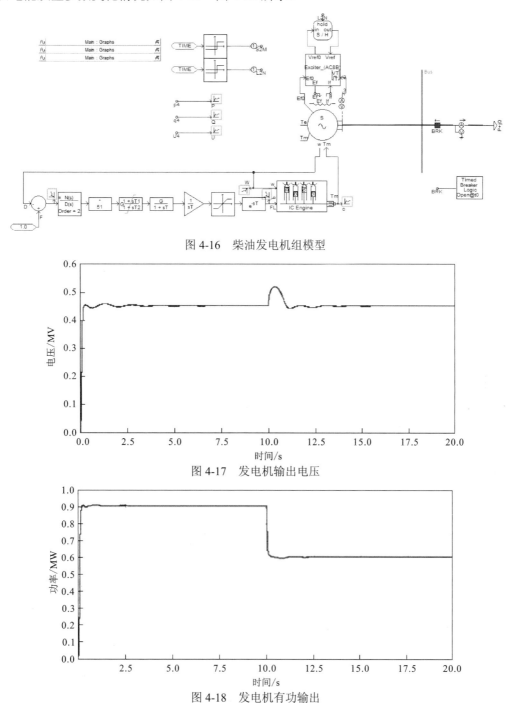

图 4-16　柴油发电机组模型

图 4-17　发电机输出电压

图 4-18　发电机有功输出

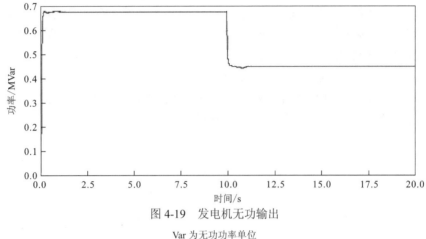

图 4-19　发电机无功输出

Var 为无功功率单位

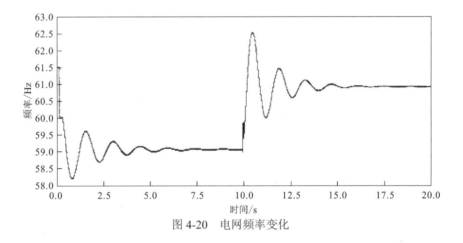

图 4-20　电网频率变化

在图 4-17~图 4-20 中，起始时刻发电机励磁装置迅速建立电网电压并逐渐稳定在 450 V；发电机有功功率及无功功率输出迅速攀升至给定值附近并在 1 s 内逐渐稳定；电网频率经过前期短暂波动后稳定在 59.05 Hz。10 s 时刻由于系统减负荷，电网电压呈现先升后降的趋势，最终恢复至 450 V；发电机功率输出也随之降低并保持稳定；由于发电机输出存在功-频有差特性，10 s 减负荷后电网频率会高于初始频率，稳定在 60.91 Hz。仿真结果表明该船舶柴油发电机组模型具有良好的动态及稳态性能。

4.3.3　PQ 控制和 VSG 控制仿真结果对比

在 PSCAD/EMTDC 仿真平台上，建立以某汽车滚装船光伏发电系统为原型的光伏-船电并网电力系统简化模型，如图 4-21 所示。其中：光伏阵列采用 30 并 18 串；柴油发电机组容量为 1200 kVA，额定功率为 960 kW；光伏并网逆变器额定容量为 150 kW；仿真步长为 250 μs。光伏系统中储能装置采用直流恒压源替代予以简化处理。为提高光伏能源利用效率，需尽可能多地将其用于有功输出，设定光伏逆变器运行于单位功率因素状态，即仅向电网输送有功功率，系统无功功率均由柴油发电机承担。从验证 VSG 控制策略有效性的角度出发，不考虑多台发电机组并联运行过程中自动调频调载装置对电网电压和频率的控制作用，仅设定光伏系统与单台同步发电机组并联组网仿真试验。相关参数设置如表 4-3 所示。

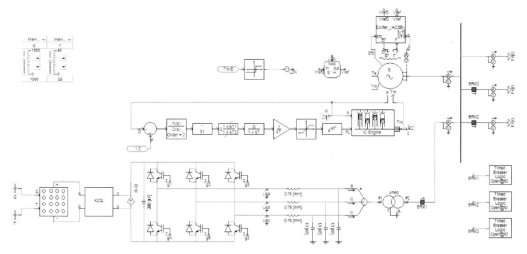

图 4-21　光伏-船电并网电力系统仿真模型

表 4-3　模型参数设置

参数	数值	参数	数值
原动机转速/(r/min)	900	下垂系数 K	0.05
额定频率/Hz	60	去磁因数	1.1
额定电压/V	450	功率因数	0.8
恒压源电压/V	384	功率内环 K_{pp}	50
励磁时间常数/s	0.05	功率外环 K_{pi}	0.5
转动惯量/(kg·m^2)	0.1	电流内环 K_{ip}	5
滤波电感/mH	0.76	电流外环 K_{ii}	0.1
滤波电容/mF	0.013	Y-Δ 变压器/V	220/450

1. 光伏并网发电功率平抑作用分析

算例 1 设置：初始时刻辐照强度为 800 W/m^2，环境温度为 25 ℃，逆变器设定输出功率为 75 kW，1 s 时刻逆变器并网开关闭合，3 s 时刻设定辐照强度骤降至 500 W/m^2，6 s 时刻逆变器设定输出功率降低至 40 kW，光伏阵列、储能装置及并网逆变器输出功率如图 4-22～图 4-24 所示。

结合图 4-22～图 4-24 可知，光伏阵列在初始环境下经 MPPT 控制器实现最大功率跟踪，可迅速达到峰值功率输出 126 kW，考虑逆变器阻抗及变压器空载损耗等因素，当并网开关断开时，光伏能源几乎全部用于储能单元充电，充电功率达 125 kW；1 s 时刻

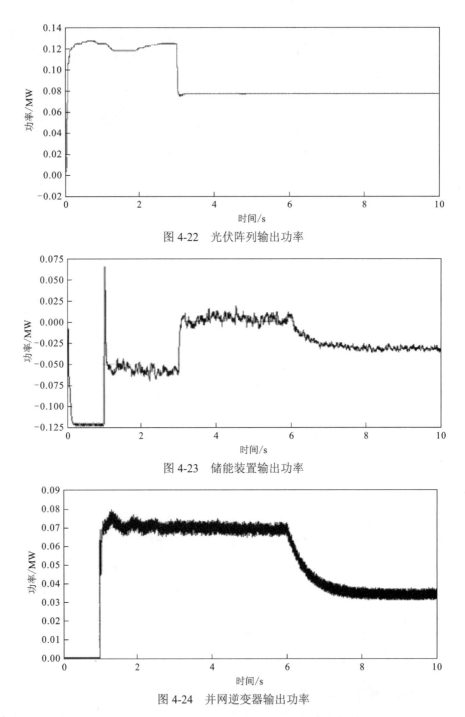

图 4-22　光伏阵列输出功率

图 4-23　储能装置输出功率

图 4-24　并网逆变器输出功率

并网开关闭合，逆变器输出功率突升至 78 kW，随后稳定在 75 kW 附近，储能装置功率输出在并网时刻出现峰值，随之充电功率稳定在 52 kW，部分光伏能源用于逆变给负载供电，导致储能装置充电功率降低；3 s 时刻由于光照强度下降，光伏能源输出功率骤降至 76 kW 附近，此时储能装置输出功率在零点上下波动，光伏能源几乎全部用于后级负载供电；6 s 时刻设定逆变器并网输出功率降低到 40 kW，逆变器输出功率从 73 kW 逐渐下降至 35 kW，储能装置充电功率升高至 33 kW。

综上所述，无论是环境参数变化导致光伏输出功率波动，还是 PMS 主动调节并网逆变器输出功率，通过配置一定容量的储能装置可以起到平衡供/需功率的作用，保持逆变器输出功率的稳定及可控，这是保证 PMS 实现光伏能源与柴电能源合理调度的基础。

2. 电网负荷突变情况下的系统功率及频率响应

算例 2 设置：系统初始状态下，连续性负荷有功功率为 598.6 kW；通过 PMS 调控，光伏系统承担有功输出 30 kW，柴油发电机承担 568.6 kW；10 s 时刻间断性负荷 156 kW 全部接入船舶电网；20 s 时突卸间断性负荷 78 kW。

PQ 控制策略和船舶 VSG 控制策略下逆变并网系统有功输出功率如图 4-25 和图 4-26 所示。PQ 控制的负载有功功率完全由柴油发电机组承担，光伏并网逆变器输出功率始终保持在 30 kW 左右，无法实现并网输出功率的自动调节；VSG 控制时负载突增 0.1 s 后检测到负荷变化，虚拟惯量控制发挥作用，迅速向电网输出 50 kW 的有功功率，逆变器总输出功率达到 80 kW，缓解了船舶电力系统总输出功率的缺失，柴油发电机输出功率经历波动后稳定在 685 kW，当电网频率稳定后，根据功-频下垂特性，逆变器输出有功功率缓慢升高至 104 kW，柴油发电机输出有功功率缓慢下降至 651 kW。光伏系统和柴油发电机组分别承担增负荷的 47.4% 和 52.6%。同样，当 20 s 时突减 78 kW 负荷，

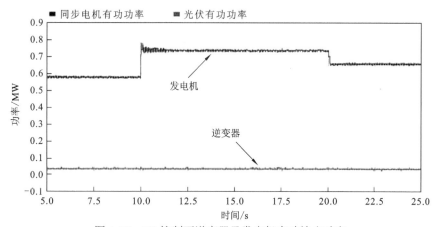

图 4-25 PQ 控制下逆变器及发电机有功输出功率

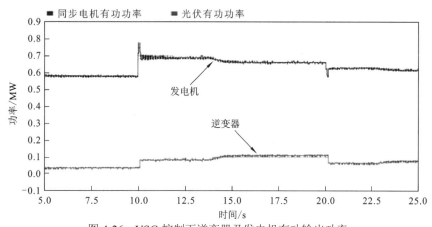

图 4-26 VSG 控制下逆变器及发电机有功输出功率

虚拟惯量控制发挥作用，逆变器输出功率突卸 50 kW，直到系统频率稳定后，逆变器根据下垂特性提高有功功率至 69 kW，柴油发电机输出功率稳定在 608 kW，光伏系统和柴油发电机组分别承担减负荷的 50.7%和 49.3%。无论电网增减负荷，光伏-船电并网电力系统能大致均分系统有功功率的变化量。

PQ 控制和 VSG 控制的逆变并网系统无功输出功率分别如图 4-27 和图 4-28 所示。PQ 及 VSG 模式下的并网电力系统无功功率均由柴油发电机组承担，即光伏系统无功输出功率为零。柴油发电机组 10 s 前承担系统无功功率 420 kW，10 s 时刻系统增负荷，无功输出功率升高至 545 kW，20 s 时刻减负荷，无功输出功率降低至 477 kW。

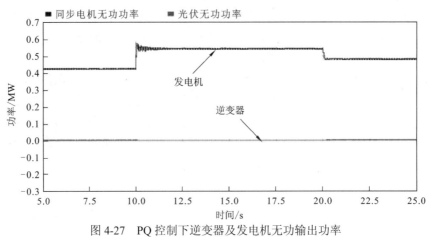

图 4-27　PQ 控制下逆变器及发电机无功输出功率

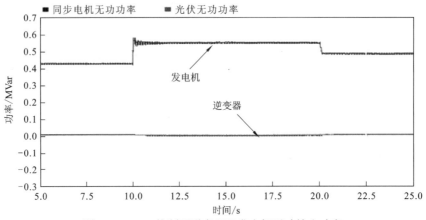

图 4-28　VSG 控制下逆变器及发电机无功输出功率

在上述算例设置下，PQ 控制和 VSG 控制的电力系统频率波动情况分别如图 4-29 和图 4-30 所示。在 10 s 时刻由于电网突增 156 kW 负荷，两种控制策略下的电网频率均发生一定的波动。PQ 控制策略下电网频率在 59.0～60.4 Hz 波动，稳定时间（频率恢复到规定波动范围内的时间）为 3.5 s，静态稳定值为 59.7 Hz，而在 VSG 控制策略下的频率波动范围是 59.6～60.2 Hz，稳定时间为 2.5 s，静态稳定值为 59.8 Hz；20 s 时刻突减 78 kW 负荷，PQ 控制策略下电网频率在 59.5～60.3 Hz 波动，稳定时间为 2.5 s，静态稳定值为

59.75 Hz，而在 VSG 控制策略下的频率波动范围是 59.7～60.2 Hz，稳定时间为 2.3 s，静态稳定值为 59.85 Hz。可见，相对于 PQ 控制，VSG 控制具有更小的频率波动幅值和静态偏差，更短的频率稳定时间。

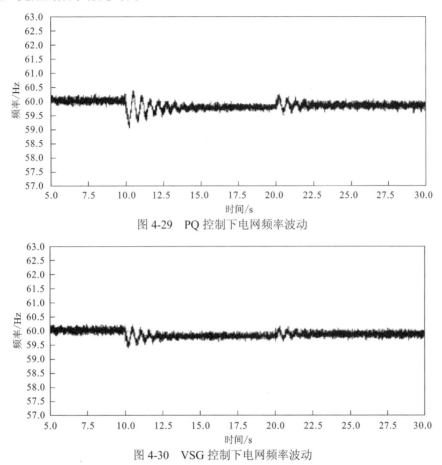

图 4-29   PQ 控制下电网频率波动

图 4-30   VSG 控制下电网频率波动

3. PMS 主动调控情况下的系统频率及功率响应

算例 3 设置：初始状态下，并网逆变器承担有功输出功率 30 kW，同步发电机承担 568.6 kW，10 s 时刻 PMS 调度逆变器有功输出功率至 130 kW，20 s 时刻减小其有功输出功率至 10 kW。

PQ 控制和 VSG 控制的系统频率响应分别如图 4-31 和图 4-32 所示。10 s 时刻 PQ 控制的电网频率波动在 59.8～60.7 Hz，稳定时间为 2.5 s；VSG 控制的频率波动在 59.9～60.5 Hz，稳定时间为 2 s，静态稳定值均为 60.2 Hz；20 s 时刻光伏输出功率减少到 10 kW，PQ 控制电网频率波动在 59.4～60.5 Hz，稳定时间为 2.8 s；VSG 控制的频率波动在 59.5～60.3 Hz，稳定时间 2.4 s，静态稳定值均为 59.95 Hz。可见，当 PMS 主动调节光伏并网输出功率时，VSG 控制具有更好的频率稳定性。

PQ 控制和 VSG 控制并网电力系统有功功率响应情况分别如图 4-33 和图 4-34 所示。10 s 时刻 PQ 控制的逆变器输出功率突升至 130 kW，发电机输出功率突降至 468.6 kW；20 s 时刻逆变器输出功率突降至 10 kW，发电机输出功率突升至 489 kW。VSG 控制的

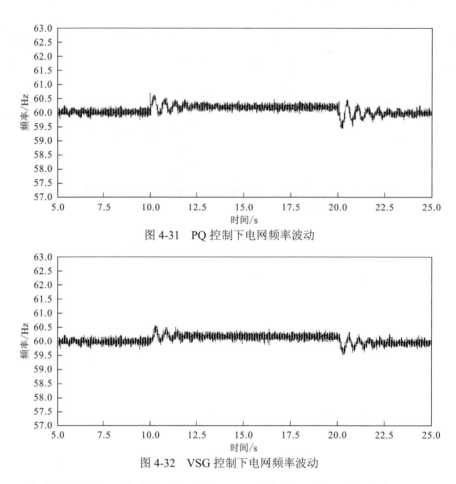

图 4-31　PQ 控制下电网频率波动

图 4-32　VSG 控制下电网频率波动

逆变器及发电机的功率调整过渡过程约为 2 s，可减轻并网输出功率突变对电力系统的冲击。可见，VSG 并网逆变器在达到柔性功率输出的同时，也实现与 PQ 控制相类似的功率精确跟踪。由于 PMS 不涉及并网系统无功功率调度，两种策略下的系统无功输出功率保持不变，在此不再赘述。

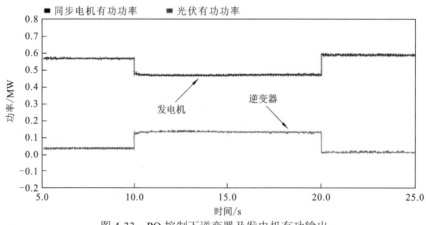

图 4-33　PQ 控制下逆变器及发电机有功输出

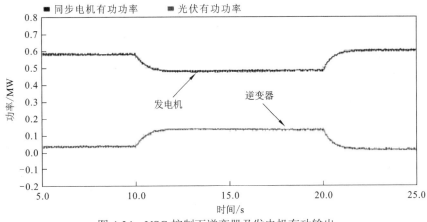

图 4-34 VSG 控制下逆变器及发电机有功输出

综合算例 2 和算例 3 仿真结果分析，结论如下。

（1）算例中 PQ 控制策略下逆变并网系统最大频率偏差为 1 Hz，最长稳定时间为 3.5 s；船舶 VSG 控制策略下最大频率偏差 0.4 Hz，最长稳定时间为 2.5 s，均满足中国船级社《钢质海船入级规范》（2024）要求：频率变化率不大于 5%（3 Hz），稳定时间不超过 5 s[15]。相对于 PQ 控制策略，船舶 VSG 控制策略能够有效减少并网系统的频率偏差和振荡时间，有助于提高系统的频率稳定性。

（2）船舶 VSG 控制策略中一阶惯性环节的引入，使逆变器并网输出功率变化呈现一缓变过程，相当于增加了并网系统的惯性和阻尼，有效提升了系统运行稳定性。

（3）PMS 功率调节情况下的 VSG 算法一方面通过上层策略控制流程避免了下垂控制环节对调度指令产生的偏差，另一方面通过底层双闭环解耦控制实现逆变器对 PMS 功率调度指令的有效、精确跟踪。

（4）当电力系统由暂态过程过渡到稳态过程后，基于下垂特性的 VSG 逆变器能够通过静态有差调节实现按比例承担电网负荷变动，较之采用 PQ 控制并网具有更好的动态调节特性。

参 考 文 献

[1] 邱爱超, 袁成清, 孙玉伟, 等. 光伏渗透率对船舶光伏系统电能质量的影响. 哈尔滨工程大学学报, 2018, 39(9): 1532-1538.

[2] Ram J P, Pillai D S, Ghias A, et al. Performance enhancement of solar PV systems applying P&O assisted Flower Pollination Algorithm (FPA). Solar Energy, 2020, 199: 214-229.

[3] Makhdoomi S, Askarzadeh A. Optimizing operation of a photovoltaic/diesel generator hybrid energy system with pumped hydro storage by a modified crow search algorithm. Journal of Energy Storage, 2020, 27: 101040.

[4] Zaki M, Shahin A, Eskander S, et al. Maximizing photovoltaic system power output with a master-slave strategy for parallel inverters. Energy Reports, 2024, 11: 567-579.

[5] 张胜权. 三相光伏并网逆变器控制策略研究. 哈尔滨: 哈尔滨工程大学, 2013.

[6] Hua C, Lin J, Shen C. Implementation of a DSP-controlled photovoltaic system with peak power tracking.

IEEE Transactions on Industrial Electronics, 1998, 45(1): 99-107.

[7] 符晓, 朱洪顺. TMS320F2833x DSP 应用开发与实践. 北京: 北京航空航天大学出版社, 2013.

[8] 罗宏健. 虚拟同步发电机特性的能量型储能系统控制策略研究. 成都: 电子科技大学, 2015.

[9] 裴庆磊. 大功率并网型光伏逆变器控制策略的研究. 保定: 华北电力大学, 2013.

[10] 刘晓. 基于 DSP 的船用离网逆变器设计. 武汉: 武汉理工大学, 2016.

[11] Teodorescu R, Liserre M, Rodríguez P. Grid converters for photovoltaic and wind power systems. New York: John-Wiley, 2010.

[12] 薛士龙. 船舶电力系统及其自动控制. 北京: 电子工业出版社, 2012.

[13] 李玉生, 陈瑞. 基于 PSCAD 的船用柴油发电机组仿真分析. 船电技术, 2010, 30(11): 11-16.

[14] Patel M R. Shipboard Electrical Power Systems. New York: CRC Press, 2013.

[15] Jeong S G, Park M H. The analysis and compensation of dead-time effects in PWM inverters. IEEE Transactions on Industry Electronics, 1991, 38(2): 108-114.

第 **5** 章

船舶光伏并网电力系统暂态稳定性分析

区别于具有转动惯量的同步发电机组，太阳能光伏系统可等效为一个零惯性的"脆性源"，其直流侧电气量与交流侧电气量之间的控制关系显著，并网输出特性与逆变控制策略和电网电力参数直接相关，且对电网电压和频率的支撑作用差异明显[1]。这些特点导致其在船舶电力系统并网运行过程中直接影响同步发电机的运行特性、电网电能质量、配电网短路保护整定、负荷运行工况调控及无功功率补偿等环节，降低整个电网暂态运行过程的稳定裕度[2,3]，并极易导致整个船舶并网光伏电力系统暂态失稳，造成并联机组解列[4]、电网波动甚至全船失电。

5.1 电力系统暂态功角、电压与频率稳定性

5.1.1 电力系统暂态功角稳定性

1. 暂态功角特性

暂态功角稳定性是衡量电力系统中同步发电机组并联运行能力的重要指标，与同步发电机的转子运动方程和机组间的同步稳定机制相关。假设同步发电机的转矩值约等于功率值，则转子运动方程可描述为

$$2H\frac{\mathrm{d}^2\delta}{\mathrm{d}t^2} = P_\mathrm{m} - P_\mathrm{e} \tag{5-1}$$

式中：δ 为同步发电机的功角；H 为惯性常数；P_m 为原动机输出的机械功率；P_e 为同步发电机的电磁功率。

图 5-1 为单机无穷大系统，线路传输功率 P 等于同步发电机输出的电磁功率 P_e，电力系统的功角特性可表示为

$$P = \frac{EU}{X_\mathrm{A}}\sin\delta \tag{5-2}$$

式中：E 为发电机的等值电势；U 为机端电压；X_A 为等值电抗，$X_\mathrm{A} = X_d' + X_\mathrm{T} + X_\mathrm{L}/2$，$X_d'$ 为同步发电机的直轴暂态电抗，X_T 为变压器电抗，X_L 为线路电抗。

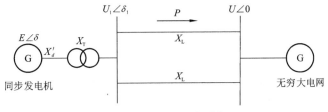

图 5-1 单机无穷大系统

根据等面积定则分析三相短路故障时系统的功角稳定性，基于简化讨论目的忽略阻尼作用，并认为机械功率是恒定的。同步发电机在并网线路发生三相短路故障时的功角特性曲线如图 5-2 所示。当系统未发生故障时，同步发电机稳定运行于功角特性曲线的 a 点，机械功率 P_m 与电磁功率 P_e 相等。当并网线路发生三相短路故障时，同步发电机输送到系统中的功率完全被故障阻断，电磁功率跌落至零；b 点时转子仅受机械转矩，

同步发电机功角在机械功率 P_m 的作用下运动到 c 点，并获得与加速面积 S_{abcd} 成正比的动能。当三相短路故障被清除后，同步发电机运行于点 e，此时电磁功率大于机械功率，转子承受减速转矩开始减速，但仍高于同步转速，故功角继续增大至 δ_f；减速过程所做的功与减速面积 S_{defg} 相关，当减速过程做功量与加速过程获得动能相同时，即 $S_{abcd}=S_{defg}$，同步发电机在 f 点再次达到同步转速。由于未考虑阻尼作用，转子围绕点 a 同步摇摆，但同步发电机并未失去同步，系统处于稳定状态[5]。

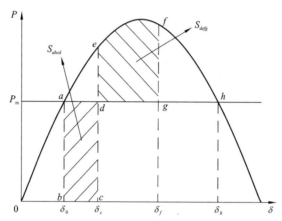

图 5-2 同步发电机在并网线路发生三相短路故障时的功角特性曲线

当故障清除时间过长，转子速度到 h 点还未低于同步转速，功角将越过 δ_h 并在加速不平衡转矩的作用下进一步提高，最终转子做异步旋转且与系统失去同步。因此，在同步发电机保持暂态功角稳定性的前提下，S_{edh} 是转子摇摆过程能够达到的最大减速面积。从起始角 δ_0 到故障切除角度 δ_c 所对应的时间段称为故障清除时间，从上述功角暂态振荡过程可以得知故障清除时间直接影响同步发电机转子的加速程度，进而影响系统的暂态功角稳定性。

临界故障切除角度 δ_{cirt} 可表述为

$$\cos\delta_{cirt} = \cos\delta_h + (\delta_h - \delta_0)X_A P_e \tag{5-3}$$

通过临界故障切除角度可以确定临界故障切除时间 t_{cirt}：

$$t_{cirt} = 2\sqrt{(\delta_{cirt} - \delta_0)WP_e} \tag{5-4}$$

式中：W 为系统中同步电源的总动能，即系统中所有同步发电机的额定功率和惯性常数乘积之和。

通过上述分析，电力系统暂态稳定性可描述为：最大减速面积 S_{edh} 大于故障导致的加速面积 S_{abcd}。机械功率与电磁功率的平衡关系、发电机的惯性常数和故障切除时间均会导致加减速面积发生变化，是影响电力系统暂态功角稳定性的主要因素。

2. 暂态功角特性的影响机制

1）并网光伏逆变器采用 PQ 控制策略

并网光伏逆变器仅向电力系统提供功率，不承担电网电压或频率的主要支撑作用。此时光伏逆变器主要通过功率输出特性影响电力系统的暂态功率响应，进而对电力系统暂态功角稳定性产生影响。因此，可将光伏逆变器视作纯功率输出单元，并集成到单机无穷大系统中，形成如图 5-3 所示的扩展单机无穷大系统。

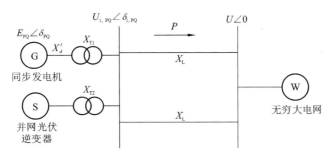

图 5-3　扩展单机无穷大系统

并网光伏逆变器输出功率 P_{PV}，同步发电机的等值电动势和功角分别为 E_{PQ} 和 δ。当电力系统稳定运行时，电路中的功率平衡关系为

$$P = \frac{E_{PQ}U_{1,PQ}}{X_d^{'} + X_{T1}}\sin(\delta_{PQ} - \delta_{1,PQ}) + P_{PV} \tag{5-5}$$

式中：下标 PQ 表示系统在并网光伏逆变器以 PQ 控制策略并网时的相关参数。

在负荷功率需求不变的情况下，扩展单机无穷大系统中同步发电机提供的功率减少。当电力系统中发生三相短路故障时，同步发电机与并网光伏逆变器输出功率均降为 0，同步发电机功角在加速机械功率的作用下增加 $\Delta\delta$。当电力系统故障清除时，同步发电机受功角方程的影响，输出功率在调速器的作用下逐渐恢复至稳定状态，并在转子阻尼的作用下逐渐恢复至故障前功率水平。并网光伏逆变器不受功角方程制约，在故障清除后的瞬间恢复至故障前功率水平。在这种情况下，能够提供功角调节作用的同步发电机功率降低，并且仍需要承担等量负荷波动所造成的影响，电力系统的功角稳定性降低。由式（5-4）可知，随着并网光伏逆变器输出功率的升高，系统中同步电源的总动能逐渐降低，临界故障切除时间 t_{cirt} 也减少，电力系统的功角稳定程度会进一步跌落。

2）并网光伏逆变器采用 VSG 控制策略

采用 VSG 控制策略的并网光伏逆变器既向系统提供功率，又能参与暂态调节。转子运动方程中的虚拟惯量和阻尼系数有助于提高电力系统的惯性，提升系统的暂态稳定裕度。VSG 控制模拟了同步发电机的运行特性，因此可将并网光伏逆变器视为小容量的同步发电机，形成如图 5-4 所示的双机无穷大系统。

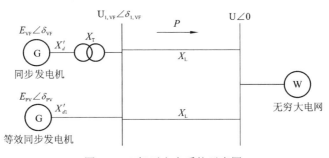

图 5-4　双机无穷大系统示意图

在双机无穷大系统中，功率平衡关系为

$$P = \frac{E_{\mathrm{VF}} U_{\mathrm{1,VF}}}{X'_d + X_{\mathrm{T}}} \sin(\delta_{\mathrm{VF}} - \delta_{\mathrm{1,VF}}) + \frac{E_{\mathrm{PV}} U_{\mathrm{1,VF}}}{X'_{d1}} \sin(\delta_{\mathrm{PV}} - \delta_{\mathrm{1,VF}}) \qquad (5\text{-}6)$$

式中：下标 VF 表示系统在并网光伏逆变器以 VSG 控制策略并网时的相关参数；下标 PV 表示等效同步发电机的相关参数。

当电力系统中发生三相短路故障时，电源输出功率同样降为 0，同步发电机功角也增加 $\Delta\delta$。当三相短路故障导致同步发电机功角摆开时，并网光伏逆变器能够参与功角偏移的反馈调节，阻止同步发电机功角摆开的幅度过大。当故障清除时，同步发电机和并网光伏逆变器均按照功角特性曲线运行，在调速系统的作用下使发电机功角逐渐恢复稳定。VSG 控制系统中的阻尼环节增强了系统的抗扰程度，促使电力系统更快地恢复至稳定状态。由式（5-6）可知，当并网光伏逆变器输出功率升高时，系统中同步电源的总动能不变，临界故障切除时间 t_{cirt} 也不变，电力系统的功角稳定性得到了有效保持。

5.1.2 电力系统暂态电压稳定性

1. 暂态电压特性

暂态电压稳定性是指在受到大扰动后电力系统能够维持所有母线电压在稳定值的能力，主要与系统中无功功率的供需状态相关。在电力系统中，同步发电机能够在母线电压跌落时提供无功功率，防止电压持续跌落而导致电网崩溃。当检测到系统电压出现变化时，同步发电机的励磁系统会通过励磁电流调节机端电压，因此电网电压通常不会出现大幅度变化。当励磁系统达到调节限值，此时励磁电流保持在最大值，则电压变化将难以被有效抑制。通过同步发电机向恒功率负荷供电的简单系统说明无功功率与电压的关系，等值电路和变量关系如图 5-5 所示，其中 X_{B} 表示发电机电抗与线路电抗之和，$P_{\mathrm{S}} + Q_{\mathrm{S}}$ 表示电网在负荷节点上提供的功率，$P_{\mathrm{L}} + Q_{\mathrm{L}}$ 表示负荷本身吸收的功率。

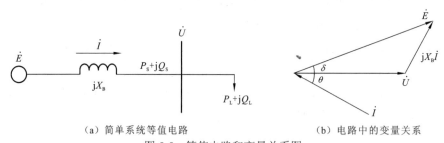

（a）简单系统等值电路　　　　　　（b）电路中的变量关系

图 5-5　等值电路和变量关系图

负荷吸收的有功功率和无功功率可表示为

$$\begin{cases} P_{\mathrm{L}} = \dfrac{EU}{X_{\mathrm{B}}} \sin\delta \\[2mm] Q_{\mathrm{L}} = \dfrac{EU}{X_{\mathrm{B}}} \cos\delta - \dfrac{U^2}{X_{\mathrm{B}}} \end{cases} \qquad (5\text{-}7)$$

为了分析功率变化情况与电压的直接关系，根据 $\cos\delta = \sqrt{1 - \sin^2\delta}$ 消去功角 δ，可得

到功率-电压方程:

$$\left(\frac{EU}{X_B}\right)^2 = P_L^2 + \left(Q_L + \frac{U^2}{X_B}\right)^2 \tag{5-8}$$

通过功率-电压方程可确定电力系统的无功电压特性:

$$Q_L = \sqrt{\left(\frac{EU}{X_B}\right)^2 - P_L^2} - \frac{U^2}{X_B} \tag{5-9}$$

当电力系统仅向负荷提供有功功率 P_S 时,电网所需的无功功率为 Q_S,此时负荷端电压 U 为变量。系统电压不稳定与负荷特性也具有相关性,如图 5-6 所示。对于恒功率负荷,其无功功率特性是运行在无功电压特性曲线内的一条直线,电压改变不影响负荷的无功功率 $Q_{L,1}$。复杂电力网络内的负荷通常是电动机负荷,其无功功率特性是关于电压的二次函数,为 $Q_{L,2}$。U_1、U_2 和 U_3 是系统中的无功功率供需状态平衡点,此时电网提供的功率等于负荷吸收的功率。

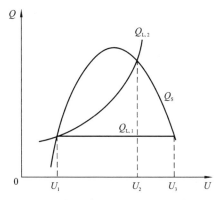

图 5-6　不同负荷特性下的无功电压特性曲线

当电力系统中发生突减负荷扰动导致电压变化 ΔU 时,在电压为 U_1 时电网提供的功率小于负荷吸收的功率,无功功率不足导致电压进一步降低;在电压为 U_2 时电网提供的功率大于负荷吸收的功率,则过剩的无功功率会导致电压升高。因此,U_1 点为不稳定平衡点,U_2 为稳定平衡点。经典电压稳定判据是根据图 5-6 得出的,无功功率盈余导数 $\mathrm{d}(Q_S - Q_{L,2})/\mathrm{d}U$ 在稳定平衡点为负值,在不稳定平衡点为正值。经典电压稳定判据为

$$\frac{\mathrm{d}Q_S}{\mathrm{d}U} < \frac{\mathrm{d}Q_{L,2}}{\mathrm{d}U} \tag{5-10}$$

用电压 U 和功角 δ 描述电压稳定判据时,可表示为

$$\frac{\mathrm{d}Q_{L,2}}{\mathrm{d}U} > \frac{E}{X\cos\delta} - \left(\frac{2U}{X_B} + \frac{\mathrm{d}P_L}{\mathrm{d}U}\tan\delta\right) \tag{5-11}$$

2. 暂态电压特性的影响机制

并网光伏逆变器影响电力系统暂态电压稳定性的基本方式是通过无功功率输出影响电网各节点的无功功率分布,进而影响各节点的暂态压降。因此,当并网光伏逆变器对无功功率的控制特性不同时,其对电力系统暂态电压的影响过程具有较大的差异性。

1）并网光伏逆变器采用 PQ 控制策略并网

并网光伏逆变器与船舶电力系统的暂态交互过程是通过公共耦合点完成的，其通过公共耦合点获取电网电压幅值、电压相角等电气量以满足并网条件，而系统从并网光伏逆变器获取的电气量仅为有功功率和无功功率。采用 PQ 控制策略的并网光伏逆变器通常将最大有功功率输出作为主要目标，此时无功功率给定值设置为零。采用 PQ 控制策略并网的并网光伏逆变器仅通过有功功率输出影响系统功率变化，进而对电压产生影响。当电力系统中发生电压跌落时，电压恢复所需要的无功功率均由同步发电机提供，并网光伏逆变器不仅不能提供电压支撑作用，甚至会恶化电压的稳定性能。随着并网光伏逆变器并网功率的提高，电网提供的无功功率降低，这种恶化程度会不断加剧。为了防止电网电压跌落过大，需要在同步发电机容量不足的系统中设置无功功率补偿环节。

2）并网光伏逆变器采用 VSG 控制策略并网

当并网光伏逆变器采用 VSG 控制策略并网时，控制环节中的无功电压控制器使其具备一定的无功功率调节能力，因而在运行机理上可将并网光伏逆变器看作小容量的同步发电机。当电力系统中发生电压跌落时，同步发电机和并网光伏逆变器同时向电压提供无功功率，保证电网提供的功率与负荷吸收的功率维持在平衡状态。

除了在无功功率输出上对电网电压起到支撑作用，VSG 控制策略还可以通过无功电压控制器对并网节点电压进行钳制，进一步稳定电压值。VSG 控制策略中的阻尼系数还能在功率振荡时促使系统恢复至稳定状态，使电压恢复得更快。根据以上分析，可知 VSG 控制策略能够在一定程度上提高电力系统的暂态电压稳定性。若想进一步提高并网光伏逆变器对系统暂态电压的稳定控制作用效果，则需要对无功功率控制环节给予强化。

5.1.3 电力系统暂态频率稳定性

1. 系统频率和惯量特性

频率稳定性是指当系统发生负荷变化时，能通过调节同步发电机的有功功率使系统频率恢复至稳定状态。当电力系统中发生故障或扰动时，原动机输出的机械功率与系统消耗的电功率之间会出现功率不平衡现象。不平衡功率首先由同步发电机和电动机等旋转机械的转子动能承担，但转子动能提供的功率只能维持较短时间，系统频率仍然会发生变化。频率不稳定会导致电力系统抵抗扰动的能力变差，引起异步电动机的转速和有功功率变化等诸多问题，该类问题在船舶电力系统等小容量系统中影响更为显著。同步发电机的有功频率特性取决于调速系统的特性，调速系统根据频率实测值与给定值的偏差调节原动机机械功率输出，进而维持电力系统的频率在稳定范围内。

当电力系统有 n 台同步发电机并联运行时，对于第 i 台发电机，其有功频率特性可表示为

$$\frac{\Delta P_i}{P_{ni}} = -K_i \frac{\Delta f}{f_n} \tag{5-12}$$

式中：P_{ni} 为第 i 台同步发电机的有功功率额定值；ΔP_i 为第 i 台同步发电机的有功功率变

化值；K_i 为第 i 台同步发电机的调差系数。

电力系统发生扰动后，各同步发电机按照调差系数分配不平衡功率 ΔP，ΔP 可由各机组功率变化值之和计算：

$$\Delta P = -\Delta f \sum_{i=1}^{n} \frac{K_i P_{ni}}{f_n} \tag{5-13}$$

当某台同步发电机分担不平衡功率 ΔP_i，其电磁功率突然发生变化，但机械功率在惯性的作用下不能突变。转子在不平衡功率作用下加速，会导致系统频率在短时内大幅度变化。此时，储存在转子中的动能以惯量支撑功率的形式抵消系统中的不平衡功率，防止频率在短时内下降过快。同步发电机组的惯性量值表现为转动惯量 J，其值是恒定的。转子旋转过程中储存的能量可表示为

$$E_k = \frac{1}{2} J \Omega^2 \tag{5-14}$$

式中：Ω 为同步发电机的机械角速度。

除转动惯量外，还可以用惯性常数 H 衡量同步发电机组惯量大小。惯性常数是指发电机组仅利用存储的动能为大小等于发电机额定容量的负荷供能所持续的时间，可表示为额定转速时同步发电机的动能 E_k 除以额定容量 S_B：

$$H = \frac{E_k}{S_B} = \frac{J \Omega^2}{2 S_B} \tag{5-15}$$

在受到不平衡功率扰动后，同步发电机转子中储存的动能通过功角特性方程转化为电磁功率，影响同步发电机组中机械功率和原电磁功率的平衡关系，进而对系统频率产生影响。对同步发电机而言，扰动瞬间不平衡功率是由惯量支撑功率承担的，因此惯量支撑功率是系统机械功率和电磁功率的偏差，可表示为

$$\Delta P_H = 2H \frac{df}{dt} \frac{S_B}{f_n} \tag{5-16}$$

惯量支撑功率能够在调速系统未动作时抵消不平衡功率，防止频率在短时间内变化过快，为调速系统的固有迟滞争取时间。同步发电机的惯量响应过程短暂且不可持续，通常维持在 10 s 以内[1]。随着调速系统动作，原动机调节机械功率的输出，同步发电机按照有功频率特性曲线运行至稳定状态。

2. 暂态频率的影响机制

1）并网光伏逆变器采用 PQ 控制策略并网

采用 PQ 控制策略的并网光伏逆变器不具备扰动功率自动分配功能，仅固定地向电网输出预设的功率值。由于并网逆变器控制策略的影响，高速永磁发电机的转子转速与电网频率完全解耦，并网光伏逆变器无法向电网提供惯量支撑作用。在原动机调速系统动作后，并网光伏逆变器也不能参与到频率恢复的调节过程，甚至由于同步发电机需要分担更多的不平衡功率而导致系统频率变化率增大。总之，采用 PQ 控制策略的并网光伏逆变器在不平衡功率分配、惯量响应和频率调节方面均不能做出有益的影响，还会进一步增加同步发电机需要承担的功率不平衡量，使系统频率特性恶化。

2）并网光伏逆变器采用 VSG 控制策略并网

采用 VSG 控制策略的并网光伏逆变器有与同步发电机相似的运行特性,并网逆变器以电压为控制量,输出功率能够响应系统中的变化。电力系统中出现不平衡功率时,并网光伏逆变器输出功率随之变化,VSG 中的机械功率与电磁功率失去平衡。转子运动方程中的虚拟惯量能够响应功率的偏差值,在短时内输出惯量支撑功率维持系统功率平衡。因此,在同时含有 VSG 和同步发电机的电力系统中,系统在故障瞬间的惯量支撑功率是由两者共同决定的。采用 VSG 控制能够增大系统惯量水平,减缓功率扰动时频率的变化程度。与同步发电机相比,VSG 的惯量可调,但需要与功率等电力参数相匹配。在原动机调速系统动作后,并网光伏逆变器通过有功频率控制器参与到系统频率调节过程,促使频率恢复稳定。根据上述分析可知,采用 VSG 控制策略的并网光伏逆变器能够参与到电力系统频率调节的全过程,并且惯量响应效果与同步发电机相似。

5.2 PQ 控制策略下不同渗透率差异的系统暂态稳定性分析

5.2.1 渗透率选取原则

渗透率是指并网光伏逆变器并网功率占在网运行同步发电机总输出功率的百分比。采用基于负荷静态特性的频率约束法确定并网光伏逆变器的渗透率限值[6]。

计算并网光伏逆变器的渗透率限值时,主要考虑并网光伏逆变器装机功率 P_{PV} 与船舶在网同步发电机功率 P_{GEN} 之间的关系。在同步发电机与并网光伏逆变器均在网的情况下,系统总负荷 P_{LOA} 为

$$P_{LOA} = M_{PV}P_{PV} + (1 - M_{GEN})P_{GEN} \tag{5-17}$$

式中:M_{PV} 为并网光伏逆变器的负载率;M_{GEN} 为系统的备用功率比率。

在极端情况下,并网光伏逆变器切离电网所造成的功率缺额导致同步发电机需要启用所有备用功率,此时电网频率降低的幅值不大于 Δf。考虑负荷的静态频率特性,同步发电机启用备用功率时的功频关系式为

$$\frac{P_{GEN}}{P_{LOA}} = 1 - m\frac{\Delta f}{f_0} \tag{5-18}$$

式中:m 为负荷的静态频率调节系数;Δf 为电网频率降低的幅值;f_0 为船舶电网额定频率。

中国船级社《钢质海船入级规范》(2024)中规定,船舶电网频率的稳态可允许偏差为±5%[3],将此频率稳态偏差限值代入式(5-18),可推导出并网光伏逆变器的装机功率与在网同步发电机组之间的功率比存在如式(5-19)所示的关系,该容量比即为并网光伏逆变器的渗透率。

$$\frac{P_{\mathrm{PV}}}{P_{\mathrm{GEN}}} \leqslant \frac{1}{M_{\mathrm{PV}}}\left(M_{\mathrm{GEN}} + \frac{m\Delta f}{f_0 - m\Delta f} \right) \tag{5-19}$$

并网光伏逆变器的负载率为 1，船舶额定频率 f_0 为 60 Hz，Δf 为 3 Hz，同步发电机备用功率比率为 0.1，静态频率调节系数 m 为 1，计算获取并网光伏逆变器的渗透率理论限值为 15.26%。并网光伏逆变器采用 PQ 控制策略并入船舶电网时，设置渗透率等级分别为 0%、5%、10% 和 15%，分别对应并网功率 0 kW、39.6 kW、75.7 kW 和 108.6 kW。在系统中，同步发电机组等比例分配有功功率和无功功率，因此特征参数曲线的变化也相同，故以一台同步发电机的参数显示系统状态的变化。

5.2.2 三相短路故障影响仿真

设置扰动故障以触发系统的暂态过程：5 s 时分配电板发生三相短路故障，5.2 s 时故障清除，故障持续 0.2 s。运行仿真算例，得到不同渗透率下同步发电机的有功功率和功角、主配电板电压、系统频率、电压源换流器（voltage source converter，VSC）输出功率和直流配电板电压曲线，如图 5-7 所示。

从图 5-7 中可知，在不加入并网光伏逆变器的情况下，即渗透率为 0% 时，系统中因发生三相短路故障而激增的感性电流会影响同步发电机定子电枢的磁通，电枢反应起到去磁作用，使同步发电机气隙磁场不饱和，进而使与发电机相连的主配电板电压降低了 21%，同时导致系统有功功率增大至 476 kW。在故障清除后，励磁系统快速响应系统电压的变化，增大励磁电流，电压能在 0.5 s 内恢复至初始值的 95%，在经过阻尼振荡过程后恢复稳定状态。三相短路故障还导致同步发电机组的功角产生波动，但功角能够在故障清除后恢复稳定，保证并联机组的稳定运行[7]。短路电流会导致同步发电机承担的负荷突然增大，转子所受阻力相应增大，进而导致转速下降，因此系统频率在短路故障时最大降低了 0.18 Hz。在故障清除后，调速系统响应转速的变化而动作，减少发电机的输出功率，转速和频率在 5.7 s 时恢复至初始状态。短路故障使得主配电板的电压和电流发生变化，会影响 VSC 双环控制中的相位输出和电流在 Park 变换后的解耦值，进而使 VSC 输出功率和直流配电板电压分别降低了 15.5 kW 和 0.022 kV。在故障清除后的 1 s 内，VSC 输出功率随着电源侧的稳定而恢复正常，直流配电板则在定直流电压控制策略的作用下恢复电压稳定性。从渗透率为 0% 的参数变化曲线可知，船舶交直流混联电力系统具有较好的动态响应能力，系统能在三相短路故障时保持暂态稳定性。

由图 5-7（a）和（b）可知，并网光伏逆变器的渗透率越高，同步发电机稳定运行时的功角越小，15% 渗透率时功角为 0.157 rad，比 0% 渗透率时降低了 0.031 rad。原因为 PQ 控制策略的并网光伏逆变器是不受功角方程制约的非同步电源，其在电力系统的暂态过程中无法提供有益效果，甚至会导致同步发电机功角的减小。图 5-7（c）中，主配电板电压的初始值会因渗透率的不同而有所改变，这是由于并网光伏逆变器降低了同步发电机的负载率，进而导致同步发电机输出电压小幅升高。在电压恢复的过程中，高渗透率的情况会加快主配电板电压达到稳定的速度。图 5-7（d）中，系统频率的瞬时跌落值随着渗透率的提高而增大，15% 渗透率时频率最大跌落至 59.75 Hz，比渗透率为 0% 时的情况提高了 0.07 Hz。在频率调节的过程中，并网光伏逆变器会增大频率振荡的幅度，

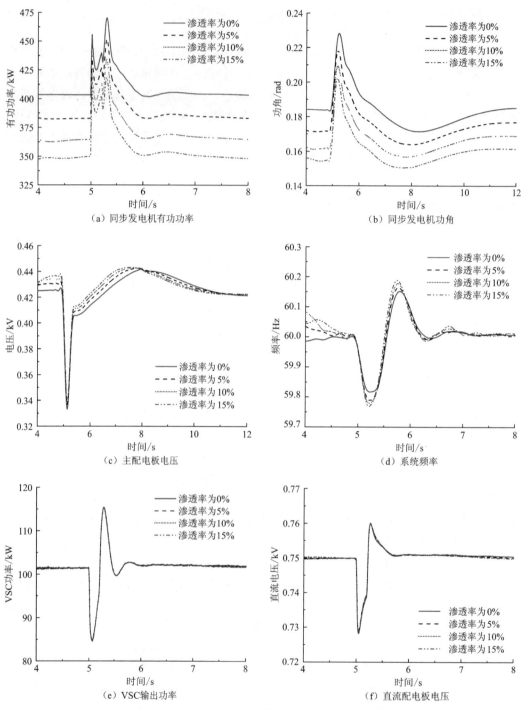

图 5-7　渗透率不同时的系统暂态特征参数变化（三相短路故障）

其甚至在 5.8 s 处出现微弱的二次振荡过程。对于图 5-7（e）和（f），VSC 是具有强非线性的变流装置，其控制性能主要受控制参数波动的影响，在故障发生和清除后的动态调节过程中，VSC 输出功率和直流配电板电压几乎不受渗透率改变的影响。因此可知并网光伏逆变器的接入对 VSC 的暂态运行性能影响很小，从而系统直流部分受并网光伏逆变器的影响也有限。

根据上述分析可知，在系统中发生三相短路故障时，并网光伏逆变器的渗透率越高，船舶电力系统的暂态稳定性越差。随着渗透率的升高，电力系统交流部分的参数畸变程度增大，而直流部分的参数受并网光伏逆变器渗透率因素的影响较小。并网光伏逆变器的渗透率在接近理论限值时，船舶电力系统在发生三相短路故障时仍可以保持较好的暂态特性。就三相短路故障角度而言，适用于该船的并网光伏逆变器渗透率为 15%。

5.2.3 突变负荷扰动影响仿真

设置扰动故障以触发系统的暂态过程：5 s 时主配电板突然掉落 20%负荷，7 s 时负荷恢复正常，扰动持续 2 s。运行仿真算例，得到不同渗透率下同步发电机的有功功率和功角、主配电板电压、系统频率、VSC 输出功率和直流配电板电压曲线，如图 5-8 所示。

在不加入并网光伏逆变器的情况下，突减 20%负荷会导致同步发电机的有功功率输出骤然减少，但原动机的机械功率受惯性影响不能及时响应，不平衡功率会导致同步发电机的转速在短时间内大幅增大，进而使系统频率陡增至 60.37 Hz。同步发电机的功角由于负载率的降低也突然减小，并且在扰动未平复之前呈现轻微振荡状态。20%负荷恢复后，同步发电机的有功功率第二次陡变，并在调速系统的作用下恢复稳定，功角和频率也恢复正常状态。突变负荷扰动对主配电板电压的影响较大，在扰动发生后电压陡然上升 2.6%，在 5～7 s 内电压在励磁系统的调节作用下也未能彻底恢复稳定。负荷恢复后，电压再次陡变，直到 10.8 s 恢复至稳定值。VSC 输出功率和直流电压在负荷突变时会出现波动，但均能在负荷变化后的 0.5 s 内恢复至稳定状态。

从图 5-8（a）可知，从负荷突减 20%至负荷恢复的 5～7 s 内，并网光伏逆变器会使同步发电机的有功调节性能恶化，并且随着渗透率的提高会延长有功功率恢复稳定所需要的时间。在渗透率为 0%时，有功功率在 5.1 s 基本上恢复稳定；在渗透率为 15%时，有功功率直到 7 s 时仍然未达到稳定状态。图 5-8（b）中的同步发电机功角随着渗透率变化也有所不同，但功角的总体变化趋势相似。当负荷突减 20%时，功角跌落的速度和恢复稳定过程的振荡程度会随着渗透率的增加而增大，在渗透率为 15%时功角跌落最快，振荡幅度最大；当 20%负荷恢复后，功角经过衰减振荡过程后恢复稳定状态。图 5-8（c）为主配电板电压，初始状态时各渗透率下的主配电板电压有少许的区别，在励磁系统的调节下均可在 7 s 时达到相同的电压值。在 20%负荷恢复的暂态过程中，并网光伏逆变器的渗透率越高，电压跌落的幅值越大，但渗透率为 0%时的最终电压稳定值仍小于其他渗透率工况。并网光伏逆变器的渗透率对系统频率暂态稳定的影响主要表现在扰动发生瞬间的频率变化幅度和扰动清除后的频率振荡过程。图 5-8（d）中，并网光伏逆变器的接入会增大频率的瞬时变化幅值，但随着渗透率的提高，这种效果会逐渐减弱。渗透率为 0%时的频率在 5.9 s 基本恢复至稳定状态，但随着渗透率的增大，频率在 5.9 s 后出现二次振荡且振荡幅度逐渐增大。由图 5-8（e）和（f）可以看出，并网光伏逆变器的渗透率变化对 VSC 输出功率的影响较小，但会导致直流配电板电压的不稳定程度增大。渗透率越高，突变负荷扰动导致的直流电压波动幅值越大，直流电压恢复的速度也越慢。

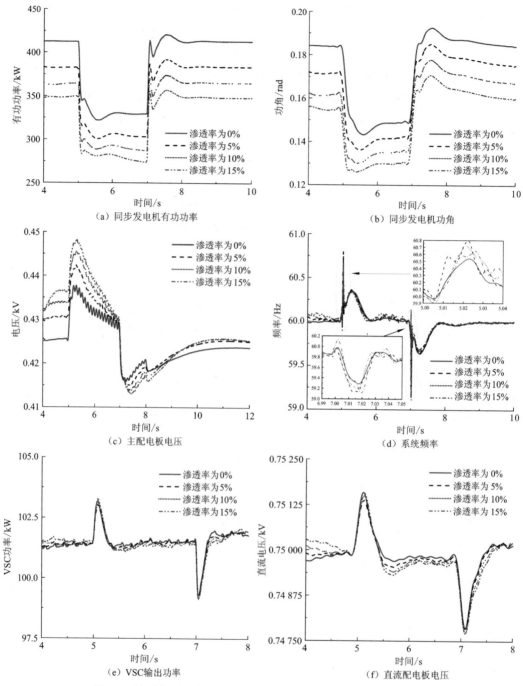

图 5-8　渗透率不同时的系统暂态特征参数变化（突变负荷扰动）

根据上述分析可知，在系统中发生突变负荷扰动时，并网光伏逆变器的渗透率越高，船舶电力系统的暂态稳定性越差。船舶电力系统的特征参数总体变化趋势与三相短路故障工况相似，渗透率为 15% 时系统也可以保持较好的暂态性能。就突变负荷扰动而言，适用于该船的并网光伏逆变器渗透率为 15%。

综合三相短路故障和突变负荷扰动工况的暂态稳定分析结果，可知适用于该船的并网光伏逆变器渗透率为 15%。需要注意的是，尽管 15% 渗透率时系统仍较为稳定，但可以预见，当渗透率进一步增大时，同步发电机功角、频率和电压等特征参数会超出限值要求。在并网光伏逆变器的实际应用中，除了要遵守船舶相关规范的要求，还应该结合船舶电力系统容量、调速性能和励磁性能等特点对渗透率进行选择[8, 9]，尤其需要注意并网光伏逆变器渗透率提高导致的系统频率等特征参数瞬时值增大问题。

5.3　PQ 控制策略下不同并网节点差异的系统暂态稳定性分析

5.3.1　并网节点选取原则

并网光伏逆变器可并网于船舶交直流混联电力系统的交流配电板中。随着并网位置的不同，集成了并网光伏逆变器的船舶电力系统也会呈现出不同的暂态特性[10]。为了衡量并网光伏逆变器在不同并网节点对系统暂态过程的影响程度，并网光伏逆变器的渗透率取 5%，即并网功率为 39.6 kW，分别从主配电板和分配电板并入船舶电网，并且与不加入并网光伏逆变器的情况对比。为了方便分析，设置并网光伏逆变器不加入船舶电网时为工况 1；并网光伏逆变器从主配电板并网时为工况 2；并网光伏逆变器从分配电板并网时为工况 3。

5.3.2　三相短路故障影响仿真

设置扰动故障以触发系统的暂态过程：5 s 时分配电板发生三相短路故障，5.2 s 时故障清除，故障持续 0.2 s。运行仿真算例，得到不同渗透率下同步发电机的有功功率和功角、主配电板电压、系统频率、VSC 输出功率和直流配电板电压曲线如图 5-9 所示。

由图 5-9（a）可知，尽管并网光伏逆变器的接入会导致同步发电机输出的功率降低，但三相短路故障期间同步发电机有功功率的响应趋势与工况 1 基本相同。在渗透率相同的情况下，工况 3 在 5～5.2 s 内的功率变化曲线与工况 1 的功率曲线更为贴近，比工况 2 提高了约 12.5 kW 有功功率。在三相短路故障清除后，两种工况均能实现同步发电机有功功率的稳定输出。图 5-9（b）为同步发电机的功角响应情况，从分配电板接入并网光伏逆变器会导致同步发电机的功角有 0.0028 rad 的提高。在三相短路故障期间，工况 3 的功角波动比工况 2 多了约 0.007 rad。故障清除后，两种工况的功角曲线在 7.5 s 处基本重合，系统均恢复至稳定状态。图 5-9（c）中，工况 2 和工况 3 的主配电板电压在 4～5 s 时略大于工况 1，说明并网光伏逆变器并网能缓解同步发电机的出力情况，提高系统电压；工况 2 的主配电板电压在 4～5 s 时略大于工况 3，证明并网节点越靠近同步发电机，电压在稳态时的提升能力越强。当发生三相短路故障时，三种工况的电压跌落程度基本相同，但加入并网光伏逆变器时的电压调节过程要快于不加入的工况。工况 2 和工况 3 的电压变化曲线基本相同，说明并网节点不影响三相短路故障后的电压调节过程。

由图 5-9（d）可以看出，工况 3 在短路故障发生时的频率变化幅度最大，相比工况 1 增大了 0.06 Hz，说明并网节点为分配电板时会恶化暂态频率调节特性，容易使电力系统发生暂态频率越限。由图 5-9（e）和（f）可以看出，三种工况下的 VSC 输出功率与直流配电板电压变化情况相同，说明并网节点差异对系统直流部分基本没有影响。

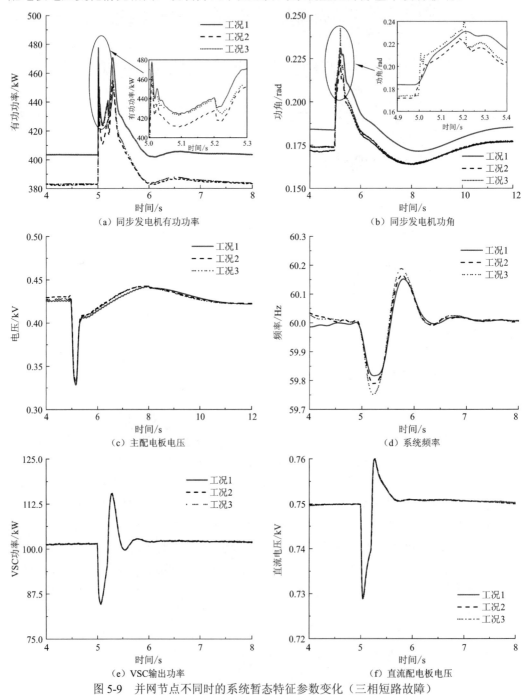

图 5-9　并网节点不同时的系统暂态特征参数变化（三相短路故障）

根据上述分析可知，就三相短路故障而言，并网光伏逆变器的并网节点为主配电板时船舶电力系统的暂态稳定性较好。

5.3.3　突变负荷扰动影响仿真

设置扰动故障以触发系统的暂态过程：5 s 时主配电板突然掉落 20%负荷，7 s 时负荷恢复正常，扰动持续 2 s。运行仿真算例，分别得到不同渗透率下同步发电机的有功功率和功角、主配电板电压、系统频率、VSC 输出功率和直流配电板电压曲线，如图 5-10 所示。

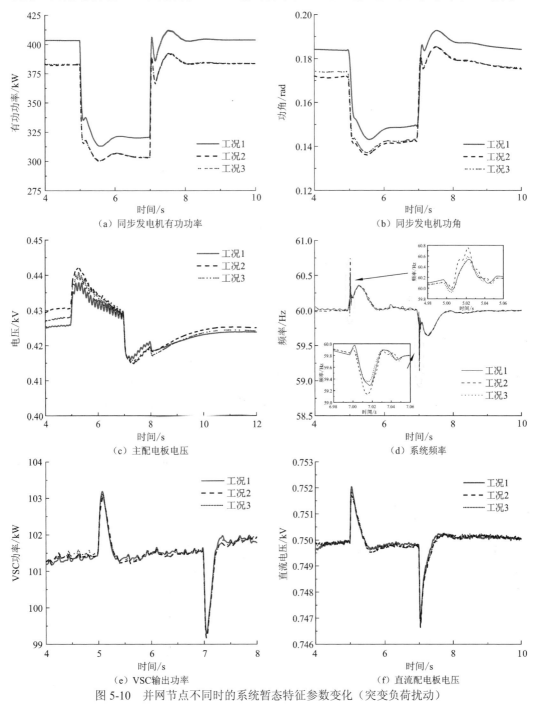

图 5-10　并网节点不同时的系统暂态特征参数变化（突变负荷扰动）

图 5-10（a）中，当主配电板上发生突变 20%负荷时，同步发电机在三种工况下的有功功率变化趋势基本相同，工况 2 和工况 3 的功率变化曲线重合，说明并网光伏逆变器的并网节点差异对同步发电机的功率输出无明显影响。图 5-10（b）中，工况 2 和工况 3 的初始功角存在差值，在经过同步发电机的调节后能够实现功角相等。在功角最终值相等的情况下，并网光伏逆变器的并网节点应选择初始功角值跌落较小的工况。在主配电板电压方面，电压在负荷变化后的短时内存在振荡过程，图 5-10（c）中工况 2 的初始电压值与扰动后的稳定电压值相差 0.0075 kV，工况 3 相差 0.0057 kV。因此，以维持主配电板电压恒定为目的时应选择分配电板作为并网光伏逆变器的并网节点。图 5-10（d）中，系统频率受并网节点的影响比较显著，在负荷突减和负荷突增的瞬间，工况 2 的频率变化幅值要比工况 3 时分别多 0.169 Hz 和 0.178 Hz。并网光伏逆变器的并网节点选择分配电板时，突变负荷扰动对系统频率的冲击性较小。图 5-10（e）和（f）中，VSC 输出功率和直流配电板电压受突变负荷扰动的影响较小，并网光伏逆变器的并网节点差异对 VSC 输出功率和直流电压基本上没有影响。

根据上述分析可知，就突变负荷扰动而言，并网光伏逆变器的并网节点为分配电板时船舶电力系统的暂态稳定性较好。

综合三相短路故障和突变负荷扰动工况的暂态稳定分析结果，在三相短路故障时并网节点为主配电板效果较好；在突变负荷扰动时并网节点为分配电板效果较好。由此可知，当并网节点远离故障点时，船舶电力系统的暂态稳定性更好，并网光伏逆变器应尽量选择稳定、不易发生故障的节点作为并网节点。对该船而言，并网光伏逆变器的并网节点选择主配电板，当系统发生故障时同步发电机能给予快速且有效的调节作用。

5.4 VSG 与 PQ 控制策略下的系统暂态稳定性差异对比分析

本节在已知适用于并网光伏逆变器的渗透率和并网节点的基础上，对比分析 VSG 与 PQ 控制策略下的船舶电力系统暂态稳定性差异，验证电力系统暂态稳定理论分析的正确性。

5.4.1 三相短路故障影响仿真

将并网光伏逆变器的渗透率设为 15%，即并网功率为 108.6 kW，并网节点为主配电板。VSG 控制环节中，设置虚拟惯量为 2，阻尼系数为 2；设置扰动：5 s 时分配电板发生三相短路故障，5.2 s 时故障清除，故障持续 0.2 s。两种控制策略下，同步发电机的有功功率和功角、主配电板电压、系统频率、VSC 输出功率和直流配电板电压曲线如图 5-11所示。

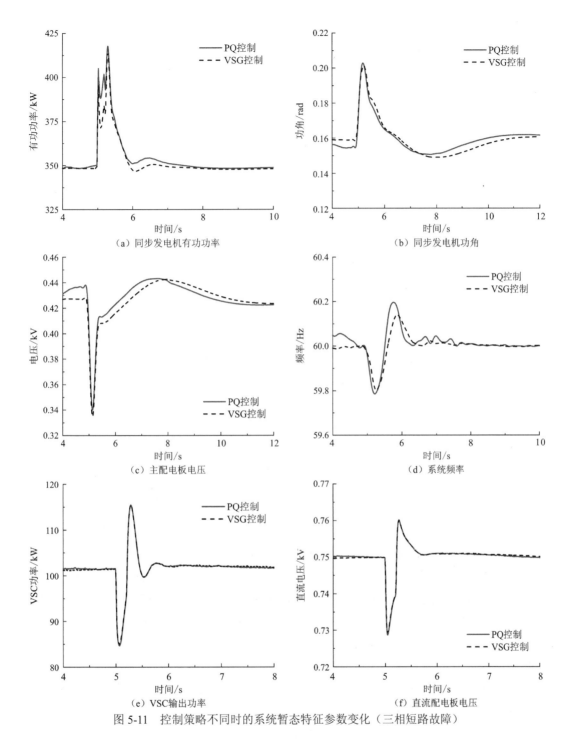

图 5-11　控制策略不同时的系统暂态特征参数变化（三相短路故障）

在系统发生三相短路故障时,采用 VSG 控制策略的并网光伏逆变器能够参与功率调节过程中,图 5-11（a）中,VSG 控制方案相较于 PQ 控制方案能够更快地实现功率稳定,减小由短路电流激增带来的影响。图 5-11（b）中,由于 VSG 模拟了调速系统的调频环节和同步发电机的转子运动方程,同步发电机输出的功率同样受功角方程制约。在输出功率相同的情况下,VSG 控制方案和 PQ 控制方案的功角在经过调节过程后稳定在

0.1625 rad，但仍可看到 VSG 控制方案的功角偏差幅值较小。从图 5-11（c）可以看出，VSG 控制方案中的无功电压控制器能够参与电压调节过程，同时阻尼系数额外提供了一部分的阻尼效果，延缓了电压到达最大值的时间。图 5-11（d）中，VSG 控制方案在 5.2 s 时的频率跌落幅值要低于 PQ 控制方案 0.015 Hz，且在频率的调节过程中 VSG 控制方案也能有效地抑制频率的波动，频率偏差幅值比 PQ 控制方案低了 0.08 Hz。VSG 控制方案中的虚拟惯量能够在系统频率跌落时提供短时的支撑作用，有效防止频率跌落过快。图 5-11（e）和（f）中的 VSC 输出功率和直流电压的曲线表明并网光伏逆变器采用何种控制策略对系统直流部分的影响较小。

在三相短路故障工况，VSG 控制方案比 PQ 控制方案具有更好的控制效果，船舶电力系统的暂态特征参数波动情况得到了有效抑制。

5.4.2 突变负荷扰动影响仿真

并网光伏逆变器的渗透率设为 15%，即并网功率为 108.6 kW，并网节点为主配电板。VSG 控制环节中，设置虚拟惯量为 2，阻尼系数为 2；设置扰动：5 s 时主配电板突然掉落 20% 负荷，7 s 时负荷恢复正常，扰动持续 2 s。两种控制策略下，同步发电机的有功功率和功角、主配电板电压、系统频率、VSC 输出功率和直流配电板电压曲线如图 5-12 所示。

在图 5-12（a）中，当系统发生突变负荷扰动时，VSG 控制方案中的同步发电机有功功率在故障瞬间跌落的程度要大于 PQ 控制方案，但 VSG 控制方案在 5.1 s 左右就可恢复功率的稳定值，PQ 控制方案在负荷突变的 5~7 s 内一直处于不稳定状态，由此可看出 VSG 控制策略对同步发电机有功调节的增益效果。图 5-12（b）中，VSG 控制方案中的功角特性在初始状态即可保持相对高的稳定能力，但在突变负荷扰动作用下的功角跌落程度也大于 PQ 控制方案。在负荷恢复后，VSG 控制方案的功角恢复过程更为平缓，与功角初始值的差值也更小。从图 5-12（c）中可以看出，VSG 控制方案的电压调节过程更为理想，负荷突减时的电压变化幅值比 PQ 控制方案低了 0.01 kV，负荷突增时的电压变化幅值比 PQ 控制方案低了 0.004 kV。图 5-12（d）为系统频率的变化情况，相较于 PQ 控制方案，VSG 控制方案在暂态过程中的频率变化更小，尤其是在扰动发生的瞬间，VSG 控制环节中的虚拟惯量能够提供一部分的电磁功率，防止频率跌落过快。图 5-12（e）和（f）中，由于 VSG 控制方案改善了系统交流部分的主要参数，VSG 控制方案对 VSC 输出功率和直流电压也有微弱的调节作用。

在突变负荷扰动工况，VSG 控制方案比 PQ 控制方案具有更好的控制效果，船舶电力系统的暂态特征参数波动情况得到了明显改善。

综合三相短路故障和负荷突变扰动工况的暂态分析结果，可知并网光伏逆变器采用 VSG 控制策略时对船舶电力系统暂态稳定性的影响更小，功角、电压和频率等特征参数的变化规律与电力系统暂态特性影响机制的理论分析一致，从而验证了理论分析的正确性。

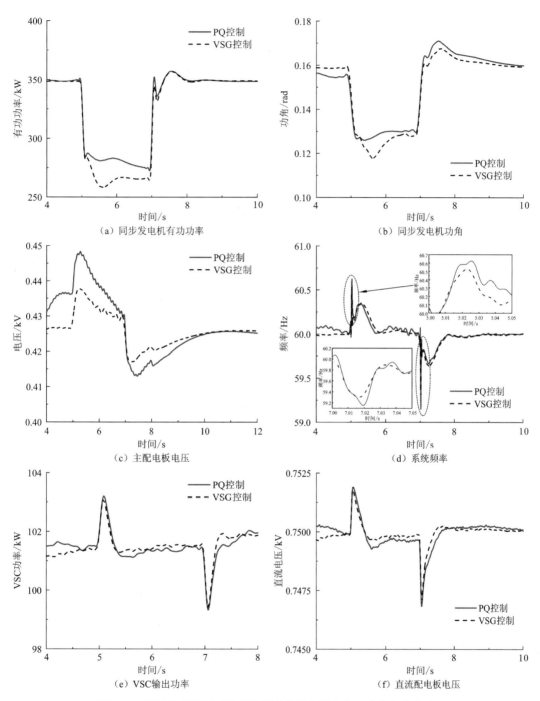

（a）同步发电机有功功率   （b）同步发电机功角

（c）主配电板电压   （d）系统频率

（e）VSC输出功率   （f）直流配电板电压

图 5-12　控制策略不同时的系统暂态特征参数变化（突变负荷扰动）

5.5　VSG 控制策略对船舶电力系统频率和惯量特性的影响

5.5.1　虚拟惯量对暂态频率变化的影响

　　船舶电力系统的惯性主要源于同步发电机和电动机等设备的转动惯量，表现为阻止频率变化的能力。在船舶交直流混联电力系统中，并网光伏逆变器和直流部分均会导致系统的惯性下降，使系统抵抗扰动的能力变差。VSG 控制的并网光伏逆变器既能向系统提供惯量，又具备电力电子设备的快速响应特性，可以减小由系统发生功率缺额导致的频率偏差，从而改善船舶电力系统的频率稳定性[11-13]。通过调节 VSG 控制策略中的虚拟惯量 J，分析并网光伏逆变器对船舶电力系统暂态频率稳定性的影响。将并网光伏逆变器的渗透率设为 15%，即并网功率为 108.6 kW，并网节点为主配电板。设置扰动：5 s 时分配电板发生三相短路故障，5.2 s 时故障清除，故障持续 0.2 s。阻尼系数为 2，将虚拟惯量分别设置为 1、2 和 3 时，电力系统的频率变化如图 5-13 所示。

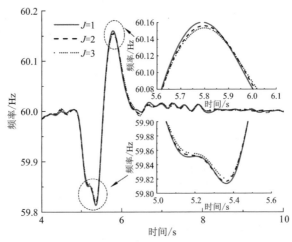

图 5-13　不同虚拟惯量时的频率变化

　　由图 5-13 可知，系统频率受 VSG 控制策略的影响，在虚拟惯量不同时频率的响应情况也不同。在故障发生的瞬间，系统频率在不平衡功率的作用下开始跌落，VSG 通过虚拟惯量为系统提供短时的惯量支撑功率。因此在故障持续的 5～5.2 s 内，虚拟惯量 J 越大，系统频率跌落的程度越小，频率变化的趋势也更为平缓。故障清除后，同步发电机组的调速系统动作，VSG 的虚拟惯量持续发挥作用，但惯量支撑功率随着同步发电机出力的增大逐渐降低。系统频率在故障清除后的 0.2 s 内达到频率振荡的最小值，对应虚拟惯量为 1、2 和 3，频率最小值分别为 59.812 Hz、59.816 Hz 和 59.820 Hz。系统频率在故障清除后的 0.6 s 达到频率振荡的最大值，对应虚拟惯量为 1、2 和 3，频率最大值分别为 60.160 Hz、60.155 Hz 和 60.153 Hz。并网光伏逆变器的渗透率不高，所能提供的虚拟惯量与同步旋转设备的转动惯量相比较小，因此对系统频率的影响程度较低。可以预见，随着并网光伏逆变器渗透率的提高，虚拟惯量值也会增大，VSG 控制策略对频率稳定性的影响会更加突出。在 5.9 s 左右时，由同步发电机组和 VSG 的调速环节和阻尼环节共同促使系统频率恢复稳定，虚拟惯量提供的惯量支撑功率为 0，三种工况下的频率调节曲线基本相同。由上述分析可知，采用 VSG 控制策略的并网光伏逆变器在一定程度上提高了船舶交直流混联电力系统的惯性，并且能够参与到暂态频率调节过程中，提高了系统的频率稳定性。

5.5.2 虚拟惯量对功率波动的支撑机制

暂态频率稳定理论分析中已经提到同步发电机的惯量支撑功率是系统机械功率和电磁功率的偏差，如式（5-16）所示。VSG 控制策略模拟了同步发电机的转子运动方程，同样具有虚拟机械功率和虚拟电磁功率，因此并网光伏逆变器的惯量支撑功率计算方法与同步发电机相同。运行 5.4.1 小节中的三相短路故障暂态事件，VSG 控制策略中的虚拟机械功率和虚拟电磁功率如图 5-14 所示，惯量支撑功率如图 5-15 所示。

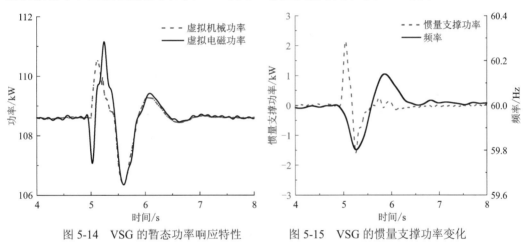

图 5-14 VSG 的暂态功率响应特性　　　　图 5-15 VSG 的惯量支撑功率变化

从图 5-14 中可以看出，采用 VSG 控制策略的并网光伏逆变器在系统发生三相短路故障时同样会出现瞬时功率跌落，虚拟机械功率受惯性影响不能及时响应，具有 0.01 s 的延时，此时虚拟电磁功率已经由 108.6 kW 跌落至 106 kW。在故障后的 5.02 s，VSG 检测到系统频率跌落，同时迅速增发电磁功率，5.184 s 时达到电磁功率最大值 110.6 kW。此时同步发电机调速系统开始运作，频率在同步发电机调速系统的作用下开始做阻尼运动。在频率做衰减振荡时，VSG 输出的虚拟电磁功率降低，同时机械功率与电磁功率的变化幅度趋于一致。从图 5-15 可知，在并网容量为 108.6 kW，虚拟惯量为 2，阻尼系数为 2 的情况下，VSG 在系统发生暂态事件时能够增发的最大惯量支撑功率为 2.287 kW，能够吸收的最大惯量支撑功率为 1.751 kW。VSG 的惯量支撑功率在 5.1 s 时彻底消失，而系统频率在 5.1 s 仍未恢复稳定。所以，虚拟惯量对系统功率波动的支撑作用只能持续 1.08 s，且作用效果不断衰减。在 5.1 s 后系统频率主要由同步发电机进行调节，VSG 控制仅通过有功频率控制器和阻尼作用影响系统频率，但在调节能力上与同步发电机相差甚远。

参 考 文 献

[1] 国家能源局. 电力系统网源协调技术规范: DL/T 1870-2018. 北京: 中国电力出版社, 2018.

[2] 孙玉伟, 刘勇, 吴健, 等. 并网型交直交电源对船舶电力系统暂态稳定性影响的仿真分析. 上海海事大学学报, 2023, 44(4): 104-110.

[3] 中国船级社. 钢质海船入级规范. 北京: 人民交通出版社, 2018.

[4] 李清, 孙玉伟, 吴健, 等. 船舶并网光伏电力系统稳定性. 交通运输工程学报, 2021, 21(5): 177-188.

[5] 吴健. 并网型交直交电源对船舶电力系统暂态稳定性影响研究. 武汉: 武汉理工大学, 2022.

[6] 邱爱超, 袁成清, 孙玉伟, 等. 光伏渗透率对船舶光伏系统电能质量的影响. 哈尔滨工程大学学报, 2018, 39(9): 1532-1538.

[7] 郭畅. 太阳能船舶-光伏并网电力系统静态稳定性研究. 武汉: 武汉理工大学, 2017.

[8] 孙玉伟, 严新平, 袁成清, 等. 离并网一体光伏系统在 5000PCTC 远洋汽车滚装船上的应用. 中国航海, 2017, 40(3): 25-29.

[9] Sun Y W, Yan X P, Yuan C Q, et al. The application of hybrid photovoltaic system on the ocean-going ship: Engineering practice and experiment research. Journal of Marine Engineering and Technology, 2019, 18(1): 56-66.

[10] 汤旭晶, 刘雄航, 孙玉伟, 等. 基于超级电容的船用光伏并网系统功率控制. 中国航海, 2021, 44(1): 94-99.

[11] Hao Z, Yuan C Q, Huang D S, et al. Analysis of the impact of grid-connected AC-DC-AC power supply on the transient stability of ship power systems based on VSG//7th International Conference on Transportation Information and Safety (ICTIS). August 4-6, 2023. Xi'an, China. IEEE, 2023: 2120-2129.

[12] 汤旭晶, 喻航, 孙玉伟, 等. 基于虚拟同步发电机的船舶光伏并网逆变控制策略. 中国航海, 2018, 41(1): 28-33.

[13] Tang X J, Huang Y L, Sun Y W, et al. Optimization design and feature research on VSG control strategy of marine photovoltaic grid-connected inverter//8th International Conference on Renewable Energy Research and Applications (ICRERA). November 3-6, 2019. Brasov, Romania. IEEE, 2019: 81-88.

第 6 章

船舶光伏电力系统故障分析及低压穿越技术

近年来，随着新能源发电技术的日益成熟和世界各国扶持政策的出台，新能源发电技术的应用范围越来越广，发电站规模也越来越大。在公共电网和微电网系统中，新能源发电系统的出力比重不断攀升。新能源发电系统已经严重影响公共电网和微电网系统的安全稳定运行[1]。以某汽车运输船柴电/光伏并网电力系统为例，轮船正常航行工况的负荷功率需求量约为 600 kW，其所配备的光伏发电系统额定发电功率为 150 kW，光伏出力最高占全船负荷总需求功率的 25%[2]。未来，随着光伏电池板转化效率的进一步提升，在船舶柴电/光伏并网电力系统中，光伏渗透率必将大幅度提升[3-5]。与陆地大电网相比，光伏发电系统对船舶电力系统的影响更加显著。

6.1 低电压故障的特征提取

按照是否为对称故障，可以将电网故障分为对称故障即三相对称故障和不对称故障两类。按照短路故障的形式分类，则包括单相接地短路、两相间短路、两相接地短路[6, 7]。

不对称故障下，并网点电压含有负序分量，然而其最大值不会超过 0.5 p.u.。若进一步考虑输电线和变压器阻抗的影响，发电系统的负序电压分量将会更小。一般情况下，离故障点越近，电压跌落越大，对敏感电气设备产生的危害越严重。随着故障距离的增加，负序电压分量的幅值不断减小。相同故障距离条件下，单相接地故障和两相接地故障产生相同的负序电压分量。与单相接地和两相接地故障相比，相间故障引起的负序分量最大，是低电压穿越难点所在。

6.1.1 电压跌落类型及特征分析

光伏并网发电系统并网点的电压跌落，一般由电网架空线路接地/短路故障、闪电、大容量变压器和感应电机切除等事件引起。电网电压跌落指的是电网电压幅值由正常工作范围突然降低，跌落至不正常电压区间（一般为 10%～90%额定电压范围）的现象，电压跌落持续时间一般较短，约为半个周波到几秒之间。当电网电压发生跌落时，会对光伏并网逆变器性能产生较大影响，下面将对电网电压跌落类型及特征进行分析。

1. 三相短路故障

对于三相系统，设电网电压初始相位为 0，正常情况下，三相电网电压可表示为

$$\begin{cases} \boldsymbol{E}_a = A_m \angle 0° \\ \boldsymbol{E}_b = a^2 A_m \angle 0° \\ \boldsymbol{E}_c = a A_m \angle 0° \end{cases} \tag{6-1}$$

式中：$\boldsymbol{E}_a$、$\boldsymbol{E}_b$、$\boldsymbol{E}_c$ 分别为 A 相、B 相和 C 相电网电压相量；A_m 为电网电压幅值；α 为单位相量运算算子。

在 t 时刻，电网发生三相短路故障，导致电压跌落。其中，电网故障引起光伏发电系统并网点电网电压跌落的严重程度可用电压跌落深度相量 D 表示，代表故障侧线路阻

抗和电网回路总线路阻抗之间的关系，导致故障后并网点电网电压的幅值和相位发生变化。则跌落后的电网电压可表示为

$$\begin{cases} \boldsymbol{E}_a = DA_m\angle 0^\circ \\ \boldsymbol{E}_b = Da^2 A_m\angle 0^\circ \\ \boldsymbol{E}_c = DaA_m\angle 0^\circ \end{cases} \tag{6-2}$$

此时，根据对称分量法，求得跌落后的三相电网电压的正序、负序和零序分量分别为

$$\begin{bmatrix} \boldsymbol{E}_{a+} \\ \boldsymbol{E}_{a-} \\ \boldsymbol{E}_{a0} \end{bmatrix} = \frac{1}{3}\begin{bmatrix} 1 & a & a^2 \\ 1 & a^2 & a \\ 1 & 1 & 1 \end{bmatrix}\begin{bmatrix} \boldsymbol{E}_a \\ \boldsymbol{E}_b \\ \boldsymbol{E}_c \end{bmatrix} = \begin{bmatrix} DA_m\angle 0^\circ \\ 0 \\ 0 \end{bmatrix} \tag{6-3}$$

$$\begin{bmatrix} \boldsymbol{E}_{b+} \\ \boldsymbol{E}_{b-} \\ \boldsymbol{E}_{b0} \end{bmatrix} = \frac{1}{3}\begin{bmatrix} a^2 & 1 & a \\ a & 1 & a^2 \\ 1 & 1 & 1 \end{bmatrix}\begin{bmatrix} \boldsymbol{E}_a \\ \boldsymbol{E}_b \\ \boldsymbol{E}_c \end{bmatrix} = \begin{bmatrix} \dfrac{(D+2)}{3}A_m\angle -120^\circ \\ 0 \\ 0 \end{bmatrix} \tag{6-4}$$

$$\begin{bmatrix} \boldsymbol{E}_{c+} \\ \boldsymbol{E}_{c-} \\ \boldsymbol{E}_{c0} \end{bmatrix} = \frac{1}{3}\begin{bmatrix} a & a^2 & a \\ a^2 & a & 1 \\ 1 & 1 & 1 \end{bmatrix}\begin{bmatrix} \boldsymbol{E}_a \\ \boldsymbol{E}_b \\ \boldsymbol{E}_c \end{bmatrix} = \begin{bmatrix} \dfrac{(D+2)}{3}A_m\angle 120^\circ \\ 0 \\ 0 \end{bmatrix} \tag{6-5}$$

式中：$\boldsymbol{E}_{a+}$、$\boldsymbol{E}_{b+}$、$\boldsymbol{E}_{c+}$ 分别为 A 相、B 相和 C 相电网电压的正序分量；$\boldsymbol{E}_{a-}$、$\boldsymbol{E}_{b-}$、$\boldsymbol{E}_{c-}$ 分别为 A 相、B 相和 C 相电网电压的负序分量；$\boldsymbol{E}_{a0}$、$\boldsymbol{E}_{b0}$、$\boldsymbol{E}_{c0}$ 分别为 A 相、B 相和 C 相电网电压的零序分量。

由式（6-3）～式（6-5）可知，电网电压发生三相短路故障后，电网电压没有负序分量和零序分量，只包含幅值为 DA_m 的正序分量。

2. 单相接地故障

在 t 时刻，电网 A 相发生单相接地故障，则 A 相电压产生跌落，电压跌落深度相量为 D，考虑 $D\angle 0^\circ$，此时电网电压可表示为

$$\begin{cases} \boldsymbol{E}_a = DA_m\angle 0^\circ \\ \boldsymbol{E}_b = a^2 A_m\angle 0^\circ \\ \boldsymbol{E}_c = aA_m\angle 0^\circ \end{cases} \tag{6-6}$$

根据对称分量法，容易求解得到跌落后的三相电网电压的正序、负序和零序分量分别为

$$\begin{bmatrix} \boldsymbol{E}_{a+} \\ \boldsymbol{E}_{a-} \\ \boldsymbol{E}_{a0} \end{bmatrix} = \frac{1}{3}\begin{bmatrix} 1 & a & a^2 \\ 1 & a^2 & a \\ 1 & 1 & 1 \end{bmatrix}\begin{bmatrix} \boldsymbol{E}_a \\ \boldsymbol{E}_b \\ \boldsymbol{E}_c \end{bmatrix} = \begin{bmatrix} \dfrac{(D+2)}{3}A_m\angle 0^\circ \\ -\dfrac{(1-D)}{3}A_m\angle 0^\circ \\ -\dfrac{(1-D)}{3}A_m\angle 0^\circ \end{bmatrix} \tag{6-7}$$

$$\begin{bmatrix} \boldsymbol{E}_{b+} \\ \boldsymbol{E}_{b-} \\ \boldsymbol{E}_{b0} \end{bmatrix} = \frac{1}{3} \begin{bmatrix} a^2 & 1 & a \\ a & 1 & a^2 \\ 1 & 1 & 1 \end{bmatrix} \begin{bmatrix} \boldsymbol{E}_a \\ \boldsymbol{E}_b \\ \boldsymbol{E}_c \end{bmatrix} = \begin{bmatrix} \dfrac{(D+2)}{3} A_m \angle -120^\circ \\ -\dfrac{(1-D)}{3} A_m \angle 120^\circ \\ -\dfrac{(1-D)}{3} A_m \angle 0^\circ \end{bmatrix} \tag{6-8}$$

$$\begin{bmatrix} \boldsymbol{E}_{c+} \\ \boldsymbol{E}_{c-} \\ \boldsymbol{E}_{c0} \end{bmatrix} = \frac{1}{3} \begin{bmatrix} a & a^2 & a \\ a^2 & a & 1 \\ 1 & 1 & 1 \end{bmatrix} \begin{bmatrix} \boldsymbol{E}_a \\ \boldsymbol{E}_b \\ \boldsymbol{E}_c \end{bmatrix} = \begin{bmatrix} \dfrac{(D+2)}{3} A_m \angle 120^\circ \\ -\dfrac{(1-D)}{3} A_m \angle -120^\circ \\ -\dfrac{(1-D)}{3} A_m \angle 0^\circ \end{bmatrix} \tag{6-9}$$

由式（6-7）～式（6-9）可知，当发生单相接地故障时，电网电压负序分量和零序分量均不再为 0，电网电压正序分量幅值、负序分量幅值和零序分量幅值分别为 $\dfrac{(D+2)}{3} A_m$、$\dfrac{(1-D)}{3} A_m$、$\dfrac{(1-D)}{3}$。

3. 相间故障

在 t 时刻，电网 B 相、C 相发生相间故障，B 相、C 相电压幅值和相位发生改电压跌落深度相量为 D，考虑 $D \angle 0^\circ$，则此时电网电压可表示为

$$\begin{cases} \boldsymbol{E}_a = A_m \angle 0^\circ \\ \boldsymbol{E}_b = \left(-\dfrac{1}{2} - j\dfrac{\sqrt{3}}{2} D \right) A_m \angle 0^\circ \\ \boldsymbol{E}_c = \left(-\dfrac{1}{2} + j\dfrac{\sqrt{3}}{2} D \right) A_m \angle 0^\circ \end{cases} \tag{6-10}$$

根据对称分量法，求解跌落后的三相电网电压的正序、负序和零序分量，分别为

$$\begin{bmatrix} \boldsymbol{E}_{a+} \\ \boldsymbol{E}_{a-} \\ \boldsymbol{E}_{a0} \end{bmatrix} = \frac{1}{3} \begin{bmatrix} 1 & a & a^2 \\ 1 & a^2 & a \\ 1 & 1 & 1 \end{bmatrix} \begin{bmatrix} \boldsymbol{E}_a \\ \boldsymbol{E}_b \\ \boldsymbol{E}_c \end{bmatrix} = \begin{bmatrix} \dfrac{(D+1)}{2} A_m \angle 0^\circ \\ \dfrac{(1-D)}{2} A_m \angle 0^\circ \\ 0 \end{bmatrix} \tag{6-11}$$

$$\begin{bmatrix} \boldsymbol{E}_{b+} \\ \boldsymbol{E}_{b-} \\ \boldsymbol{E}_{b0} \end{bmatrix} = \frac{1}{3} \begin{bmatrix} a^2 & 1 & a \\ a & 1 & a^2 \\ 1 & 1 & 1 \end{bmatrix} \begin{bmatrix} \boldsymbol{E}_a \\ \boldsymbol{E}_b \\ \boldsymbol{E}_c \end{bmatrix} = \begin{bmatrix} \dfrac{(D+1)}{2} A_m \angle -120^\circ \\ \dfrac{(1-D)}{2} A_m \angle 120^\circ \\ 0 \end{bmatrix} \tag{6-12}$$

$$\begin{bmatrix} \boldsymbol{E}_{c+} \\ \boldsymbol{E}_{c-} \\ \boldsymbol{E}_{c0} \end{bmatrix} = \frac{1}{3} \begin{bmatrix} a & a^2 & a \\ a^2 & a & 1 \\ 1 & 1 & 1 \end{bmatrix} \begin{bmatrix} \boldsymbol{E}_a \\ \boldsymbol{E}_b \\ \boldsymbol{E}_c \end{bmatrix} = \begin{bmatrix} \dfrac{(D+1)}{2} A_m \angle 120^\circ \\ \dfrac{(1-D)}{2} A_m \angle -120^\circ \\ 0 \end{bmatrix} \tag{6-13}$$

由式（6-11）～式（6-13）可知，当电网发生相间故障时，电网电压负序分量不为 0，此时电网电压正序分量、负序分量和零序分量的电压幅值分别为 $\frac{(D+1)}{2}A_m$、$\frac{(1-D)}{2}A_m$、0。

6.1.2 基于锁相控制的电参量瞬时分解

传统基于同步参考坐标系的锁相环（synchronous reference frame-phase locked loop，SRF-PLL）控制结构如图 6-1 所示，该控制在 dq 轴下通过 PLL 锁相控制，经 PI 调节器控制 q 轴电压为 0，以实现输出电参量和电网电压的同步。但是如前所述，在不平衡的三相电网工况下，dq 坐标系下的电压分量含有谐波，可采用 SRF 策略分解得到的正序、负序分量存在角频率为 2ω 的振荡过程，因此输出相位信息含有谐波成分，导致输出相位参量精度产生偏差，影响系统的稳定性[8]。

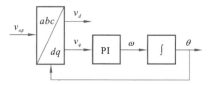

图 6-1　SRF-PLL 控制结构

为满足船舶电网发生不对称短路故障时对电参量的稳定提取要求，利用基于双同步参考坐标系的锁相环（decouple double synchronous reference frame- phase locked loop，DDSRF-PLL）将 SRF-PLL 扩展到两个通道，在双同步坐标系下通过解耦即可实现电网电压不平衡下同步信号提取，基本工作原理如图 6-2 所示。

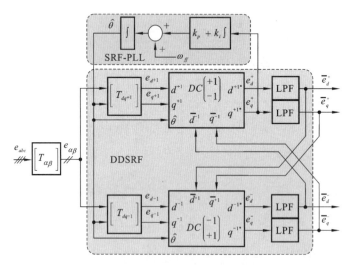

图 6-2　DDSRF-PLL 控制原理

该控制思路为将船舶非对称电网电压分解为以 $\pm\omega$ 角频率旋转的正负序分量，利用图 6-2 所示控制原理实现正负序的解耦控制，消除 2ω 振荡值，实现正负序分离。利用 DDSRF 的 Park 变换矩阵为[9]

$$\left[T_{dq^{+1}} \right] = \begin{bmatrix} \cos\theta & \sin\theta \\ -\sin\theta & \cos\theta \end{bmatrix} \tag{6-14}$$

$$\left[T_{dq^{-1}} \right] = \begin{bmatrix} \cos(-\theta) & \sin(-\theta) \\ -\sin(-\theta) & \cos(-\theta) \end{bmatrix} \tag{6-15}$$

将不平衡电网电压 u_{abc} 变换到 $\alpha\beta$ 坐标系后，表达式为

$$\begin{bmatrix} u_{\alpha} \\ u_{\beta} \end{bmatrix} = \begin{bmatrix} u_{\alpha}^{+} + u_{\alpha}^{-} \\ u_{\beta}^{+} + u_{\beta}^{-} \end{bmatrix} = U^{+} \begin{bmatrix} \cos(\omega t + \varphi^{+}) \\ \sin(\omega t + \varphi^{+}) \end{bmatrix} + U^{-} \begin{bmatrix} \cos(-\omega t + \varphi^{-}) \\ \sin(-\omega t + \varphi^{-}) \end{bmatrix} \tag{6-16}$$

式中：U^{+} 和 φ^{+}、U^{-} 和 φ^{-} 分别为电压正序、负序分量的幅值和初始相位。

考虑电网电压畸变存在谐波影响同步锁相的精度问题，利用低通滤波和锁相环进入精确锁相，分别利用式（6-14）和式（6-15），将 $\alpha\beta$ 坐标系转换为 dq^{+1}、dq^{-1} 坐标系，为了消除坐标系之间的耦合，对消各自的振荡交流项，结合式（6-14）~式（6-16），dq 轴正序/负序分量分别为

$$\begin{bmatrix} u_{dP} \\ u_{qP} \end{bmatrix} = \begin{bmatrix} u_{d} \\ u_{q} \end{bmatrix} - V_{dP} \begin{bmatrix} \cos(2\omega t) \\ -\sin(2\omega t) \end{bmatrix} - V_{qN} \begin{bmatrix} \sin(2\omega t) \\ \cos(2\omega t) \end{bmatrix} \tag{6-17}$$

$$\begin{bmatrix} u_{dN} \\ u_{qN} \end{bmatrix} = \begin{bmatrix} u_{d} \\ u_{q} \end{bmatrix} - V_{dN} \begin{bmatrix} \cos(-2\omega t) \\ -\sin(-2\omega t) \end{bmatrix} - V_{qP} \begin{bmatrix} \sin(-2\omega t) \\ \cos(-2\omega t) \end{bmatrix} \tag{6-18}$$

由上可知，在双同步参考系下分解出的电压/电流的正负序分量存在以 2ω 为振荡频率的三角波形振荡，当船舶电网发生不平衡短路故障时，将加剧电网不平衡度。同时，船舶电网是一个孤立的微电网，其电气参数随着运行工况的变化而迅速变化，对于传统的 DDSRF-PLL 电参量分解方法，由于需要引入低通滤波器，系统识别时间延长至少一个延长函数 e^{-st}，即 1/60 s，约为 0.0167 s，在此期间光伏系统无法准确跟踪电网电压/电流信号。

6.1.3 改进的无锁相瞬时对称分量法

为使电网在非平衡故障期间加快相间恢复稳定，考虑基于对称分量分解的电参量分解方法。在船舶三相电网电路发生低电压故障期间，瞬时对称分量法利用电压/电流检测元件采集三相电压和电流值，通过欧拉（Euler）公式进行对称分解，以三相不平衡电压分解为例，引入相量计算各相量之间瞬时幅值和相位，得到各自的正序、负序和零序分量值[10]：

$$\begin{bmatrix} V_{AP} \\ V_{AN} \\ V_{A0} \end{bmatrix} = \frac{1}{3} \begin{bmatrix} 1 & a & a^2 \\ 1 & a^2 & a \\ 1 & 1 & 1 \end{bmatrix} \begin{bmatrix} V_A \\ V_B \\ V_C \end{bmatrix} = S \begin{bmatrix} V_A \\ V_B \\ V_C \end{bmatrix} \tag{6-19}$$

式中：$a = e^{j2\pi/3}$；V_A、V_B、V_C 分别为三相电流相量；V_{AP}、V_{AN}、V_{A0} 分别为 A 相电流的正序、负序和零序分量，且有

$$\begin{bmatrix} V_{\mathrm{BP}} \\ V_{\mathrm{BN}} \\ V_{\mathrm{B0}} \end{bmatrix} = \begin{bmatrix} a^2 V_{\mathrm{AP}} \\ a V_{\mathrm{AN}} \\ V_{\mathrm{A0}} \end{bmatrix}, \quad \begin{bmatrix} V_{\mathrm{CP}} \\ V_{\mathrm{CN}} \\ V_{\mathrm{C0}} \end{bmatrix} = \begin{bmatrix} a V_{\mathrm{AP}} \\ a^2 V_{\mathrm{AN}} \\ V_{\mathrm{A0}} \end{bmatrix} \qquad (6\text{-}20)$$

式中：V_{BP}、V_{BN}、V_{B0} 分别为 B 相电流的正序、负序和零序分量；V_{CP}、V_{CN}、V_{C0} 分别为 C 相电流的正序、负序和零序分量。

由式（6-19）和式（6-20）可知，传统的瞬时对称分量法可避免分解后的电参量出现振荡状况。但是，为获取其幅值和相位同样需要引入延迟函数 e^{-st}，在低电压穿越（low voltage ride through，LVRT）期间同样延长系统识别时间，在船舶电力系统故障期间的瞬态分析延迟性高。

在此基础上，为实现船舶电网的动态和暂态分析，提出基于三角分解的改进瞬时对称分量法。为了实现快速故障识别，引入旋转相量求解相角 ωt 和 dq 轴分量 $v_{d\mathrm{P}}$、$v_{q\mathrm{P}}$、$v_{d\mathrm{N}}$ 和 $v_{q\mathrm{N}}$。正负序的分离流程如图 6-3 所示。

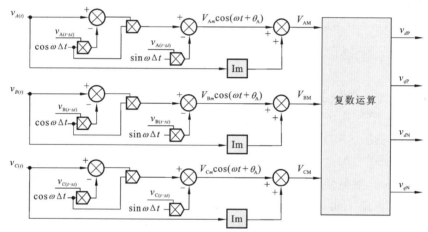

图 6-3　基于三角分解的改进瞬时对称分量法流程

将式（6-19）和式（6-20）在三相不对称电压情况下合并，其瞬时值为

$$\begin{bmatrix} v_{\mathrm{A}} \\ v_{\mathrm{B}} \\ v_{\mathrm{C}} \end{bmatrix} = \begin{bmatrix} V_{\mathrm{AM}} \sin(\omega t + \theta_{\mathrm{A}}) \\ V_{\mathrm{BM}} \sin(\omega t + \theta_{\mathrm{B}}) \\ V_{\mathrm{CM}} \sin(\omega t + \theta_{\mathrm{C}}) \end{bmatrix} \qquad (6\text{-}21)$$

式中：v_{A}、v_{B}、v_{C} 分别为三相电压的瞬时值；v_{AM}、v_{BM}、v_{CM} 分别为三相电压的幅值；θ_{A}、θ_{B}、θ_{C} 分别为三相电压的初相位。

为描述电压幅值与相位关系，设与三相电压 v_{A}、v_{B}、v_{C} 所对应的旋转相量分别为 V_{AS}、V_{BS}、V_{CS}，则

$$\begin{bmatrix} V_{\mathrm{AS}} \\ V_{\mathrm{BS}} \\ V_{\mathrm{CS}} \end{bmatrix} = \begin{bmatrix} V_{\mathrm{AM}} \sin(\omega t + \theta_{\mathrm{A}}) + \mathrm{j} V_{\mathrm{AM}} \sin(\omega t + \theta_{\mathrm{A}}) \\ V_{\mathrm{BM}} \sin(\omega t + \theta_{\mathrm{B}}) + \mathrm{j} V_{\mathrm{BM}} \sin(\omega t + \theta_{\mathrm{B}}) \\ V_{\mathrm{CM}} \sin(\omega t + \theta_{\mathrm{C}}) + \mathrm{j} V_{\mathrm{CM}} \sin(\omega t + \theta_{\mathrm{C}}) \end{bmatrix} \qquad (6\text{-}22)$$

引入三角函数分解法，则 A 相电压的瞬时值可以表示为

$$\begin{aligned} v_{\mathrm{A}(t)} &= V_{\mathrm{AM}} \sin[\omega(t - \Delta t + \Delta t) + \theta_{\mathrm{A}}] \\ &= V_{\mathrm{AM}} \sin[\omega(t - \Delta t) + \theta_{\mathrm{A}}] \cos \omega \Delta t + V_{\mathrm{AM}} \cos[\omega(t - \Delta t) + \theta_{\mathrm{A}}] \sin \omega \Delta t \end{aligned} \qquad (6\text{-}23)$$

即

$$v_{A(t)} = v_{A(t-\Delta t)} \cos \omega \Delta t + V_{AM} \cos[\omega(t-\Delta t) + \theta_A] \sin \omega \Delta t \qquad (6\text{-}24)$$

由式（6-24）可得

$$V_{AM} \cos[\omega(t-\Delta t) + \theta_A] = \frac{v_{A(t)} - v_{A(t-\Delta t)} \cos \omega \Delta t}{\sin \omega \Delta t} \qquad (6\text{-}25)$$

引入延迟时间 Δt ，并将其代入当前采样时间点的 A 相电压幅值与余弦值的乘积，进行三角函数展开，可得

$$\begin{aligned}
V_{AM} \cos[\omega t + \theta_A] &= V_{AM} \cos[\omega(t - \Delta t + \Delta t) + \theta_A] \\
&= V_{AM} \cos[\omega(t - \Delta t) + \theta_A] \cos \omega \Delta t - V_{AM} \sin[\omega(t - \Delta t) + \theta_A] \sin \omega \Delta t
\end{aligned} \qquad (6\text{-}26)$$

将式（6-25）代入式（6-26）整理可得

$$V_{AM} \cos(\omega t + \theta_A) = [v_{A(t)} - v_{A(t-\Delta t)} \cos \omega \Delta t] \cdot \cos \omega \Delta t - v_{A(t-\Delta t)} \sin \omega \Delta t \qquad (6\text{-}27)$$

同理可得

$$V_{BM} \cos(\omega t + \theta_B) = [v_{B(t)} - v_{B(t-\Delta t)} \cos \omega \Delta t] \cdot \cos \omega \Delta t - v_{B(t-\Delta t)} \sin \omega \Delta t \qquad (6\text{-}28)$$

$$V_{CM} \cos(\omega t + \theta_C) = [v_{C(t)} - v_{C(t-\Delta t)} \cos \omega \Delta t] \cdot \cos \omega \Delta t - v_{C(t-\Delta t)} \sin \omega \Delta t \qquad (6\text{-}29)$$

由式（6-27）～式（6-29）可知，利用无锁相构造旋转相量时，不进行调压控制时光伏系统在低电压穿越期间发电功率几乎无变化，采样时间稳定在 0.0167 s，因此将 $\omega \Delta t$ 看作常量，其三角函数值通过代入求解恒定为常量值。

将式（6-27）代入式（6-21）与式（6-22），得出船舶电网三相电压的正序和负序分量瞬时值，可表示为

$$\begin{bmatrix} v_{AP} \\ v_{BP} \\ v_{CP} \end{bmatrix} = \mathrm{Im} \left\{ \frac{1}{3} \begin{bmatrix} 1 & a & a^2 \\ a^2 & 1 & a \\ a & a^2 & 1 \end{bmatrix} \begin{bmatrix} V_{AS} \\ V_{BS} \\ V_{CS} \end{bmatrix} \right\} \qquad (6\text{-}30)$$

$$\begin{bmatrix} v_{AN} \\ v_{BN} \\ v_{CN} \end{bmatrix} = \mathrm{Im} \left\{ \frac{1}{3} \begin{bmatrix} 1 & a^2 & a \\ a & 1 & a^2 \\ a^2 & a & 1 \end{bmatrix} \begin{bmatrix} V_{AS} \\ V_{BS} \\ V_{CS} \end{bmatrix} \right\} \qquad (6\text{-}31)$$

由于分解后的正序电压相间均对称无超前/滞后角，定义分解后的三相电压相量旋转方向与船舶电网电压的前进方向相同，将正序三相电压信号进行 $\alpha\beta$ 变换，得

$$\begin{bmatrix} v_{\alpha P} \\ v_{\beta P} \end{bmatrix} = \begin{bmatrix} \sqrt{\dfrac{2}{3}} & -\sqrt{\dfrac{1}{6}} & -\sqrt{\dfrac{1}{6}} \\ 0 & \sqrt{\dfrac{1}{2}} & -\sqrt{\dfrac{1}{2}} \end{bmatrix} \begin{bmatrix} v_{AP} \\ v_{BP} \\ v_{CP} \end{bmatrix} = S_{abc/\alpha\beta} \begin{bmatrix} v_{AP} \\ v_{BP} \\ v_{CP} \end{bmatrix} \qquad (6\text{-}32)$$

根据同步坐标系下 $\alpha\beta$ 轴初相位位置关系，由式（6-33）可求得同步旋转角为

$$\begin{bmatrix} \cos \theta \\ \sin \theta \end{bmatrix} = \begin{bmatrix} v_{\alpha P} / \sqrt{v_{\alpha P}^2 + v_{\beta P}^2} \\ v_{\beta P} / \sqrt{v_{\alpha P}^2 + v_{\beta P}^2} \end{bmatrix} \qquad (6\text{-}33)$$

则 dq 变换结果为

$$\begin{bmatrix} v_{dP} \\ v_{qP} \end{bmatrix} = \begin{bmatrix} v_{\alpha P} / \sqrt{v_{\alpha P}^2 + v_{\beta P}^2} & v_{\beta P} / \sqrt{v_{\alpha P}^2 + v_{\beta P}^2} \\ -v_{\beta P} / \sqrt{v_{\alpha P}^2 + v_{\beta P}^2} & v_{\alpha P} / \sqrt{v_{\alpha P}^2 + v_{\beta P}^2} \end{bmatrix} \begin{bmatrix} v_{\alpha P} \\ v_{\beta P} \end{bmatrix}$$

$$= \begin{bmatrix} (v_{\alpha P} v_{\alpha P} + v_{\beta P} v_{\alpha P}) / \sqrt{v_{\alpha P}^2 + v_{\beta P}^2} \\ (v_{\alpha P} v_{\beta P} - v_{\alpha P} v_{\beta P}) / \sqrt{v_{\alpha P}^2 + v_{\beta P}^2} \end{bmatrix} \tag{6-34}$$

同理，负序电压的 dq 变换结果为

$$\begin{bmatrix} v_{dN} \\ v_{qN} \end{bmatrix} = \begin{bmatrix} v_{\alpha N} / \sqrt{v_{\alpha N}^2 + v_{\beta N}^2} & v_{\beta N} / \sqrt{v_{\alpha N}^2 + v_{\beta N}^2} \\ -v_{\beta N} / \sqrt{v_{\alpha N}^2 + v_{\beta N}^2} & v_{\alpha N} / \sqrt{v_{\alpha N}^2 + v_{\beta N}^2} \end{bmatrix} \begin{bmatrix} v_{\alpha N} \\ v_{\beta N} \end{bmatrix}$$

$$= \begin{bmatrix} (v_{\alpha N} v_{\alpha N} + v_{\beta N} v_{\alpha N}) / \sqrt{v_{\alpha N}^2 + v_{\beta N}^2} \\ (v_{\alpha N} v_{\beta N} - v_{\alpha N} v_{\beta N}) / \sqrt{v_{\alpha N}^2 + v_{\beta N}^2} \end{bmatrix} \tag{6-35}$$

改进的无锁相正负序瞬时对称分量法的 PSCAD/EMTDC 编程过程如图 6-4 所示，其中，图 6-4（a）为三相电压的相量三角函数构造及瞬时分解，图 6-4（b）为三角瞬时分解值的虚部求解。

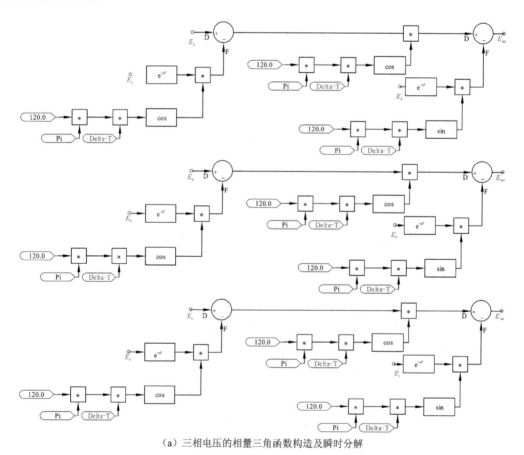

（a）三相电压的相量三角函数构造及瞬时分解

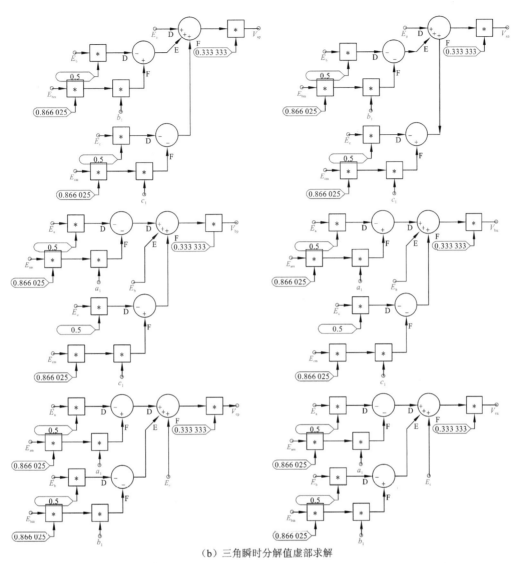

（b）三角瞬时分解值虚部求解

图6-4 改进的无锁相正负序瞬时对称分量法的PSCAD/EMTDC编程实现

6.2 船舶电网短路故障自适应识别控制

由6.1节可知，当船舶电网发生对称/非对称短路故障时，基于提出的无锁相的瞬时对称分量法可实现电参量迅速分解。为保证船用光伏并网电力系统在船舶对称/非对称短路故障时光伏系统向船舶电网及时、准确地输送需求电量，该控制需具备自动判断船舶电网短路故障模式，基于不同短路故障自适应地切换逆变控制到低电压穿越模式，增强船用光伏并网系统支撑电压恢复能力。为实现电网短路故障的精准识别及切换，本节剖析三种不同短路故障下并网点电压随故障类型变化关系，利用两相静止坐标系和两相同步旋转坐标系推导电压正序、负序的幅频和相频的定性和定量关系，根据其分量值与船舶电网跌落深度关系识别船舶电网故障类型。

6.2.1 并网点电压幅频和相频特性函数

本小节仍采用无锁相瞬时对称分量法实现电压/电流量的正负序分解，探究不同短路故障下电压的幅频和相频特性。因此，首先分析不同故障工况下正序、负序电压分量相角和幅值随船舶电网电压跌落深度关系。故基于式（6-22），复合三相电压值为复矢量，得到三相坐标系下电压矢量 $\boldsymbol{v}_{abc}$ 及其正交量 $\boldsymbol{v}'_{abc}$：

$$\boldsymbol{v}_{abc} = \begin{bmatrix} V_{AM}\sin(\omega t+\theta_A) \\ V_{BM}\sin(\omega t+\theta_B) \\ V_{CM}\sin(\omega t+\theta_C) \end{bmatrix}, \quad \boldsymbol{v}'_{abc} = \begin{bmatrix} V_{AM}\cos(\omega t+\theta_A) \\ V_{BM}\cos(\omega t+\theta_B) \\ V_{CM}\cos(\omega t+\theta_C) \end{bmatrix} \tag{6-36}$$

式中：V_{AM}、V_{BM}、V_{CM} 为三相电压的幅值；θ_A、θ_B、θ_C 为三相电压的初相位。利用欧拉公式将电压的三相正弦量变换相量形式：

$$\begin{aligned} \boldsymbol{v}_{abc} &= \boldsymbol{v}'_{abc} + j\boldsymbol{v}_{abc} \\ &= \begin{bmatrix} V_{AM}\cos(\omega t+\theta_A) \\ V_{BM}\cos(\omega t+\theta_B) \\ V_{CM}\cos(\omega t+\theta_C) \end{bmatrix} + \mathrm{Im}\begin{bmatrix} V_{AM}\sin(\omega t+\theta_A) \\ V_{BM}\sin(\omega t+\theta_B) \\ V_{CM}\sin(\omega t+\theta_C) \end{bmatrix} = \begin{bmatrix} V_{AM}\,e^{j(\omega t+\theta_A)} \\ V_{BM}\,e^{j(\omega t+\theta_B)} \\ V_{CM}\,e^{j(\omega t+\theta_C)} \end{bmatrix} \end{aligned} \tag{6-37}$$

式中：Im 为虚部。将式（6-37）在三相静止坐标系下分解，在短路故障下将三相电压值 V 以正序、负序和零序表示[11]：

$$V = \begin{bmatrix} V_P \\ V_N \\ V_0 \end{bmatrix} = \frac{1}{3}\begin{bmatrix} 1 & a & a^2 \\ 1 & a^2 & a \\ 1 & 1 & 1 \end{bmatrix}\begin{bmatrix} V_M\,e^{j(\omega t+\theta_A)} \\ V_M\,e^{j(\omega t+\theta_B)} \\ V_M\,e^{j(\omega t+\theta_C)} \end{bmatrix} = \begin{bmatrix} V_{PM}\,e^{j(\omega t+\theta_P)} \\ V_{NM}\,e^{j(\omega t+\theta_N)} \\ V_{0M}\,e^{j(\omega t+\theta_0)} \end{bmatrix} \tag{6-38}$$

利用克拉克（Clarke）坐标变换，设置等幅值形式分解，$\alpha\beta0$ 系三相电压复量 $V_{\alpha\beta0}$ 可表示为

$$V_{\alpha\beta0} = \begin{bmatrix} V_\alpha \\ V_\beta \\ V_0 \end{bmatrix} = \frac{2}{3}\begin{bmatrix} 1 & -1/2 & -1/2 \\ 0 & \sqrt{3}/2 & -\sqrt{3}/2 \\ 1/2 & 1/2 & 1/2 \end{bmatrix}\begin{bmatrix} V_{AM}\,e^{j(\omega t+\theta_A)} \\ V_{BM}\,e^{j(\omega t+\theta_B)} \\ V_{CM}\,e^{j(\omega t+\theta_C)} \end{bmatrix} = \begin{bmatrix} V_{\alpha M}\,e^{j(\omega t+\theta_\alpha)} \\ V_{\beta M}\,e^{j(\omega t+\theta_\beta)} \\ V_{0M}\,e^{j(\omega t+\theta_0)} \end{bmatrix} \tag{6-39}$$

式中：$V_{\alpha M}$、$V_{\beta M}$ 和 V_{0M} 分别为 $\alpha\beta0$ 轴电压分量的幅值；θ_α、θ_β 和 θ_0 分别为 $\alpha\beta0$ 轴电压分量的初相角。

将式（6-38）与式（6-39）部分展开，可得

$$\begin{cases} V_\alpha = V_P + V_N = \left[2V_{AM}\,e^{j(\omega t+\theta_A)} - V_{BM}\,e^{j(\omega t+\theta_B)} - V_{CM}\,e^{j(\omega t+\theta_C)}\right]/3 \\ V_\beta = -j(V_P - V_N) = -j\left[V_{BM}\,e^{j(\omega t+\theta_B)} - V_{CM}\,e^{j(\omega t+\theta_C)}\right]/\sqrt{3} \\ V_0 = V_0 = \left[V_{AM}\,e^{j(\omega t+\theta_A)} + V_{BM}\,e^{j(\omega t+\theta_B)} + V_{CM}\,e^{j(\omega t+\theta_C)}\right]/3 \end{cases} \tag{6-40}$$

可以看出，主轴（α 轴）电压向量 V_α 超前从轴（β 轴）90°，且数值上分别取正序电压与负序电压的和/差值。由式（6-21）与式（6-22）可知，三相电压复矢量值的虚部即为三相电压瞬时量。结合式（6-21）、式（6-22）、式（6-38）～式（6-40），则两相静止坐标系下主轴与从轴电压复矢量关系可表示为

$$\begin{cases} \boldsymbol{v}_\alpha = V_{PM}\sin(\omega t + \theta_P) + V_{NM}\sin(\omega t + \theta_N) \\ \boldsymbol{v}_\beta = -V_{PM}\cos(\omega t + \theta_P) + V_{NM}\cos(\omega t + \theta_N) \\ \boldsymbol{v}_0 = V_{0M}\sin(\omega t + \theta_0) \end{cases} \tag{6-41}$$

式中：V_{PM} 和 V_{NM} 为电压幅值的正序、负序分量。由逆变器拓扑结构可知，当中性点接地后无须考虑零序分量，因此只需分析电压的正序和负序分量关系。由式（6-41）可知，主轴与从轴电压分量 $\boldsymbol{v}_\alpha$、$\boldsymbol{v}_\beta$ 与 V_{PM}、V_{NM}、θ_P 和 θ_N 均有关，即船舶电网发生对称短路故障时正序电压分量可由主轴电压与从轴电压幅值和初相位定量表示，发生非对称短路故障时正序、负序电压分量可由主轴电压与从轴电压幅值和初相位定量表示。因此，判断 $\alpha\beta$ 轴电压矢量特征即可得到不同短路故障下电压的正序、负序变化关系，实现船舶电网不同短路故障识别。

6.2.2 船舶电网短路故障识别方法

由 6.2.1 小节可知，式（6-41）可表示并网点电压正序、负序分量的幅频和相频特性。本节提出的无锁相瞬时对称分量法无须利用 PLL 采集初相位，故仅需考虑幅频关系。由 V_{PM} 和 V_{NM} 关系，引入逆时针旋转角度 θ，得到旋转后的 $\alpha_1\beta_1$ 轴与初始轴 $\alpha_0\beta_0$ 轴关系为

$$\begin{bmatrix} \alpha_1 \\ \beta_1 \end{bmatrix} = \boldsymbol{T}_{\alpha\beta}\begin{bmatrix} \alpha_0 \\ \beta_0 \end{bmatrix} = \begin{bmatrix} \cos\theta & -\sin\theta \\ \sin\theta & \cos\theta \end{bmatrix}\begin{bmatrix} \alpha_0 \\ \beta_0 \end{bmatrix} \tag{6-42}$$

$$\theta = \frac{\theta_P - \theta_N}{2} \in [-90°, 90°] \tag{6-43}$$

在此基础上，引入时刻 t_0 表示任意位置处 $\alpha_1\beta_1$ 轴与 $\alpha_0\beta_0$ 轴电压关系为

$$\begin{aligned} \begin{bmatrix} v_{\alpha0(t_0)} \\ v_{\beta0(t_0)} \end{bmatrix} &= \boldsymbol{T}_{\alpha\beta}^{-1}\begin{bmatrix} v_{\alpha(t_0)} \\ v_{\beta(t_0)} \end{bmatrix} = \begin{bmatrix} \cos\theta & -\sin\theta \\ \sin\theta & \cos\theta \end{bmatrix}\begin{bmatrix} v_{\alpha(t_0)} \\ v_{\beta(t_0)} \end{bmatrix} \\ &= \begin{bmatrix} (V_{PM}+V_{NM})\sin\left(\omega t_0 + \dfrac{\theta_P+\theta_N}{2}\right) \\ -(V_{PM}-V_{NM})\cos\left(\omega t_0 + \dfrac{\theta_P+\theta_N}{2}\right) \end{bmatrix} \end{aligned} \tag{6-44}$$

为实现船舶电网电参量实时跟踪，引入任意时刻 t，结合式（6-44）可得任意时刻初始 $\alpha_0\beta_0$ 轴电压的主轴与从轴分量满足如下椭圆方程：

$$\frac{v_{\alpha0}^2}{(V_{PM}+V_{NM})^2} + \frac{v_{\beta0}^2}{(V_{PM}-V_{NM})^2} = 1 \tag{6-45}$$

将式（6-45）代入式（6-42）可得 $\alpha\beta$ 轴电压分量 $\boldsymbol{v}_\alpha$ 和 $\boldsymbol{v}_\beta$ 关系，可表示为

$$\frac{(\boldsymbol{v}_\alpha\cos\theta + \boldsymbol{v}_\beta\sin\theta)^2}{(V_{PM}+V_{NM})^2} + \frac{(-\boldsymbol{v}_\alpha\sin\theta + \boldsymbol{v}_\beta\cos\theta)^2}{(V_{PM}-V_{NM})^2} = 1 \tag{6-46}$$

由式（6-46）可知，V_{PM} 和 V_{NM} 在任意时刻均可由该椭圆方程长半轴和短半轴表示，因此，任意时刻不同短路故障下电压相量均由正负序分量幅值与其初相位表示。

为刻画不同电压跌落深度下 $\alpha\beta$ 轴电压变化规律，定义故障跌落深度 D：当发生单相短路故障、两相短路故障和三相短路故障时，D 表示电压跌落前后相电压幅值的比值。

当发生相间短路故障时，D 为下降前后两个短路相的线电压幅值之比。三种短路故障下电压相量可由图 6-5 表示。下面针对三种不同短路故障的 $\alpha\beta$ 轴电压变化规律具体叙述。

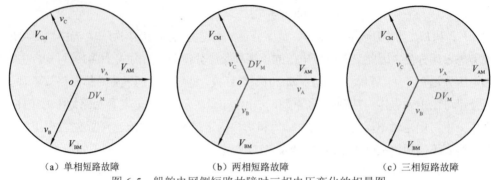

（a）单相短路故障　　　　　（b）两相短路故障　　　　　（c）三相短路故障

图 6-5　船舶电网侧短路故障时三相电压变化的相量图

（1）单相短路故障。令故障相（以 A 相故障为例）电压幅值等于 DV_M，设置 D 跟随时间 t 由 1 p.u.跌落至 0 p.u.。由式（6-38）和式（6-46），将主轴设置为 α 轴，则正、负序电压幅值 V_PM 和 V_NM 分别为 $\dfrac{(1+2D)V_\mathrm{M}}{3}$ 和 $\dfrac{(1-D)V_\mathrm{M}}{3}$，其 $\alpha\beta$ 轴电压分量可用式（6-47）表示。在任意时刻 $\alpha\beta$ 轴电压定量表示如图 6-6 所示。

$$\frac{v_\alpha^2}{\left(\dfrac{(1+2D)V_\mathrm{M}}{3}\right)^2}+\frac{v_\beta^2}{V_\mathrm{M}^2}=1 \tag{6-47}$$

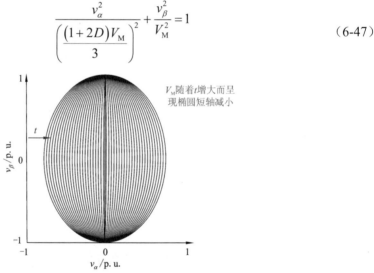

图 6-6　船舶电网侧 A 相单相短路故障时 $\alpha\beta$ 轴电压分量关系图

同理，根据自然坐标系下三相电压对称关系，将长轴倾斜角分别设为 30° 和 -30°，得到 B 相故障和 C 相故障标准圆特征，如图 6-7 所示。

（2）两相短路故障。令故障相电压幅值均等于 $\dfrac{0.5V_\mathrm{M}}{\cos\theta}$，设置 D 跟随时间 t 由 1 p.u.跌落至 0 p.u.。此时正、负序电压幅值 V_PM 和 V_NM 分别为 $(0.5+0.289\tan\theta)V_\mathrm{M}$ 和 $(0.5-0.289\tan\theta)V_\mathrm{M}$，则其 $\alpha\beta$ 轴电压分量可通过式（6-48）表示，在任意时刻 $\alpha\beta$ 轴电压分量关系如图 6-8 所示。

$$\frac{v_\alpha^2}{(V_\mathrm{M})^2}+\frac{v_\beta^2}{\left(\dfrac{V_\mathrm{M}\tan\theta}{\sqrt{3}}\right)^2}=1 \tag{6-48}$$

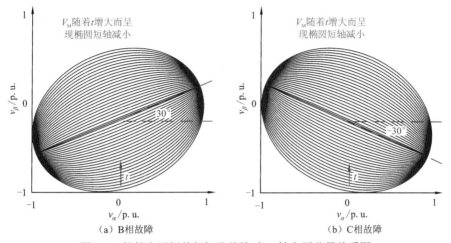

（a）B相故障　　　　　　　　　　　　　　（b）C相故障

图 6-7　船舶电网侧单相短路故障时 $\alpha\beta$ 轴电压分量关系图

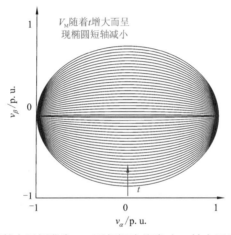

图 6-8　船舶电网侧发生 BC 两相短路故障时 $\alpha\beta$ 轴电压分量关系图

同理，将此外两种两相短路故障的长轴倾斜角分别设置为-60°和60°，得到 CA 相故障和 AB 相故障标准圆特征分别如图 6-9（a）和（b）所示。

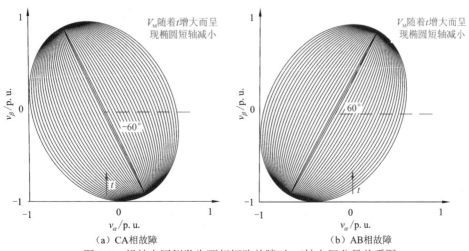

（a）CA相故障　　　　　　　　　　　　　　（b）AB相故障

图 6-9　船舶电网侧发生两相短路故障时 $\alpha\beta$ 轴电压分量关系图

（3）三相短路故障。令三相电压幅值均等于 DV_M，设置 D 跟随时间 t 由 1 p.u.跌落至 0 p.u.，则正、负序电压幅值 V_{PM} 和 V_{NM} 分别等于 DV_M 和 0 p.u.，长轴倾斜角 θ 等于 0°。此时，其 $\alpha\beta$ 轴的电压分量可用式（6-49）表示。在任意时刻 $\alpha\beta$ 轴电压分量关系如图 6-10 所示。

$$\frac{v_\alpha^2}{(DV_M)^2} + \frac{v_\beta^2}{(DV_M)^2} = 1 \tag{6-49}$$

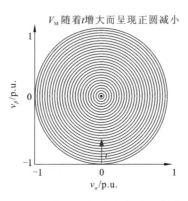

图 6-10　船舶电网侧发生三相短路故障时 $\alpha\beta$ 轴电压分量关系图

综上所述，船舶电网发生短路故障时，不同故障类型和电网电压跌落深度下 $\alpha\beta$ 轴电压分量关系可综合表示为

$$v_{\alpha\beta} = \begin{cases} \dfrac{v_\alpha^2}{\left(\dfrac{(1+2D)V_M}{3}\right)^2} + \dfrac{v_\beta^2}{(V_M)^2} = 1, \text{ 单相故障} \\[4mm] \dfrac{v_\alpha^2}{(V_M)^2} + \dfrac{v_\beta^2}{\left(\dfrac{V_M\tan\theta}{\sqrt{3}}\right)^2} = 1, \quad \text{两相故障} \\[4mm] \dfrac{v_\alpha^2}{(DV_M)^2} + \dfrac{v_\beta^2}{(DV_M)^2} = 1, \qquad \text{三相故障} \end{cases} \tag{6-50}$$

根据式（6-50），表 6-1 总结了船舶电网发生不同短路故障类型和电压跌落深度下瞬时 $\alpha\beta$ 轴电压分量特征参数。可以看出，当发生单相短路故障和两相短路故障时长半轴参数始终为电压幅值，当发生三相短路故障时长半轴参数为故障跌落深度与电压幅值乘积。发生三种短路故障时，短半轴电参数变化情况与长半轴相同，但是长轴倾斜角度随故障相的不同而不同。因此，当以 α 轴为主轴，β 轴为从轴时，由于不同故障类型的主/从轴电压/倾斜角值存在且唯一，利用主轴和从轴电压和倾斜角可刻画不同故障类型及不同电压跌落深度下三相电压的正序和负序分量，即可利用 $\alpha\beta$ 轴得出分解后的相应的电参量值，并与系统内置的不同短路故障下额定值对比，实现船舶电网短路故障类型及故障电压跌落深度的自动判断。

表 6-1　电网侧不同故障工况时 $\alpha\beta$ 轴电压椭圆特征的参数对比

故障类型	故障相	长半轴参数	短半轴参数	长轴倾斜角度/(°)
单相故障	A 相	V_M	$\dfrac{(1+2D)V_M}{3}$	90
	B 相	V_M	$\dfrac{(1+2D)V_M}{3}$	30
	C 相	V_M	$\dfrac{(1+2D)V_M}{3}$	−30
两相故障	BC 相	V_M	$0.577\tan\theta V_M$	0
	CA 相	V_M	$0.577\tan\theta V_M$	−60
	AB 相	V_M	$0.577\tan\theta V_M$	60
三相故障	ABC 相	V_M	DV_M	0

6.2.3　船舶电网短路故障模式切换控制

为保证船用光伏并网电力系统在电网短路故障下故障模式的自适应切换，将 β 轴下的电压分量转化为同步旋转坐标系下 dq 轴分量的正序和负序分量值，消除锁相控制的采样时间随 PLL 引入的延迟函数的影响，缩短船舶电网运行模式识别所需时间。在此基础上，利用单输入比较元件和双输入选择元件，将 Park 转换后的 dq 轴电参量与光伏系统内置额定值对应判断，确定船舶电网是否处于短路故障模式及故障类型，输出船用光伏电力系统是否需要切换至 LVRT 控制模式，通过光伏并网系统的光伏功率波动 LVRT 策略协调控制，达到船舶电网故障模式自动切换目标。

1. 三相电网电压 dq 轴分量转换结果

结合式（6-34）和式（6-35），根据不同故障情况下输出的三相电压 $\alpha\beta$ 轴分量，得出同步旋转坐标系下 dq 轴分量与额定电网电压 V_g 比值，将式（6-21）经过 Clarke 变换与 Park 变换后[初相位角可由式（6-34）代入消除]，得到电压跌落深度 D 与故障类型关系，如图 6-11 所示。其中 v_{dP}、v_{qP} 分别为分解后的电压在 d 轴和 q 轴的正序分量值，v_{dN}、v_{qN} 分别为分解后的电压在 d 轴和 q 轴的负序分量值。由图 6-11 可知，在不同船舶电网短路故障下经过 Park 变换后得到的 dq 轴电压的正序、负序分量值存在且唯一，且各电参量与电网跌落深度均呈线性关系。因此，将电压分量与额定值作除法，在不同类型的短路故障下正序和负序的比值均为无因次的常量。

将单相短路故障、两相短路故障和三相短路故障的不同相发生不同电压跌落深度时各相的 dq 轴正序、负序分量值进行整理，得到各电参量关系，如表 6-2 所示。由表 6-2 可知，无论对称或者非对称短路故障，q 轴电压的正序分量值均为 0。因此，将表 6-2 中剩余三组数据输入光伏并网系统内作为初始额定值，检测船舶电网电参量，分解计算后即可达到自适应判断故障类型目标。

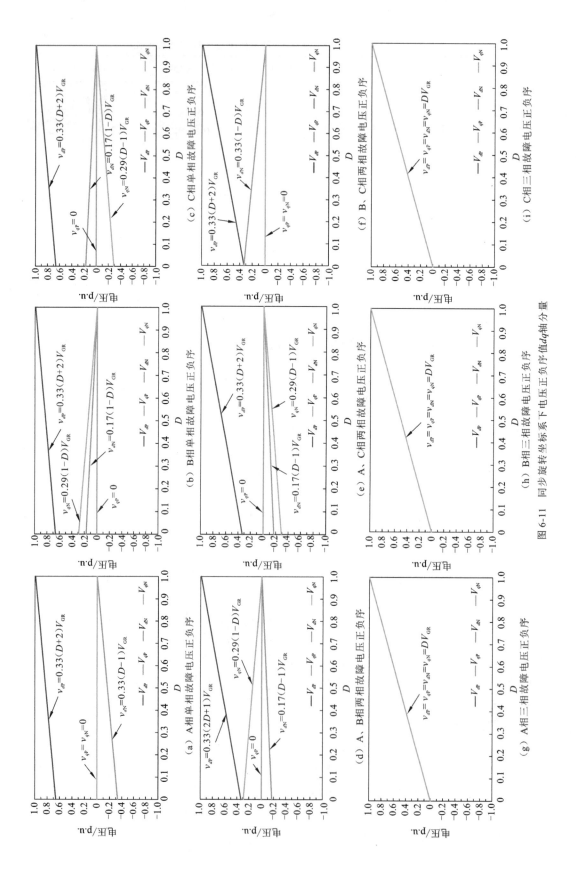

图 6-11　同步旋转坐标系下电压正负序值 dq 轴分量

表 6-2　三相电网电压 dq 轴分量转换结果

故障类型	故障相	$\dfrac{v_{d\text{P}}}{v_{\text{g}}}$	$\dfrac{v_{q\text{P}}}{v_{\text{g}}}$	$\dfrac{v_{d\text{N}}}{v_{\text{g}}}$	$\dfrac{v_{q\text{N}}}{v_{\text{g}}}$
单相故障	A 相	$\dfrac{D+2}{3}$	0	$\dfrac{1-D}{6}$	0
	B 相	$\dfrac{D+2}{3}$	0	$\dfrac{1-D}{6}$	$\dfrac{\sqrt{3}(1-D)}{6}$
	C 相	$\dfrac{D+2}{3}$	0	$\dfrac{1-D}{6}$	$\dfrac{\sqrt{3}(D-1)}{6}$
两相故障	BC 相	$\dfrac{2D+1}{3}$	0	$\dfrac{1-D}{3}$	0
	CA 相	$\dfrac{2D+1}{3}$	0	$\dfrac{D-1}{6}$	$\dfrac{\sqrt{3}(D-1)}{6}$
	AB 相	$\dfrac{2D+1}{3}$	0	$\dfrac{D-1}{6}$	$\dfrac{\sqrt{3}(1-D)}{6}$
三相故障	ABC 相	D	0	0	0

2. 基于门电路判断的工况模式切换控制

图 6-12 为实现船用光伏并网电力系统仿真模型中运行工况自动切换工作原理：正常工况时双输入选择器选择运行 Ctrl=1，单输入比较器输出 Ctrl=0，故双输入选择器运行在 A 点，输出电压 v_{output} 为正常工况下电压，光伏系统不切换控制，光伏电力系统以功率波动平滑控制策略进行控制。当船舶电网发生短路故障导致电压跌落时，单输入比较器比较网侧采集电压 $v_{d\text{P}}$ 并计算与电网额定电压 V_{GR} 比值关系，考虑船舶电网正常工况下采集波形有小幅度非正弦波动，允许 3% 波动误差：若 $v_{d\text{P}}/V_{\text{GR}}<0.97$，则根据比值与 D 的关系判断故障类型。根据三相电压 $v_{d\text{N}}$ 和 $v_{q\text{N}}$ 与单输入比较器内置额定值关系，计算故障相；输出 Ctrl=1，双输入选择器选择 Ctrl=0 并切换至 B 点工作，此时光伏系统切换至 LVRT 工况，达到光伏系统不同模式自适应切换目标。

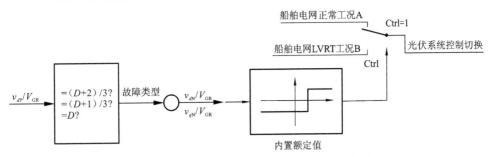

图 6-12　船舶电网运行工况自动识别及切换工作原理

6.3　无储能系统下增强低压穿越能力的控制策略

6.3.1　自适应逆变器控制策略构建

根据目标船舶的柴油发电机实际功率输出变化情况可知，无论是柴油发电机设备离网还是船用负载的迅速启停，船舶电网的电压很难跌落至 0.2 p.u.。因此，该低压穿越控制策略主要针对船舶电网电压跌落深度在 0.2～0.9 p.u.，此时无功电流 i_q 与有功电流 I_n 的比值必须至少是船舶电网电压变化量的两倍。所以 i_q 可以由式（6-51）计算：

$$i_q = K \frac{(0.9V_\text{GR} - V)}{V_\text{GR}} I_\text{n} \tag{6-51}$$

式中：K 为静态无功电流比值，通常取 2。

若将逆变器输出电流限制在额定电流的 1.1 倍，且逆变器输出有功电流为 I_n，则最大允许无功电流计算式为

$$i_q = \sqrt{(1.1I_\text{n})^2 - I_\text{n}^2} \approx 0.4I_\text{n} \tag{6-52}$$

此时，当有功电流不减小时，结合式（6-51）和式（6-52），船舶电网最大允许压降深电压为

$$\Delta V = \frac{i_q V_\text{GR}}{KI_\text{n}} = \frac{0.4I_\text{n} V_\text{GR}}{2I_\text{n}} = 0.2V_\text{GR} \tag{6-53}$$

根据式（6-53），当 $V < (0.9 - 0.2)V_\text{GR} = 0.7V_\text{GR}$ 时，$D < 0.7$。注入无功电流 i_{q_LVRT} 为 $0.4I_\text{n}$。当 $D \geq 0.7$ 时，注入无功电流可通过式（6-56）计算。因此，无功电流参考值 I_{q_LVRT} 可以用图 6-13 来描述。

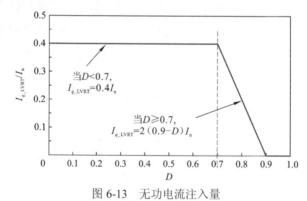

图 6-13　无功电流注入量

根据有功电流与无功电流的相等关系，有功电流参考值 I_{d_LVRT} 的计算式为式（6-54）。因此，dq 轴的有功和无功电流基准应与图 6-14 匹配。

$$I_{d\_\text{LVRT}} = \sqrt{(1.1I_\text{n})^2 + I_{q\_\text{LVRT}}^2} \tag{6-54}$$

在 LVRT 过程中，船舶电网会出现平衡和不平衡电压降故障。在不平衡情况下，正负序电压和电流如图 6-15 所示。

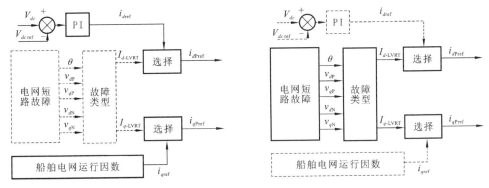

（a）正常工况   （b）LVRT工况

图 6-14 两种运行模式下 dq 轴有功、无功电流参考值输出判断

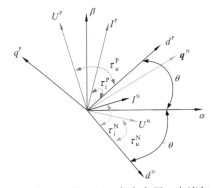

图 6-15 不平衡情况下正负序电压、电流矢量值

由图 6-15 可知，正负序电压、电流相角计算式为

$$\begin{cases} \theta_u^P = \tau_u^P + \theta = \tau_u^P + \omega t \\ \theta_u^N = \tau_u^N - \theta = \tau_u^P - \omega t \\ \theta_i^P = \tau_i^P + \theta = \tau_i^P + \omega t \\ \theta_i^N = \tau_i^N - \theta = \tau_i^P - \omega t \end{cases} \tag{6-55}$$

因此，瞬时有功功率可表示为

$$\begin{aligned} P = \frac{2}{3}[&U^P I^P \cos(\theta_u^P - \theta_i^P) + U^P I^N \cos(\theta_u^P - \theta_i^N) \\ &+ U^N I^P \cos(\theta_u^N - \theta_i^P) + U^N I^N \cos(\theta_u^N - \theta_i^N)] \end{aligned} \tag{6-56}$$

由式（6-55）和式（6-56）可知，不平衡情况下的 P 和 Q 计算式为

$$\begin{cases} P = P_0 + P_{C2}\cos(2\omega t) + P_{S2}\sin(2\omega t) \\ Q = Q_0 + Q_{C2}\cos(2\omega t) + Q_{S2}\sin(2\omega t) \end{cases} \tag{6-57}$$

式中

$$\begin{cases} P_0 = 1.5(v_{dP}i_{dP} + v_{qP}i_{qP} + v_{dN}i_{dN} + v_{qN}i_{qN}) \\ P_{C2} = 1.5(v_{dN}i_{dP} + v_{qN}i_{qP} - v_{qP}i_{dN} + v_{qP}i_{qN}) \\ P_{S2} = 1.5(v_{qN}i_{dP} - v_{dN}i_{qP} - v_{qP}i_{dN} + v_{dP}i_{qN}) \\ Q_0 = 1.5(v_{qP}i_{dP} - v_{dP}i_{qP} + v_{qP}i_{dN} - v_{dP}i_{qN}) \\ Q_{C2} = 1.5(v_{qN}i_{dP} - v_{dN}i_{qP} + v_{qP}i_{dN} - v_{dP}i_{qN}) \\ Q_{S2} = 1.5(v_{dP}i_{dN} + v_{qP}i_{qN} - v_{dN}i_{dP} - v_{qN}i_{qP}) \end{cases} \tag{6-58}$$

根据输出瞬时有功功率与无功功率之间的平衡，可计算：

$$V_{dc} = \sqrt{R(P_0 + P_{C2}\cos 2\theta + P_{S2}\sin 2\theta)} = \overline{V_{dc}} + \Delta V_{dc}\cos(2\theta + \alpha) \qquad (6\text{-}59)$$

因此，当船舶电力系统发生不平衡短路故障时，逆变器系统输出的有功功率和无功功率中包含双频正弦项 P_{S2} 和余弦项 P_{C2}。在船用光伏并网电力系统中，逆变器的额定容量是给定的，并网电流可以调节，要求其谐波含量低，波形质量好。因此，如果以并网电流的相频特性为参考，并网电流中会存在一定的负序电流。并且由式（6-59）可知，当船舶电网处于较不平衡状态时，直流母线电压波动会较为明显。为此，以抑制网侧负序分量、维持直流母线电压稳定为目标，实现船用光伏并网电力系统低压穿越控制。

为维持直流母线电压稳定，利用 I/V 采集器得到直流母线电压 V_{dc}，通过 PI 控制 QI 器变到 V_{dc_ref}，即

$$V_{dc} = V_{dc\_ref} \qquad (6\text{-}60)$$

根据图 6-14，则 d 轴和 q 轴参考电流计算式为

$$i_{dP}^* = \begin{cases} i_d^*, & \text{正常工况} \\ I_{d\_LVRT}, & \text{LVRT工况} \end{cases} \qquad (6\text{-}61)$$

$$i_{qP}^* = \begin{cases} i_q^*, & \text{正常工况} \\ I_{q\_LVRT}, & \text{LVRT工况} \end{cases} \qquad (6\text{-}62)$$

为了使基频的振荡分量减少为原来的 1/3，通过 PI 调节器 i_{dP} 和 i_{qP} 控制为其参考值，i_{dN} 和 i_{qN} 控制为 0。由于 i_{dq_LVRT} 可表示为 $\sqrt{i_{dqP}^2 + i_{dqN}^2}$，计算调制后的总电流根据 PI 控制器的输出，获得正负序有/无功电压的参考值。最后，通过反 Park 变换，得到三相电压的调制值。通过 SPWM 控制，输出 IGBT 的开关信号，作用于船用光伏并网电力系统。其总的控制策略如图 6-16 所示。

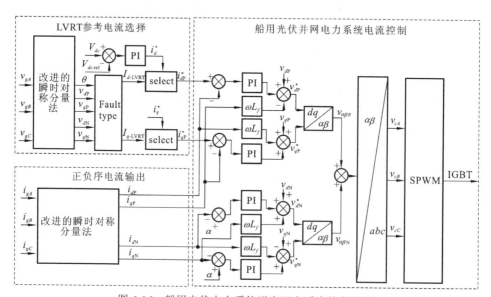

图 6-16　船用光伏电力系统逆变器自适应控制策略

6.3.2 故障模式识别及模式切换控制仿真验证

本小节基于某 5000PCTC 滚装船实际船用混合动力系统,利用 PSCAD/EMTDC 电磁暂态仿真软件进行仿真验证。为验证提出的无锁相瞬时对称分量法在船用光伏并网电力系统正常/短路故障时电参量检测及分解情况,基于 6.3.1 小节仿真模型进行模拟实验,确定系统响应时间,检验电压/电流的正序、负序分量结果,验证电力系统模式切换情况。

1. 系统响应结果

当船用光伏并网电力系统处于正常运行工况时,逆变器输出电压为额定电压,当发生电网短路故障时,经过分解后的 d 轴电压/电流值根据电压跌落深度不同而减小。为了确定所提出的无锁相瞬时对称分量法控制策略能否在短时间内快速识别故障类型,根据不同的压降深度快速响应,进行电压跌落深度 D 分别为 0.2 p.u.、0.4 p.u. 和 0.6 p.u. 的短路故障试验。控制策略在故障类型识别时间和系统响应时间的比较如表 6-3 所示。

表 6-3 故障类型识别和系统响应时间 （单位：s）

控制策略	故障类型	电压跌落深度 D		
		0.2 p.u.	0.4 p.u.	0.6 p.u.
增强低压穿越能力控制策略	单相故障	0.0073	0.0072	0.0072
	两相故障	0.0073	0.0072	0.0073
	三相故障	0.0068	0.0068	0.0071

由表 6-3 可以得出如下结论。

（1）在发生相同类型短路故障且电压降深度相同的情况下,本节提出的无锁相瞬时对称分量法控制策略的故障类型识别时间和系统响应时间阈值区间为 [0.0068, 0.0073] s,利用锁相环分解的控制策略时间阈值区间为 [0.0234, 0.0249] s,该控制策略缩短的时间为 0.0167 s,这与前述的不引进延迟函数缩短相符。

（2）同一类型的短路故障发生时,电压跌落程度越明显,系统响应时间越短。由式（6-25）可知,当压降越明显时,在相同采样时间内采集到的电压瞬时值差值 $(v_{A(t)} - v_{A(t-\Delta t)})$ 变化梯度越大,而三角函数分解情况被视为常数,故在当前采样时间下分解后的旋转相量 $V_{AM} \cos(\omega_t + \theta_A)$ 值更大,所需检测时间更短。

（3）发生非对称短路故障时,系统响应时间比发生三相对称短路故障时稍长。这是因为船舶电网在发生非对称故障时存在负序分量,瞬时对称分解控制策略需要一定的时间来分离正、负序列。

在维持直流母线电压稳定方面,通过比较不同控制策略的功率补偿机制,两种策略都可以降低直流母线电压的波动,在发生低压故障时维持 MPPT 的正常运行。但是,在保持直流母线电压稳定的效果上有明显的区别。表 6-4 所示为增强低压穿越能力控制策略在发生不同故障时的直流母线电压变化情况。

表 6-4　　直流母线电压变化情况　　　　　　　　　　（单位：p.u.）

控制策略	故障类型	电压跌落深度 D		
		0.2 p.u.	0.4 p.u.	0.6 p.u.
增强低压穿越能力控制策略	单相故障	1.15	1.11	1.09
	两相故障	1.17	1.12	1.09
	三相故障	1.17	1.11	1.09

由表 6-4 可以得出如下结论。

（1）在船舶电网发生相同故障类型、相同电压跌落深度的短路故障时，所提出的控制策略在短路故障期间维持直流母线稳定能力更强，该控制策略能够保证直流母线电压维持在[1.09, 1.17] p.u.内，与原始控制策略[1.22, 1.75] p.u.相比，直流母线电压增幅较小。

（2）当电压跌落程度加大时，直流母线电压波动更明显。这是因为随着压降增大，相同时间内公共连接点处的电流上升程度更明显，光伏系统输出的有功功率在更短时间内达到阈值，进而直流母线处电压上升得更快，波动更明显。

（3）在其他条件相同情况下，当电压跌落程度加大时，直流母线电压增加程度相较于电压跌落程度减缓。通过作网侧压降-直流母线电压变化差值运算后，直流母线电压增加程度减缓，无锁相的瞬时分解方法在极短时间内即可实现电压量的分解及无功转换。

2. 短路故障下电参量识别控制

在 1 s 时构建压降深度为 60%的三类短路故障，持续时间为 0.625 s，网侧三相电压变化如图 6-17 所示。

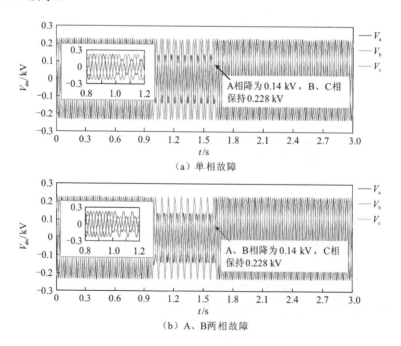

（a）单相故障

（b）A、B 两相故障

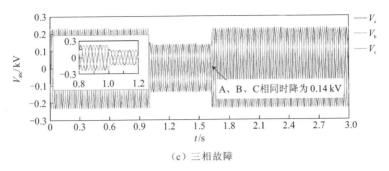

（c）三相故障

图 6-17　压降深度为 60%短路故障三相电压变化情况

由图 6-17 可知，当船舶电网发生跌落深度为 60%的短路故障时，三相电压故障相输出峰值由 0.228 kV 变为 0.14 kV 左右。由于电流/电压检测元件在公共连接点处实时输出，所以可实现瞬时电参量检测。

在此基础上，模拟相应的三相电流的正负序分解过程，结果如图 6-18 所示，其中，I_{ap}、I_{bp}、I_{cp} 分别为 A 相、B 相、C 相电流分解后的正序分量，I_{an}、I_{bn}、I_{cn} 分别为 A 相、B 相、C 相电流分解后的负序分量。

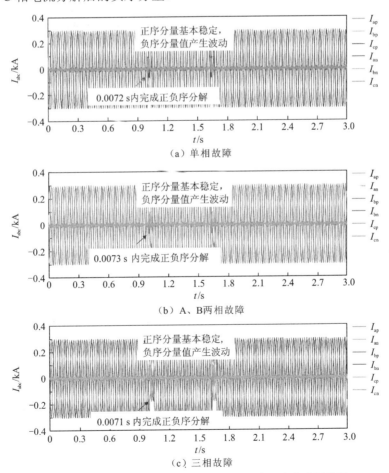

图 6-18　压降深度为 60%短路故障三相电流正负序分解情况

由图 6-18 可以看出，无锁相瞬时对称分量法可以在 7.3 ms 内实现正序、负序分解，极大缩短 LVRT 故障检测时间。故障期间开始/结束时正序分量会有小范围波动，当稳定后正序分量基本稳定在 0.29 kA，各相的正序值与额定工况下额定电流保持一致。但是当短路故障开始/结束时，单相故障和两相故障分解后故障相的负序电流产生约 0.1 kA 和 0.13 kA 波动，三相短路故障相负序电流产生约 0.003 kA 波动，这导致光伏系统向电网输送不平衡电流，加重电网的不平衡度。为此，如图 6-19 所示，探究 1.0～1.2 s 期间正序和负序电流变化情况。

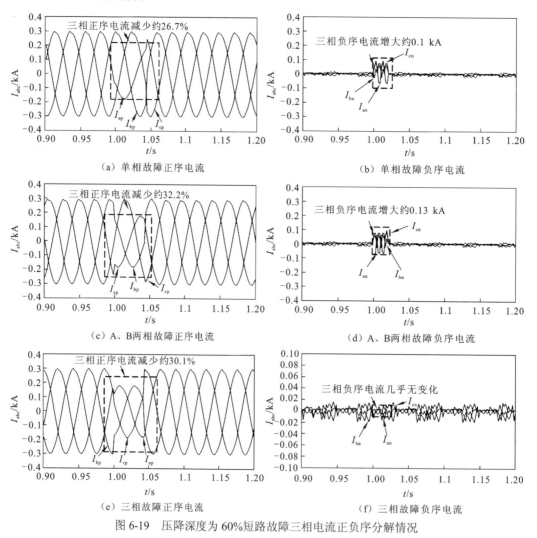

图 6-19　压降深度为 60% 短路故障三相电流正负序分解情况

由图 6-19 可以得出如下结论。

（1）发生单相短路故障时，正序电流在故障开始/结束时会有约 0.04 s 的降低，降低约 0.11 kA，负序电流增大约 0.13 kA。根据总电流计算式 $I=\sqrt{I_\mathrm{p}^2+I_\mathrm{n}^2}$，计算得到总电流上升值为 0.08 kA，即 1.03 p.u.，可认为在此期间利用提出的无锁相瞬时对称分量法与低压穿越控制策略保证网侧电流稳定。

（2）发生两相短路故障时，正序电流减小程度大于单相故障，负序电流增大程度也大于单相故障。这是因为两相短路故障与单相短路故障同为不平衡故障，且两相故障的故障相数（以 A、B 相短路故障为例）大于单相故障相数（以 A 相故障为例），因此在相同采样时间内正序/负序波动程度更大，反馈电流相应增大。

（3）发生三相短路故障时，正序电流仍有 30.1%减小，但是负序电流几乎无变化。这是因为当电网跌落故障为 60%时，船舶电网功率下降为原先的 88.1%，由图 6-18（c）可知，船舶电网电压由 0.228 kV 变为 0.138 kV，下降约 39.5%；由功率变形公式 $\Delta P = \Delta P \cdot \Delta I$ 计算可知，三相电流幅值下降到约为原先 30.2%，与正序电流下降值接近，其差值的 0.1%为负序电流上升的 0.003 kA。

3. 电力系统运行模式切换

利用 PSCAD/EMTDC 的双输入选择器和单输入比较器组成电力系统运行模式切换组件，仿真三种短路故障电压跌落深度为 0.2 p.u.、0.4 p.u.和 0.6 p.u.时的电力系统运行模式切换所需时间，仿真结果如表 6-5 所示。

表 6-5　电力系统工况模式切换所需时间　　　　　　　　（单位：s）

故障类型	电压跌落深度 D		
	0.2 p.u.	0.4 p.u.	0.6 p.u.
单相故障	0.0081	0.0083	0.0084
两相故障	0.0078	0.0078	0.0080
三相故障	0.0078	0.0078	0.0079

对比表 6-5 和相同条件下系统响应时间表，无锁相瞬时对称分量法进行正负序分解后的[0.008, 0.011] s 时间内，单输入选择器即可实现网侧电压和额定电压比较关系，输出 1/0 控制，双输入比较器经过比较后输出 0/1 控制，将控制切换为 LVRT 控制策略，实现工况自适应切换。

6.3.3　低压穿越控制仿真验证

为验证所提出船用光伏并网电力系统控制策略对低压穿越能力的提升效果，构建船舶电网单相短路故障、两相短路故障及三相短路故障工况，设置压降深度为0.2、0.4 和0.6，模拟目标船原基于超级电容调控的低压穿越控制策略，验证光伏/超级电容系统功率协调控制能力，计算直流母线电压波动情况；基于提出的抑制网侧负序分量、维持直流母线电压稳定策略，检测有功/无功功率变化情况、有功/无功电流变化情况，验证控制策略的有效性。

1. 单相短路故障下低压穿越控制

通过对比光伏并网导则，构建压降深度为 60%的单相短路故障，计算光伏输出功率、直流母线电压波动、有功和无功功率、有功和无功电流变化情况，结果如图 6-20～图 6-22所示。

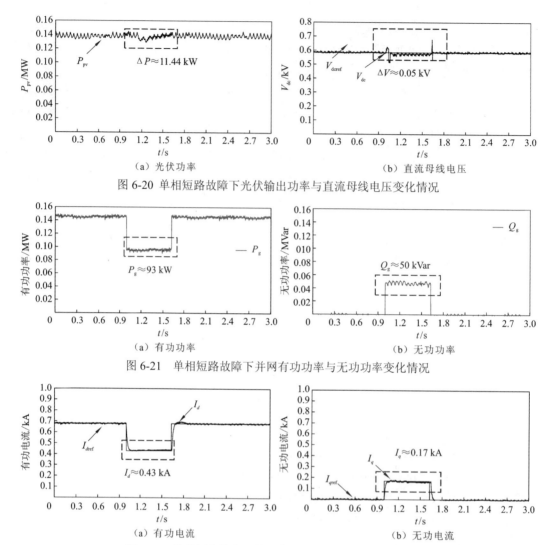

图 6-20 单相短路故障下光伏输出功率与直流母线电压变化情况

（a）有功功率 （b）无功功率

图 6-21 单相短路故障下并网有功功率与无功功率变化情况

（a）有功电流 （b）无功电流

图 6-22 单相短路故障下并网有功电流与无功电流变化情况

图 6-20（a）中，光伏功率波动在 8%的范围内，由于冲击时间短，光伏系统不会离网，将提供无功支持。当故障发生时，系统自动计算故障类型，并在 MPP 工作。由图 6-20（b）可以看出，直流母线电压产生约 0.05 kV 的波动。直流母线的上升比原来的控制策略小。同时，在该控制策略下，系统在 7.2 ms 内恢复稳定，且在 LVRT 期间，直流母线电压稳定。

由图 6-21（a）可知，有功功率从 143 kW 下降到 93 kW，减少了 50 kW。同时，由图 6-21（b）可知，无功功率从 0 增加到 50 kVar，光伏系统的总功率基本没有变化。在 LVRT 期间，通过该控制策略将光伏系统积累的有功功率转化为无功功率，为船舶电网提供无功支持。因此，光伏系统的输出功率基本没有变化。

在图 6-22（a）和（b）中，系统的有源电流在 100 ms 内降至参考值。这两个周期是相同的，证明所采用的正负序列分离方法是同时进行的，没有延迟。故障结束后，经过 LVRT 处理，系统在 350 ms 内恢复到初始平衡状态。这是因为当 LVRT 过程完成后，船舶电网的电压不是瞬间恢复到额定值，而是缓慢恢复到额定值。在此期间，该控制策略

计算出的 D 值仍小于 1。由于此时船舶电网不再包含负序分量，所以通过该控制策略的光伏功率不再转换为无功功率。但仍按 LVRT 模式计算，直至系统恢复正常运行。

2. 两相短路故障下低压穿越控制

构建压降深度为 60%的两相短路故障，比较光伏输出功率、直流母线电压波动、有功和无功功率、有功和无功电流变化情况，结果如图 6-23～图 6-25 所示。

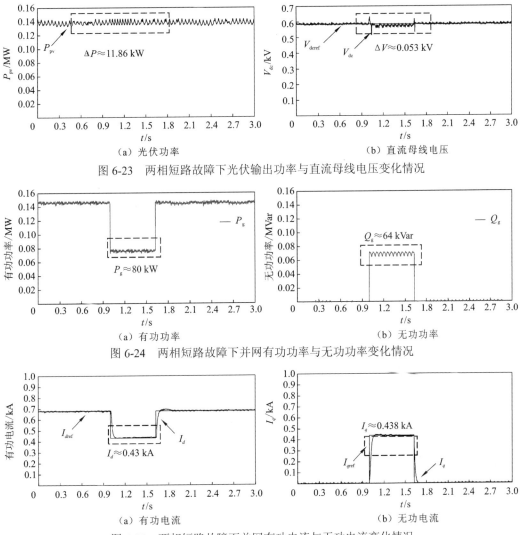

（a）光伏功率　　　　　　　　　　　（b）直流母线电压

图 6-23　两相短路故障下光伏输出功率与直流母线电压变化情况

（a）有功功率　　　　　　　　　　　（b）无功功率

图 6-24　两相短路故障下并网有功功率与无功功率变化情况

（a）有功电流　　　　　　　　　　　（b）无功电流

图 6-25　两相短路故障下并网有功电流与无功电流变化情况

在图 6-23（a）中，光伏发电功率在 8.3%的范围内波动。由于浪涌时间短，光伏系统不会离网，并提供无功支持。当故障发生时，系统自动计算故障类型，并以 MPP 运行。由图 6-23（b）可知，在短路故障发生时的这 0.1 s 内，由于功率差的影响，直流母线电压持续上升，造成直流母线电压约 0.053 kV 的波动。该系统能够识别短路故障类型并快速响应。在 150 ms 内恢复稳定，在 LVRT 期间直流母线电压保持稳定。

由图 6-24（a）和（b）可知，有功功率从 143 kW 下降到 80 kW，减少了 63 kW。

同时，无功功率从 0 升高到 64 kVar，因此光伏的总功率基本没有变化。在 LVRT 过程中，光伏系统积的有功功率成功转化为无功功率，并通过控制策略为船舶电网提供无功支持。因此，光伏系统的输出功率基本保持不变。

由图 6-25（a）和（b）可知，在 LVRT 过程中，系统有功电流在 120 ms 内下降到参考值，无功电流在 350 ms 内上升到参考值，系统仍处于 LVRT 过程中。

3. 三相短路故障下低压穿越控制

构建压降深度为 60% 的三相短路故障，计算光伏输出功率、直流母线电压波动、有功和无功功率、有功和无功电流变化情况，结果如图 6-26～图 6-28 所示。

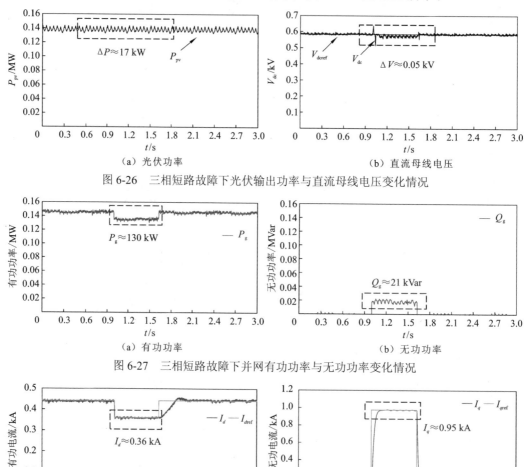

（a）光伏功率　　　　　　　　（b）直流母线电压

图 6-26　三相短路故障下光伏输出功率与直流母线电压变化情况

（a）有功功率　　　　　　　　（b）无功功率

图 6-27　三相短路故障下并网有功功率与无功功率变化情况

（a）有功电流　　　　　　　　（b）无功电流

图 6-28　三相短路故障下并网有功电流与无功电流变化情况

如图 6-26（a）和（b）所示，光伏系统在三相短路故障期间不离网，且光伏功率波动在 11.9% 范围内。逆变变压器输出的三相线路电压在 0.1 s 内的峰值范围为 0.228～0.14 kV，导致直流母线电压波动约 0.05 kV。对比三种故障类型，直流母线电压波动与压降深度有直接关系，与故障类型关系不大。因此，电力系统在 150 ms 内恢复稳定，这一反应时间与上述两个故障所需的时间几乎相同。在 LVRT 运行期间，直流母线电压保持稳定。

如图 6-27（a）和（b）所示，有功功率从 143 kW 下降到 130 kW，减少了 13 kW。同时，无功功率从 0 增加到 21 kVar，因此光伏的总功率基本没有变化。通过该逆变控制策略，将光伏系统积累的有功功率转化为无功功率，并通过该控制策略成功地在 LVRT 期间为船舶电网提供无功支持。

由图 6-28 可以看出，在 LVRT 过程中，系统有功电流在 100 ms 内下降到参考值，下降到 0.36 kA；无功电流在 100 ms 内上升到参考值，上升至 0.95 kA，故障结束后 550 ms 内系统恢复到初始平衡状态。

参 考 文 献

[1] Mohd Noor C W, Noor M M, Mamat R. Biodiesel as alternative fuel for marine diesel engine applications: A review. Renewable and Sustainable Energy Reviews, 2018, 94: 127-142.

[2] 袁成清, 张彦, 孙玉伟, 等. 大型滚装船船电-光伏并网系统构建及电能质量分析. 中国航海, 2014, 37(3): 21-24.

[3] 严新平. 新能源在船舶上的应用进展及展望. 船海工程, 2010, 39(6): 111-115.

[4] 孙玉伟, 胡克容, 严新平, 等. 新能源船舶混合储能系统关键技术问题综述. 中国造船, 2018, 59(1): 226-236.

[5] 范爱龙, 贺亚鹏, 严新平, 等. 智能新能源船舶的概念及关键技术. 船舶工程, 2020, 42(3): 9-14.

[6] Pan P C, Sun Y W, Yuan C Q, et al. Research progress on ship power systems integrated with new energy sources: A review. Renewable and Sustainable Energy Reviews, 2021, 144: 111048.

[7] Lior N. Energy resources and use: The present situation and possible paths to the future. Energy, 2008, 33(6): 842-857.

[8] Dai Z Y, Li G Q, Fan M D, et al. Global stability analysis for synchronous reference frame phase-locked loops. IEEE Transactions on Industrial Electronics, 2022, 69(10): 10182-10191.

[9] Zaki M, Shahin A, Eskander S, et al. Maximizing photovoltaic system power output with a master-slave strategy for parallel inverters. Energy Reports, 2024, 11: 567-579.

[10] Wang Y Z, Liu J, Zhang Z H, et al. A faulty line detection method for single phase-to-ground fault in resonant grounding system with CTs reversely connected. International Journal of Electrical Power & Energy Systems, 2023, 147: 108873.

[11] Ellithy H H, Hasanien H M, Alharbi M, et al. Marine predator algorithm-based optimal PI controllers for LVRT capability enhancement of grid-connected PV systems. Biomimetics, 2024, 9(2): 66.

第 **7** 章

船用光伏发电系统的评估
及未来发展趋势

船用光伏发电系统是实现船舶节能减排的有效手段之一，是船舶智能化、绿色化未来发展的重要环节。为了准确评价船用光伏发电系统建造运行的可行性，进行合理的效益评估和能效评价十分必要。因此，本章基于某汽车运输船实船数据，介绍一个船用光伏发电系统的评估案例，并介绍船用光伏发电系统的未来发展趋势。

7.1　经济环保性评估

船用光伏发电系统的效益评估，主要关注经济性和环保性两个部分，其评估流程如图 7-1 所示[1]。

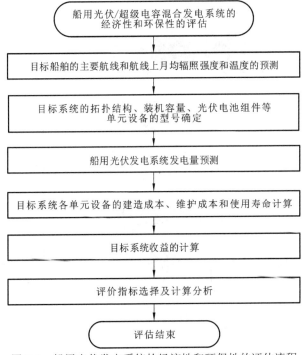

图 7-1　船用光伏发电系统的经济性和环保性的评估流程

如图 7-1 所示，船用光伏发电系统的经济性和环保性评估是通过选取合适的评价指标，依托航线上太阳光照强度和温度历史数据，基于合适光伏发电量估算模型和成本/收益计算模型，完成相应评价指标的计算和分析。其中，目标船舶的主要航线、配置、建造运行成本、收益项核算和评价结果与分析 5 个方面是影响船舶效益评估的主要因素。

（1）目标船舶的主要航线。船舶是一个随机移动的平台，船用光伏/超级电容船舶柴电/光伏并网电力系统所接收的光照强度和温度受船舶航线和航行时间的影响，其发电量具有不确定性，因此需要设计合适的航线光照强度和温度预测方法，进而估算光伏发电系统的发电量。

（2）目标系统的配置。评价一个光伏发电系统的经济性，首先应该了解目标系统的结构组成、装机容量以及各单元设备的型号。

（3）目标系统各单元设备的建造运行成本。目标系统所处的环境影响系统设备的建造成本、维护成本和使用寿命。

（4）目标系统收益项核算。船用光伏/超级电容船舶柴电/光伏并网电力系统的收益包括发电收益和一次性收益。其中一次性收益指国家和行业对光伏电力系统的建造补贴；发电收益为柴油发电机组的燃油节油量。

（5）评价结果与分析。经济性的评价结果通常由经济评价指标来体现，然后根据经济性评价指标和节能减排的计算，采用恰当的结果分析法对评价结果进行分析。

本节以超级电容调控的船舶柴电/光伏并网电力系统为例开展效益评估解析，其拓扑是以某汽车运输船柴电/光伏并网电力系统为框架基础，采用超级电容调控系统替代原系统的蓄电池储能系统进行构建，如图7-2所示。

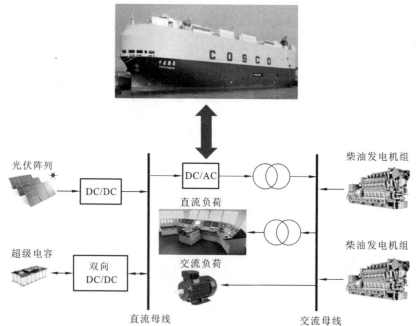

图7-2 基于超级电容调控的船舶柴电/光伏并网电力系统结构图

7.1.1 光伏年发电量的估算

目标系统由船舶柴油发电机（详细参数如表7-1所示）、太阳能光伏阵列（具体参数如表7-2所示）、超级电容（具体参数如表7-3所示）、DC/DC 变流器、双向 DC/DC 变流器和电动机等船舶负载组成。

表7-1 某汽车运输船柴油发电机组参数

参数	数值	参数	数值
柴油机型号	6N21AL-GV	油耗/[g/（kW·h）]	226.6
标定功率/kW	1020	同步发电机型号	HTCT50684R/2
标定转速/（r/min）	900	额定功率/kW	960

表 7-2   太阳能电池板具体参数

参数	数值	参数	数值
使用寿命/年	25	光电转化效率/%	17
年维护成本/(美元/年)	6000	系统额定功率/kW	150
建造成本/(美元/kW)	800	电池板单体长度/m	1.66
模块替换成本/(美元/kW)	800	电池板单体宽度/m	0.99

表 7-3   超级电容具体参数

参数	数值	参数	数值
使用寿命（充放次数）	350 000	建造成本/[美元/(kW·h)]	2200
充放电效率	0.95	模块替换成本/[美元/(kW·h)]	2200
放电深度	1		

对于远洋船舶，航行计划是根据远洋公司的货运需求而制定，具体的航线由船长和大副协商制定，考虑海上贸易的航行安全和效率，通常参照国际常用航线来制定。为了更加全面地评估目标系统的经济性和环保性，本小节选取最繁忙的 6 条国际航线，即 AMGE 航线、ABE 航线、APE 航线、ABA 航线、ECA 航线和 EA 航线。

为了更准确地预测这 6 条航线的光照强度和温度，每条航线均抽取了尽可能多的港口和城市作为样本，如表 7-4 所示。

表 7-4   6 条最繁忙国际航线的具体信息

航线	经过的港口/城市	航线长度/km
AMGE	青岛，上海，香港，新加坡，科伦坡，亚丁，苏伊士，直布罗陀，伦敦，安特卫普	20 638.8
ECA	伦敦，明德卢，蒙罗维亚，黑角，开普敦，弗里曼特尔，墨尔本，悉尼	26 079.7
ABA	釜山，布卡，悉尼，墨尔本	10 016
APE	香港，普罗维杰尼亚，旧金山，洛杉矶，巴拿马，伦敦，安特卫普	26 855.9
ABE	伦敦，安特卫普，摩尔曼斯克，迪克森，提克西，釜山，上海，青岛	16 808.3
EA	伦敦，纽约，里约热内卢，布宜诺斯艾利斯，阿雷纳斯角	20 008.2

由于船舶的航行路线和航行时间是随机的，由船载太阳能光照强度传感器和温度传感器所测得少量数据并不能表示整条航线月均光照强度和温度情况。因此本小节针对 Diab 估算法[2]，提出了一种基于权重法的太阳光照强度和温度预测的改进模型。该改进模型的实现分为以下三个步骤。

（1）以航线上的港口/城市为节点，将航线划分为若干个小航线，根据港口和城市的气象数据，即光照强度和温度，计算出小航线的平均光照强度和温度：

$$
\begin{cases}
G_{(i,i+1)}^{\text{AVG}} = \dfrac{G_{(i,t)} + G_{(i+1,t)}}{2} \\
T_{(i,i+1)}^{\text{AVG}} = \dfrac{T_{(i,t)} + T_{(i+1,t)}}{2}
\end{cases}
\tag{7-1}
$$

（2）由于航线的划分并非是等距分割的，假设船舶正常航行的速度不变，每小段航线与整条航线的比值等于船舶在各小段航线上的航行时间的比重，所以将这个比值作为下一步计算的权重：

$$A_{(r,i)} = \frac{\overline{|L_{(t,t+1)}|}}{\overline{|L_r|}} \qquad (7\text{-}2)$$

（3）由各小段航线的平均光照强度/温度及其权重预测出整条路线的光照强度和温度：

$$\begin{cases} G_{(r,t)} = \sum_{i=1}^{n-1} A_{(r,i)} G_{(i,i+1)}^{\text{AVG}} \\ T_{(r,t)} = \sum_{i=1}^{n-1} A_{(r,i)} T_{(i,i+1)}^{\text{AVG}} \end{cases} \qquad (7\text{-}3)$$

根据 Solargis 和欧盟光伏地理信息系统给出的 6 条航线上的港口的气象数据，计算得到 6 条航线月均光照强度和温度的估算值[3, 4]，如图 7-3 所示。

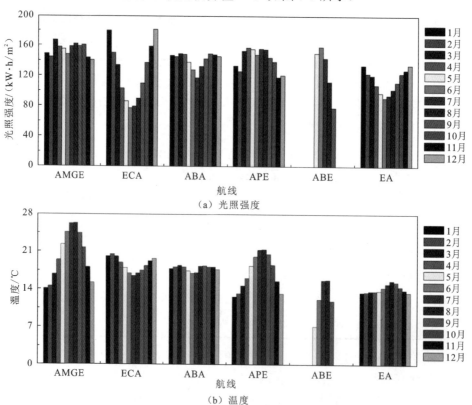

（a）光照强度

（b）温度

图 7-3　6 条航线月均光照强度和温度的估算值

7.1.2　经济效益评估

光伏发电系统的经济性评估是通过计算其成本和/或现金流产生的收益[5, 6]。其中目标系统的成本可分为一次性成本和经常性成本，如式（7-4）所示。在经济评价中，成本为负值。一次性成本包括光伏发电系统的安装成本（I_O）和增值税（T_O）；经常性成本包括系统的运行维护成本（OM_t），通常小容量的光伏发电系统的运行维护成本占总投资的 0.5%；贴现率（d）表示目标系统生命周期内成本的时间价值。

$$C = I_O + T_O + \sum_{t=1}^{L} \frac{\text{OM}_t}{(1+d)^t} \qquad (7\text{-}4)$$

同理，目标系统的收益也可分为一次性收益和连续性收益，如式（7-5）所示。一次性收益（S_O）主要是指来自政府和行业的建造补贴，连续性收益包括目标系统的发电收益（即船舶燃油节油量的成本）和间接收益（如船舶优先进出港、船舶排放免检、碳信用等间接带来的收益）。

$$B = S_O + \sum_{t=1}^{L} \frac{(Q_d^{\text{fuel}} P_d^{\text{fuel}}) + B_{\text{ind}}^{\text{estim}}}{(1+d)^t} \qquad (7\text{-}5)$$

式中：Q_d^{fuel} 为船舶柴油发电组燃料的节油量；P_d^{fuel} 为船舶燃油的售价；$B_{\text{ind}}^{\text{estim}}$ 为目标系统的年均间接收益。

根据分析和审计的目的，许多经济指标可能具有不同的相关性。本小节采用 8 个指标评价目标系统经济性[7, 8]，评价指标如表 7-5 所示。

表 7-5　经济评价指标

经济评价指标	公式	单位
净现值	$\text{NPV} = \sum_{t=0}^{L} [C_{(t,r)} + B_{(t,r)}]$	美元
内部收益率	$\text{IRR} = d_{\text{irr}} : \sum_{t=0}^{L} [C_{(t,r)} + B_{(t,r)}] = 0$	%
平准化度电成本	$\text{LCOE} = \dfrac{\sum_{t=0}^{L} [C_{(t,r)} / (1+d)^t]}{\sum E_t / (1+d)^t}$	美元/kW·h
静态回报时间	$\text{SPB} = T \begin{cases} \sum_{t=0}^{T} [C_{(t,r)} + B_{(t,r)}] = 0 \\ d = 0 \end{cases}$	年
动态回报时间	$\text{DPB} = T \begin{cases} \sum_{t=0}^{T} [C_{(t,r)} + B_{(t,r)}] = 0 \\ d = 8\% \end{cases}$	年
生命周期成本	$\text{TLCC} = \sum_{t=0}^{L} C_t$	美元
成本收益比	$\text{BCR} = \sum_{t=0}^{L} B_t / \text{TLCC}$	%
获利指数	$\text{PI} = \dfrac{\text{NPV}}{I_O + T_O}$	%

目标船舶柴电/光伏并网电力系统的经济性评价指标曲线如图 7-4 所示。图 7-4（a）为船舶柴电/光伏并网电力系统在生命周期 25 年内的净现值曲线图。当船舶只沿其中一条航线航行时，AMGE 航线的净现值最大，为 277 560.6 美元；由于北冰洋存在极夜现象，ABE 航线的净现值最小，为-67 404.6 美元。在这 6 条航线中，只有 ABE 航线的净现值小于 0，表示若船舶只在该航线上航行，船舶柴电/光伏并网电力系统在系统生命周期内没有盈利。从平均值来看，船舶柴电/光伏并网电力系统的平均净现值为 165 977.2 美元，表明该系统具有很好的经济可行性。

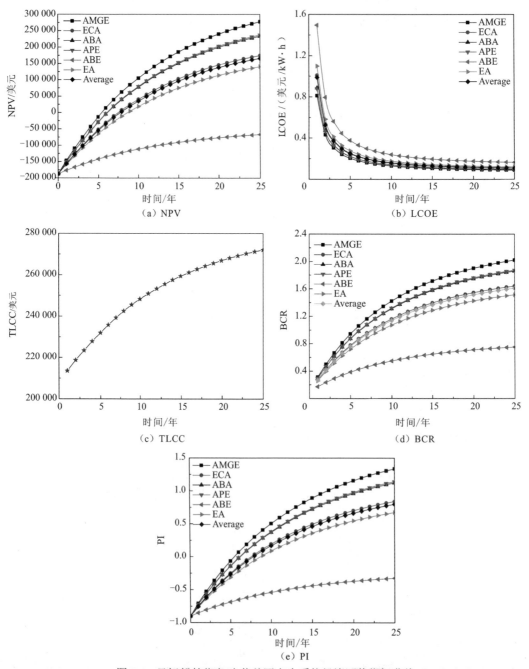

图 7-4　目标船舶柴电/光伏并网电力系统经济评价指标曲线

图 7-4（b）为船舶柴电/光伏并网电力系统的 LCOE 曲线。当船舶柴电/光伏并网电力系统正常工作 15 年后，LCOE 曲线趋向稳定；在船舶柴电/光伏并网电力系统生命周期内，LCOE 从 0.8～1.5 美元/kW·h 降至 0.09～0.16 美元/kW·h，到第 25 年，船舶柴电/光伏并网电力系统的平均 LCOE 为 0.11 美元/kW·h，比第一年降低了 88.95%。

如图 7-4（c）所示，船舶柴电/光伏并网电力系统在整个生命周期中 TLCC 从初始建设成本（213 555.6 美元）增加到 272 048.7 美元，增加的 58 493.1 美元主要为运行维护成本。

图 7-4（d）为船舶柴电/光伏并网电力系统的 BCR 曲线。当船舶只沿 AMGE 航线航行时，BCR 最大，为 202%；这 6 条航线的 BCR 平均值为 161%。也就是说：当船舶只沿 AMGE 航线航行时，在整个生命周期内，船舶柴电/光伏并网电力系统的收益是成本的 2 倍；当船舶在这 6 条航线上的航行时间相同时，船舶柴电/光伏并网电力系统的净收入为建造成本的 61%。

如图 7-4（e）所示，船舶柴电/光伏并网电力系统的获利指数 PI 平均值为 80%>0，该系统具有较高的经济可行性。

如表 7-6 所示，不考虑时间成本，当船舶只沿 AMGE 航线航行时，目标系统的投资回收期最短，为 4.3 年；当船舶只沿 ABE 航线航行时，投资回收期最长，为 17.68 年；6 条航线的平均投资回收期是 6.66 年。若考虑时间成本，沿 AMGE 航线航行的 DPB 最短，为 5.5 年；而船舶只沿 ABE 航线航行时，船舶柴电/光伏并网电力系统在整个生命周期中收益小于系统成本支出；6 条航线的 DPB 平均值为 7.90 年，时间成本使系统投资回报时间增加了 17.72%。除 ABE 航线外，生命周期内的 IRR 远大于中国社会贴现率 8%。若只考虑船舶柴电/光伏并网电力系统前 10 年的内部收益率，则平均 $IRR_{lifetime=10}$ 年为 11.97%，该船舶柴电/光伏并网电力系统均有较高的经济可行性。

表 7-6 $IRR_{lifetime=25}$ 年、$IRR_{lifetime=10}$ 年、SPB 和 DPB 的具体数值

航线	$IRR_{lifetime=25}$ 年/%	$IRR_{lifetime=10}$ 年/%	SPB/年	DPB/年
AMGE	23.13	19.26	4.30	5.5
ECA	17.81	12.57	5.52	7.58
ABA	20.87	16.47	4.75	6.23
APE	21.07	16.72	4.71	6.14
ABE	3.39	−8.36	17.68	没有回报
EA	15.97	10.14	7.11	8.74
平均值	17.35	11.97	6.66	7.90

7.1.3 环保效益评估

通常采用 NO_x、SO_x、CO_2 和 PM 排放物的年均排放量作为环境保护性能的评价指标。由于国际海事组织对船燃油 SO_x 的排放标准非常严苛，船用柴油发电机组通常使用低硫柴油作为燃料[9]。表 7-7 所示为低硫燃料的排放因子。

表 7-7	低硫燃料的排放因子	（单位：g/kW·h）
污染物		排放因子
NO_x		11.8
SO_x		0.46
CO_2		700
PM		0.3

在基于超级电容调控的船舶柴电/光伏并网电力系统中，作为船舶的辅助电源，光伏发电系统的产能等于柴油发电机组的节能。因此，船舶柴电/光伏并网电力系统的减排量可由式（7-6）表示。

$$Q = E_{\text{sav\_}DG} \cdot F_{\text{emis}} = E_{(t,r)}^{\text{PV}} \cdot F_{\text{emis}} \tag{7-6}$$

式中：$E_{\text{sav\_}DG}$ 为柴油发电机组的节能量；F_{emis} 为各排放物的排放因子；$E_{(t,r)}^{\text{PV}}$ 为光伏发电系统的发电量。

船舶柴电/光伏并网电力系统的年均减排量如表 7-8 所示。

表 7-8 船舶柴电/光伏并网电力系统的年均减排量　　　　（单位：kg/年）

航线	NO_x	SO_x	CO_2	PM
AMGE	3351.51	130.65	198 818.59	85.21
ECA	2699.72	105.24	160 152.93	68.64
ABA	3072.59	119.78	182 272.17	78.12
APE	3097.08	120.73	183 725.20	78.74
ABE	1819.76	70.94	107 951.81	46.27
EA	2479.81	96.67	147 107.21	63.05
平均值	2753.41	107.34	163 337.98	70.00

如表 7-8 所示，AMGE 航线上船舶柴电/光伏并网电力系统的减排效果最为明显，每年可分别减少 3351.51 kg NO_x、130.65 kg SO_x、198 818.59 kg CO_2 和 85.21 kg PM 的排放量；船舶柴电/光伏并网电力系统在这 6 条航线上航行，平均每年可减少 2753.41 kg 的 NO_x、107.34 kg 的 SO_x、163 337.98 kg 的 CO_2 和 70.00 kg 的 PM。该船舶柴电/光伏并网电力系统具有良好的环保性能。

7.1.4　多指标评价方法

为了更加系统地对船舶柴电/光伏并网电力系统的综合性能进行评估，本章采用雷达图的方式，综合 LCOE（X_1）、IRR（X_2）、发电量（X_3）和 CO_2 减排量（X_4）4 个评价指标，进行多指标综合评价。因此，首先需要对这 4 个指标进行归一化处理，使所有指标数值在[0, 1]内，若指标归一化后等于 1，则船舶柴电/光伏并网电力系统综合性能最佳[10]。归一化处理表达式可表示为

$$Z_j = \frac{X_j - \min(X_j)}{\max(X_j) - \min(X_j)} \quad\quad (7\text{-}7)$$

船舶柴电/光伏并网电力系统的多指标综合评价结果如图 7-5 所示。当船舶只沿 AMGE 航线航行时，雷达图面积为 2，船舶柴电/光伏并网电力系统的综合性能最佳；而在 ABE 航线上航行时，雷达图面积几乎为 0，综合性能最差。按照船舶柴电/光伏并网电力系统的综合性能的优劣，这6条航线的排序为 AMGE> APE> ABA> ECA> EA>ABE；由于6条航线综合评价雷达图的平均面积为 0.89，大于 ECA 航线雷达图面积，因此目标船舶尽可能沿 AMGE 航线、APE 航线和 ABA 航线航行，可有效地提高船舶柴电/光伏并网电力系统的综合性能。

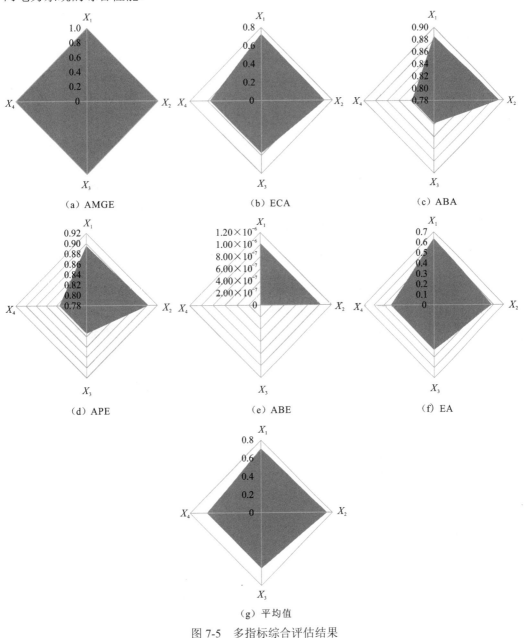

图 7-5　多指标综合评估结果

7.2 全船营运能效评价

7.2.1 能效评价体系

能效从字面意思理解是能源的利用效率，从物理学的角度是指能源在利用过程中，发挥效果的能源与实际使用的能源之比，按消费的观点，是指为客户提供的服务量与使用的总能源量之比。而评价的本质是一个判断的过程，按照一定的效果来确定对象的属性，并将其属性转变成客观定量计算或者主观的效应。

构建能效评价体系的一般步骤为：首先确定能效评价指标，其次通过收集大量数据确定能效分级，最后提出相关的能效提升措施。因此开展能效评价不仅可以揭示评价对象的综合效益和成本的关系，还可以为能效提升提供相关依据，因此具有非常重要的指导意义。

与其他行业类似，航运业也需要有一个衡量船舶 CO_2 排放的体系。因为船舶污染主要来源于船舶燃油消耗，正常情况下如果船舶燃油完全燃烧，其中的碳元素除了一小部分转换成 CO 和 HC，其余几乎全部转换成 CO_2。所以通常通过 CO_2 的生成量来反映燃油的消耗量。而随着全球环境污染的加剧，航运业也感受到越来越大的压力，对于营运船舶的营运能效评价，商务社会责任国际协会提出了商务社会责任（business for social responsibility，BSR）指数，国际独立油轮船东协会提出了 INTERTANKO 指数，而 IMO 则提出了船舶营运能效指数（energy efficiency operation index，EEOI）。

1. BSR 指数

BSR 于 1992 年在美国成立，是全球专业化程度最高、企业社会责任领域规模最大的国际机构。BSR 指数只适用于集装箱船舶，该指数的使用对象是集装箱船舶货主企业。通过该指数的计算，货主企业可以十分便捷地计算集装箱船舶运输货物而产生的 CO_2 排放量。该指数的计算公式为

$$\text{BSR Index} = \frac{\sum\limits_{j} \text{FC}_j \cdot C_{fj}}{M_{\text{cargo}} \cdot D} \tag{7-8}$$

式中：j 为集装箱船舶燃油的种类；FC_j 为集装箱船舶在一个航次中消耗 j 燃油的总量，单位为 t；C_{fj} 为与燃油种类有关的碳转换因子，指每消耗 1 t j 燃油所排放 CO_2 的质量；M_{cargo} 为集装箱船舶满载时的载货量，单位为 TEU（twenty-feet equivalent units，标准箱）；D 为集装箱船舶在满载时的航行距离，单位为 n mile（1 n mile = 1.852 km）。

而对于一些特殊的集装箱船舶，也有相应的公式，如冷藏集装箱船舶和干货集装箱船舶 BSR 指数的公式[11]为

$$i_{\text{Reefer}} = \frac{\left(\sum\limits_{a \cdot k} c \cdot m_{\text{fuel} \cdot k}\right) - m_{\text{RC}} \cdot c}{V_{\text{total}} \cdot d} + \frac{m_{\text{RC}} \cdot c}{V_{\text{Reefer}} \cdot d} \tag{7-9}$$

$$i_{Dry} = \frac{\left(\sum_{a \cdot k} c \cdot m_{fuel \cdot a \cdot k} \right) - m_{RC} \cdot c}{V_{total} \cdot d}$$ （7-10）

式中：a 为集装箱船舶使用的不同燃油的集合；k 为集装箱船舶使用的燃油种类；m_{fuel} 为集装箱船舶在航次中用于推进所消耗的燃油总量；m_{RC} 为集装箱船舶用于制冷的燃油总量；c 为 IMO 批准的排放因子；V_{total} 为集装箱船舶满载时的载货量；V_{Reefer} 为集装箱船舶上冷藏集装箱的数量；d 为集装箱船舶的航行距离。

2. INTERTANKO 指数

INTERTANKO 指数可用来评价单个船舶的 CO_2 排放水平。该指数的计算公式[12]为

$$\text{INTERTANKO Index} = \frac{\sum_i FC_i \cdot C_{F_i}}{m_{cargo} \cdot D_i}$$ （7-11）

式中：i 为船舶使用的燃油种类；FC_i 为船舶在一个航次中消耗的燃油总量，单位为 t；C_{Fi} 为与燃油种类有关的碳转换因子，指每消耗 1 t 船舶使用的燃油所排放 CO_2 的质量；m_{cargo} 为船舶单航次的载货量，单位为 TEU、人等，根据不同船舶使用相应的单位；D 为船舶单航次航行的距离（包括船舶空载航行距离和船舶载货时的航行距离），单位为 n mile。

3. EEOI

2009 年 7 月，IMO 提出了新的评价船舶营运能效的指数，并将该指数命名为船舶营运能效指数（EEOI）。该指数的计算公式[13]为

$$\text{EEOI} = \frac{\sum_i FC_i \cdot C_{carbon}}{\sum_i m_{cargo,i} \cdot D_i}$$ （7-12）

式中：i 为船舶使用的燃油种类；FC_i 为船舶在一个航次中消耗的燃油总量，单位为 t；C_{carbon} 为与燃油种类有关的碳转换因子，指每消耗 1 t 船舶使用的燃油所排放 CO_2 的质量；m_{cargo} 为船舶单航次的载货量，单位为 TEU、人或 t 等，根据不同船舶使用相应的单位；D 为船舶单航次载货时航行的距离，单位为 n mile。

在此需要特别指出的是，船舶载货量的单位会随船舶类型的变化而变化，例如当船舶为客船时，载货量的单位就是人，当船舶为集装箱船舶时，载货量的单位就是 TEU。因此 EEOI 的单位也是根据船舶类型变化的，EEOI 指数适用于所有船舶。从以上比较可以看出，EEOI 比其他两个指数具有更高的科学性和合理性，因此本节选用 EEOI 作为装有光伏系统船舶的全船营运能效评价工具。

7.2.2　融入光伏发电系统对船舶阻力的影响

船舶阻力是指船舶在航行过程中受到流体阻止其运动的力。船舶在水上航行过程中通常会受到空气和水两种流体介质对船舶的阻力，所以按照船舶航行时所接触到的流体介质将船舶受到的阻力分为水阻力和空气阻力。船舶受到的水阻力又可以分为静水阻力和波浪增阻。静水阻力是指船舶在静水中匀速航行时受到的阻力，波浪增阻是指船舶在水中航行时受到波浪影响而增加的阻力。

船舶上安装光伏系统，会增加船舶的载重量，进而影响船舶的吃水及排水量，从而对船舶所受到的静水阻力产生影响。同时船舶安装光伏系统后，船舶上层建筑的纵向投影面积发生了改变，导致船舶所受到的风阻发生变化。本小节只考虑光伏系统对静水阻力及风阻的影响，其他影响忽略不计。

1. 目标船舶静水阻力计算及影响分析

关于船舶静水阻力的计算方法有很多种，本小节采用适用于各类型船舶的 Holtrop-Mennen 方法进行船舶静水阻力计算。根据此方法，船舶静水总阻力计算公式为

$$R_\mathrm{T} = R_\mathrm{F}(1+k_1) + R_\mathrm{APP} + R_\mathrm{W} + R_\mathrm{B} + R_\mathrm{TR} + R_\mathrm{A} \tag{7-13}$$

式中：R_T 为船舶静水总阻力；R_F 为船舶摩擦阻力；$(1+k_1)$ 为船型黏性阻力因子；R_APP 为船舶附体阻力；R_W 为船舶兴波阻力；R_B 为船舶球鼻艏引起的附加阻力；R_TR 为艉浸引起的附加阻力；R_A 为船舶模型与实船相关阻力。

船舶摩擦阻力 R_F 计算公式为

$$R_\mathrm{F} = \frac{1}{2}C_\mathrm{F}\rho S V_\mathrm{S}^2 \tag{7-14}$$

式中：C_F 为摩擦阻力系数；ρ 为海水的密度（取 20 ℃时海水密度 1025 kg/m³）；S 为船舶水线下的湿面积；V_S 为船舶对水速度。

C_F 的计算公式为

$$C_\mathrm{F} = \frac{0.075}{(\lg Re - 2)^2} \tag{7-15}$$

式中：Re 为雷诺数，可以通过式（7-16）进行计算：

$$Re = \frac{V_\mathrm{S}L_\mathrm{wl}}{\gamma} \tag{7-16}$$

式中：L_wl 为船舶水线长；γ 为水运动黏性系数。

船舶水线下湿面积 S 可表示为

$$S = L_\mathrm{wl}(1.8d + C_\mathrm{b} \cdot B) \tag{7-17}$$

式中：d 为船舶吃水；C_b 为船舶方形系数；B 为船宽。

根据式（7-15）～式（7-17），利用 Simulink 工具实现的船舶摩擦阻力计算模型如图 7-6 所示。

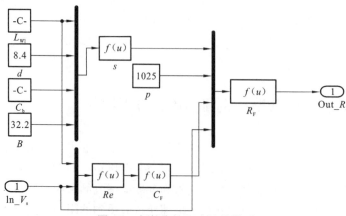

图 7-6　船舶摩擦阻力计算模型

船舶附体阻力 R_{APP} 计算公式为

$$R_{APP} = 0.5\rho V_S^2 S_{APP}(1+k_2)_{eq}C_F \qquad (7\text{-}18)$$

式中：S_{APP} 为附体面积；k_2 为附体的形状因子。

船舶球鼻艏附加阻力 R_B 的计算公式为

$$R_B = \frac{0.11e^{(-3 \cdot P_B^{-2})}F_n^3 A_{BT}^{1.5}\rho g}{(1+Fr^2)} \qquad (7\text{-}19)$$

式中：A_{BT} 为船中剖面面积。

系数 P_B 与船舶首部浸水深度有关，其计算公式为

$$P_B = 0.56\sqrt{A_{BT}}(T_F - 1.5H_B) \qquad (7\text{-}20)$$

式中：T_F 为艏吃水。

Fr 表示基于浸水深度的弗劳德数，其计算公式为

$$Fr = \frac{V_S}{\sqrt{g(T_F - H_B - 0.25\sqrt{A_{BT}}) + 0.15V_S^2}} \qquad (7\text{-}21)$$

式中：H_B 为形心离基线高度。

船舶艉浸附加阻力 R_{TR} 计算公式为

$$R_{TR} = 0.5\rho V_S^2 A_{TR}c_6 \qquad (7\text{-}22)$$

式中：A_{TR} 为尾浸中剖面面积；c_6 与方尾浸水的弗劳德数有关。

船舶模型与实船相关阻力 R_A 计算公式为

$$R_A = 0.5\rho V_S^2 SC_A \qquad (7\text{-}23)$$

式中：C_A 为船舶模型与实船相关阻力系数。

在理想的试航条件下，某汽车运输船的相关阻力系数的计算公式为

$$C_A = 0.006(L+100)^{-0.16} - 0.002\,05 + 0.003\sqrt{\frac{L}{7.5}}C_b^4 c_2(0.04 - c_4) \qquad (7\text{-}24)$$

根据式（7-18）～式（7-24），利用 Simulink 工具实现的船舶附体阻力、船舶球鼻艏引起的附加阻力、艉浸引起的附加阻力和船舶模型与实船相关阻力计算模型，如图 7-7 所示。

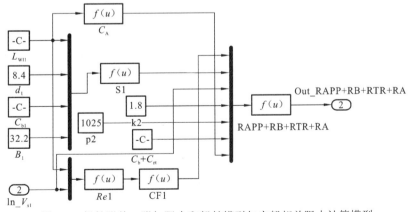

图 7-7　船舶附体、附加阻力和船舶模型与实船相关阻力计算模型

船舶兴波阻力 R_W 与船舶的弗劳德数 Fr 有关，当弗劳德数大于 0.5 时，船舶兴波阻力 R_{W1} 的计算公式为

$$R_{W1} = c_{17}c_2c_5\Delta\rho e^{[m_3 \cdot Fr^d + m_4 \cdot \cos(\lambda \cdot Fr^{-2})]} \qquad (7\text{-}25)$$

当弗劳德数小于 0.5 时，船舶兴波阻力 R_{W2} 的计算公式为

$$R_{W2} = c_1c_2c_5\Delta\rho e^{[m_1 \cdot Fr^d + m_4 \cdot \cos(\lambda \cdot Fr^{-2})]} \qquad (7\text{-}26)$$

式中：Δ 为船舶排水量，与船舶吃水相关；弗劳德数 Fr 的计算公式为

$$Fr = \frac{V_S}{\sqrt{gL_{wl}}} \qquad (7\text{-}27)$$

根据式（7-25）～式（7-27），利用 Simulink 工具实现的船舶兴波阻力计算模型，如图 7-8 所示。

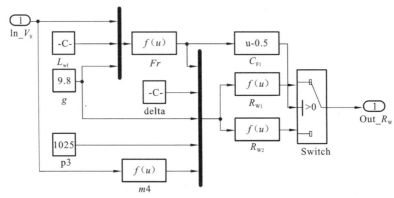

图 7-8　船舶兴波阻力计算模型

运用 Holtrop 法计算阻力过程中涉及的参数（如 L_{wl}、d、B、Δ、T_F 等，可以通过某汽车运输船的实船参数得到）。根据以上模型，计算在满载吃水条件下不同航速下的船舶静水阻力变化趋势，如图 7-9 所示。

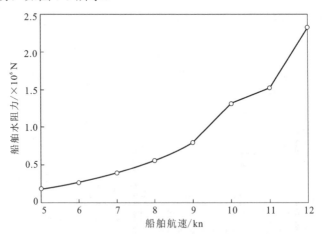

图 7-9　不同航速下船舶静水阻力变化趋势图

从图 7-9 中可以看出，随着船舶航速的增加，船舶静水阻力逐渐增加，船舶航速在 5～9 kn（1 kn=1.852 km/h）时，增加比较缓慢。当船舶航速大于 9 kn 以后，船舶静水阻力急剧增加，这表明船舶航速对船舶静水阻力影响较大。

不同的光伏系统容量会导致整个光伏系统重量不同，影响船舶的总重量，进而影响船舶的吃水和排水量，根据不同光伏容量的电池板数量、蓄电池数量及设备重量估算光

伏系统重量，再通过估算得到相关数据如表 7-9 所示。

表 7-9　不同光伏容量下的各个参数值

光伏容量/kWp	光伏系统重量/t	船舶吃水/m	排水量/t
0	0	8.400	24 387.60
50	22.00	8.407	24 409.00
100	37.50	8.413	24 424.07
150	53.00	8.418	24 439.14
200	68.50	8.423	24 454.22
250	84.00	8.428	24 469.29
300	99.50	8.433	24 484.37
350	115.00	8.439	24 499.44
400	130.50	8.444	24 514.52

根据表 7-9 中的数据及船舶静水阻力模型，计算得到不同光伏容量、不同船舶航速下船舶静水阻力，如表 7-10 所示。

表 7-10　不同光伏容量和不同船舶航速下的船舶静水阻力值　　　　（单位：N）

光伏容量/kWp	航速/kn							
	5	6	7	8	9	10	11	12
0	184 985	267 875	382 585	560 604	794 732	1 311 359	1 523 456	2 326 861
50	185 066	267 987	382 751	560 876	795 164	1 312 203	1 524 415	2 328 509
100	185 127	268 089	382 896	561 098	795 495	1 312 847	1 525 174	2 329 656
150	185 178	268 161	383 012	561 301	795 807	1 313 392	1 525 834	2 330 704
200	185 239	268 243	383 137	561 493	796 109	1 314 036	1 526 493	2 331 851
250	185 290	268 325	383 253	561 695	796 410	1 314 579	1 527 152	2 332 998
300	185 341	268 406	383 378	561 887	796 712	1 315 123	1 527 811	2 334 046
350	185 402	268 498	383 514	562 109	797 054	1 315 768	1 528 571	2 335 293
400	185 463	268 580	383 640	562 312	797 355	1 316 412	1 529 230	2 336 341

由表 7-10 可以看出，相同船舶航速下目标船静水阻力随着光伏容量的增大而增大。

2. 目标船舶风阻计算及影响分析

目标船在海上航行时，受到不同方向的风阻力，而且大小也在随时变化。当对船舶风阻计算精度要求不是很高时，可以进行近似估算。本小节考虑在无风的状态下，目标船以一定航速运行时所受到的风阻力，该阻力是沿船舶运动方向的风阻力，可以根据式（7-28）[14]进行计算：

$$R_{wind} = \frac{1}{2} C_w \rho_a A_T V_w^2 \qquad (7-28)$$

式中：R_{wind} 为船舶航行中受到的风阻力；C_w 为纵向风阻系数，目标船满载时的风阻系数为 0.8；ρ_a 为空气密度，取 1.205 kg/m³；A_T 为船舶水线面以上迎风面积，目标船满载时的迎风面积估算为 820.35 m²；V_w 为相对风速。

根据式（7-28），利用 Simulink 工具实现的船舶风阻力计算模型，如图 7-10 所示。根据船舶风阻力模型进行计算，得到在不同相对风速下，船舶所受到的风阻力变化趋势如图 7-11 所示。

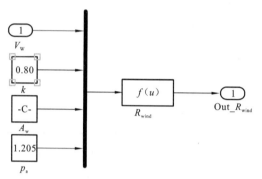

图 7-10　船舶风阻力计算模型

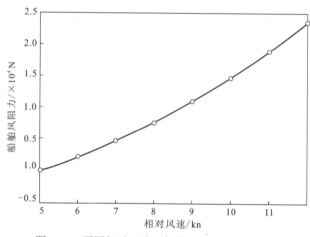

图 7-11　不同相对风速下船舶风阻力变化趋势图

由图 7-11 可以看出，船舶风阻力随着相对风速的增加而逐渐增大，增大趋势随着相对风速的增加变化缓慢。

由于光伏阵列安装在最上层甲板，所以不同的光伏系统容量会导致船舶迎风面积不同，从而影响船舶风阻力，通过计算得到相关数据，如表 7-11 所示。

表 7-11　不同光伏容量下的迎风面积值

项目	光伏容量/kWp								
	0	50	100	150	200	250	300	350	400
迎风面积/m²	820.35	848.48	876.61	904.74	932.87	961.01	989.14	1017.27	1045.4

根据表 7-11 中不同光伏容量下的迎风面积及船舶风阻力计算模型，计算得到不同光伏容量、不同相对风速下船舶受到的风阻力，如表 7-12 所示。

表 7-12 不同光伏容量和不同相对风速下的船舶风阻力　　　　（单位：N）

光伏容量/kWp	相对风速/kn							
	5	6	7	8	9	10	11	12
0	9885.2	14 235	19 375	25 306	32 028	39 541	47 844	56 939
50	10 224	14 723	20 039	26 174	33 126	40 897	49 485	58 891
100	10 563	15 211	20 704	27 042	34 225	42 253	51 126	60 844
150	10 902	15 699	21 368	27 909	35 323	43 608	52 766	62 796
200	11 241	16 187	22 033	28 777	36 421	44 964	54 407	64 749
250	11 580	16 675	22 697	29 645	37 520	46 321	56 048	66 702
300	11 919	17 164	23 362	30 513	38 618	47 677	57 689	68 654
350	12 258	17 652	24 026	31 381	39 716	49 032	59 329	70 607
400	12 597	18 140	24 690	32 248	40 815	50 388	60 970	72 559

由图 7-12 可以看出，相同相对风速条件下，船舶风阻力随着光伏容量的增大而增大。根据表 7-12 得到不同光伏容量下，船舶风阻力随相对风速的变化趋势，如图 7-13 所示。

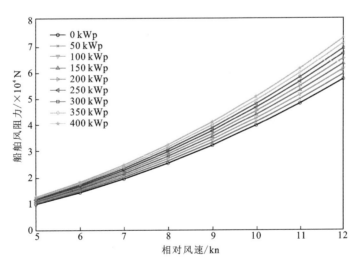

图 7-12 不同光伏容量下船舶风阻力随相对风速的变化

3. 目标船舶总阻力计算及影响分析

根据以上模型，利用 Simulink 工具计算出不同船舶航速下船舶总阻力的变化趋势，如图 7-13 所示。

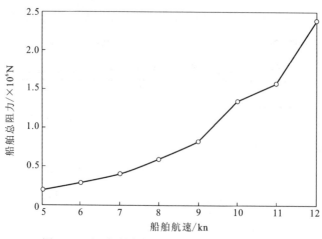

图 7-13 不同船舶航速下船舶总阻力变化趋势图

由图 7-13 可以看出，随着船舶航速的增加，船舶总阻力逐渐增加，船舶航速在 5～9 kn 时，增加比较缓慢。当船舶航速大于 9 kn 以后，船舶总阻力急剧增大，对比图 7-13 与图 7-9 可以看出，不同船舶航速下船舶总阻力变化趋势与船舶静水阻力变化趋势类似，说明船舶风阻对船舶总阻力的影响比船舶静水阻力对船舶总阻力的影响小。

根据船舶静水阻力和船舶风阻力，计算得到不同光伏容量和不同船舶航速下船舶总阻力，如表 7-13 所示。

表 7-13　不同光伏容量和不同船舶航速下的船舶总阻力　　　　　（单位：N）

光伏容量/kWp	航速/kn							
	5	6	7	8	9	10	11	12
0	9885.2	14 235	19 375	25 306	32 028	39 541	47 844	56 939
50	10 224	14 723	20 039	26 174	33 126	40 897	49 485	58 891
100	10 563	15 211	20 704	27 042	34 225	42 253	51 126	60 844
150	10 902	15 699	21 368	27 909	35 323	43 608	52 766	62 796
200	11 241	16 187	22 033	28 777	36 421	44 964	54 407	64 749
250	11 580	16 675	22 697	29 645	37 520	46 321	56 048	66 702
300	11 919	17 164	23 362	30 513	38 618	47 677	57 689	68 654
350	12 258	17 652	24 026	31 381	39 716	49 032	59 329	70 607
400	12 597	18 140	24 690	32 248	40 815	50 388	60 970	72 559

7.2.3　目标船舶营运能效模型构建

目标船在水上航行时，船舶主机消耗的燃油提供船舶动力系统所需的能量，船舶辅机消耗的燃油为船舶辅助设备提供能量。所以船舶航行时消耗的燃油总量等于主机消耗的燃油量与辅机消耗的燃油量之和：
$$f_S = f_M + f_A \tag{7-29}$$
式中：f_S 为船舶燃油消耗总量；f_M 为船舶主机燃油消耗量；f_A 为船舶辅机燃油消耗量。

1. 船舶主机油耗模型

船舶主机的燃油消耗量通常根据船舶主机功率及船舶主机燃油消耗率进行计算，可表示为
$$f_M = P_M \times g_M \tag{7-30}$$
式中：P_M 为船舶主机功率，kW；g_M 为船舶主机燃油消耗率，g/kW·h。

船舶主机燃油消耗率表示主机单位时间单位功率消耗的燃油质量，可以反映主机的燃油经济性。船舶在出厂之前，会通过台架试验得到该型号主机的燃油消耗特性曲线，如图 7-14 所示。

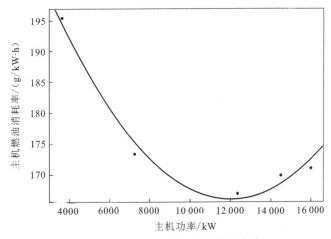

图 7-14　船舶主机燃油消耗特性曲线

根据图 7-14 可以得到目标船的主机功率与燃油消耗率之间的关系：
$$g_M = 4.099 \times 10^{-7} P_M^2 - 9.834 \times 10^{-3} P_M + 225 \tag{7-31}$$

2. 船舶辅机油耗模型

船舶辅机油耗的计算方法与主机类似，通过船舶辅机功率及船舶辅机燃油消耗率进行计算，可表示为
$$f_A = P_A \times g_A \tag{7-32}$$
式中：P_A 为船舶辅机功率，kW；g_A 为船舶辅机燃油消耗率，g/kW·h。

与船舶主机燃油消耗率相同，船舶辅机燃油消耗率也会在出厂之前通过台架试验得到该型号辅机的燃油消耗特性曲线，如图 7-15 所示。

由图 7-15 可以得到目标船的辅机功率与燃油消耗率之间的关系为
$$g_A = 9.423 \times 10^{-5} P_A^2 - 0.1657 P_A + 274.2 \tag{7-33}$$

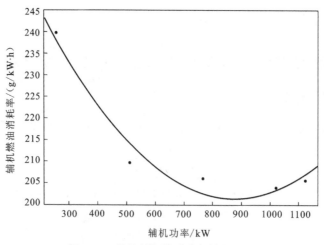

图 7-15　船舶辅机燃油消耗特性曲线

3. 船舶主机功率模型

船舶在水面航行时，会受到各种类型的阻力，只有克服这些阻力才能继续航行，因此需要船舶主机消耗一定的燃油提供功率，通过轴系以及传动设备将功率传递给螺旋桨转换为推动船舶航行的推力，其具体过程如图 7-16 所示。

图 7-16　船舶主机推进过程示意图

船舶主柴油机产生的输出功率在轴系传递过程中，因受到摩擦力会有不同程度的损失。螺旋桨接收到的功率也会因为螺旋桨克服水流旋转而降低，剩下的功率用于克服船舶航行时受到的阻力。主机输出功率与螺旋桨有效功率的具体关系为

$$P_e = P_M \eta_S \eta_P \eta_R \eta_H \tag{7-34}$$

式中：P_e 为螺旋桨的有效功率，kW；P_M 为船舶主机的输出功率，kW；η_S 为船舶轴系传递效率，反映功率在轴系传递过程中的功率损失，针对目标船取值为 0.95；η_R 为相对旋转效率，反映船舶伴流不均匀性的影响，针对目标船取值为 1；η_P 为螺旋桨的敞水效率，反映螺旋桨的性能；η_H 为船身效率，反映船舶与螺旋桨之间的相互影响。

敞水效率 η_P 可表示为

$$\eta_P = \frac{TV_P}{2\pi nQ} \tag{7-35}$$

式中：T 为螺旋桨产生的推力；V_P 为螺旋桨进速；n 为螺旋桨转速；Q 为螺旋桨产生的扭矩。

船舶在航行过程中螺旋桨产生的推力为

$$T = K_T \rho n^2 D_P^4 \tag{7-36}$$

式中：K_T 为推力系数；ρ 为水的密度；n 为螺旋桨转速；D_P 为螺旋桨的直径。

船舶在航行过程中螺旋桨产生的扭矩为

$$Q = K_Q \rho n^2 D_P^5 \qquad (7\text{-}37)$$

式中：K_Q 为扭矩系数。

这里要引入一个新的参数螺旋桨进速系数 J，螺旋桨进速系数为螺旋桨在轴向上旋转一周所前进距离与螺旋桨直径的比值：

$$J = \frac{V_P}{nD_P} \qquad (7\text{-}38)$$

根据式（7-35）～式（7-38），可以得到敞水效率 η_P：

$$\eta_P = \frac{TV_P}{2\pi nQ} = \frac{K_T \rho n^2 D_P^4}{K_Q \rho n^2 D_P^5} \cdot \frac{V_P}{2\pi n} = \frac{K_T}{K_Q} \cdot \frac{J}{2\pi} \qquad (7\text{-}39)$$

根据目标船的螺旋桨敞水特性曲线对推力系数和扭矩系数进行拟合，得到两者对进速系数的经验公式：

$$K_T = -0.2669J^2 - 0.104J + 0.2877 \qquad (7\text{-}40)$$

$$K_Q = -0.03274J^2 - 0.0475J + 0.0357 \qquad (7\text{-}41)$$

根据式（7-40）和式（7-41）可以计算出不同 J 值下的 η_P 值，为了简化计算取 η_P 的值为 0.85。

船身效率 η_H 可表示为

$$\eta_H = \frac{1-t}{1-\omega} \qquad (7\text{-}42)$$

式中：t 为船舶推力减额系数；ω 为伴流系数。

螺旋桨在旋转时，会使螺旋桨附近的水流速度增大，从而导致船体阻力增大，并且还会使船受到的摩擦力增大，这些增加的阻力被称为推力减额。推力减额系数与推力减额的关系为

$$t = \frac{\Delta T}{T} = \frac{T-R}{T} \qquad (7\text{-}43)$$

式中：ΔT 为螺旋桨的推力减额；R 为船舶受到的阻力，双螺旋桨船舶受到的阻力 R，可以表示为

$$R = 2T(1-t) \qquad (7\text{-}44)$$

当船舶以速度 V_1 航行时，船体周围的水流会因船舶运动而产生追随船舶运动的水流，称为伴流，伴流系数 ω 可以表示为

$$\omega = \frac{V_1 - V_P}{V_1} = 1 - \frac{V_P}{V_1} \qquad (7\text{-}45)$$

根据本小节的各个公式，利用 Simulink 工具实现的船舶主机功率计算模型如图 7-17 所示。

4. 船电-光伏系统功率模型

根据所建立的船电-光伏系统，可以看到光伏系统和船舶电网是并网相连的。船用柴油发电机组工作时，利用柴油机发电机组的柴油机燃烧，将热能转化为机械能，机械能带动转子切割磁感线进行发电。一般来说，柴油机的功率与发电机的功率有关，具体可表示为

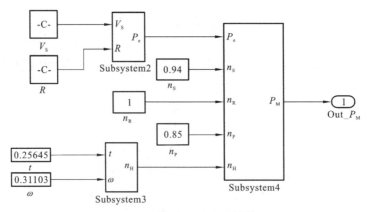

图 7-17　船舶主机功率计算模型

$$P_{\text{electric}} = (P_{\text{ae}} \times \eta_1 - P_0) \times \eta_0 \qquad (7\text{-}46)$$

式中：P_{electric} 为发电机的功率，kW；P_{ae} 为柴油机的功率，kW；η_1 为功率修正系数；P_0 为周边配件的功率损耗，kW；η_0 为总效率包括发电机效率和涡轮增压器的效率。

当光伏系统和船舶电网并网运行时，船舶光伏系统和船舶电网共同对负载进行供电，因此光伏系统输出功率、船舶电网功率和总负载功率的关系为

$$P_{\text{sum}} = P_{\text{solar}} + P_{\text{electric}} \qquad (7\text{-}47)$$

式中：P_{sum} 为船舶总负载功率；P_{solar} 为光伏系统的输出功率。

根据以上公式，利用 Simulink 工具实现的船电-光伏系统功率计算模型如图 7-18 所示。

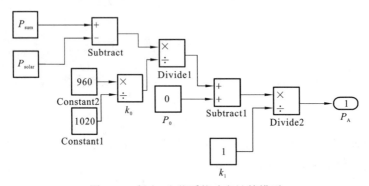

图 7-18　船电-光伏系统功率计算模型

5. 目标船舶营运能效模型

对于安装光伏系统的改装船，由于国际海事组织没有专门介绍一种评价作业能源效率的新方法，仍在使用营运能效运行系数来表示。因此，本小节建立以排放因子估算温室气体排放量的营运能效作业系数法[14]。营运能效系数与温室气体排放量成正比，与船舶运行能源效率成反比。特定航次营运能效系数的表达式为

$$I = \frac{F_j \times C_j}{m \times D} = \frac{C_j}{m} \int \frac{F_j}{vT} \mathrm{d}T = \frac{C_j}{m} \int \frac{f_j}{v} \qquad (7\text{-}48)$$

式中：j 为燃料类型；F_j 为航行期间所消耗的燃料总量，包括船舶主机和船电-光伏系统燃油消耗；C_j 为 j 类型燃料的碳含量；m 为船舶所载的货物质量或在船上的乘客数量；v 为船舶航行时的速度；D 为船舶运行的实际距离。

根据式（7-48），利用 Simulink 工具实现的船舶 EEOI 计算模型如图 7-19 所示。

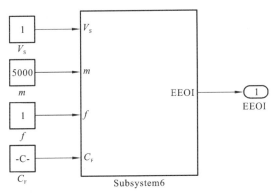

图 7-19　船舶 EEOI 计算模型

7.2.4　不同光伏容量对船舶营运能效的影响

利用 Simulink 工具对以上模块进行封装和连接，得到目标船并网运行时全船营运能效计算模型，如图 7-20 所示。

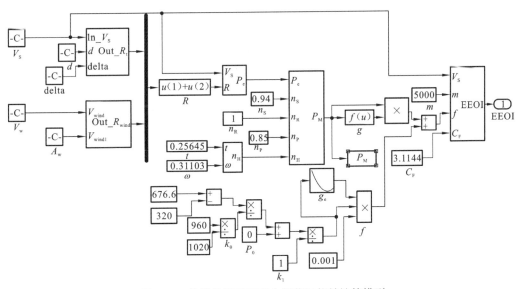

图 7-20　船舶并网运行时全船营运能效计算模型

为了研究不同光伏系统容量下船舶总体的 EEOI 随航速变化趋势，将不同光伏容量下，光伏系统的重量、光伏阵列迎风面积、船舶吃水、排水容量及相应的光伏系统输出功率作为输入参数进行仿真，其结果如表 7-14 所示。

表 7-14 不同光伏系统容量和船舶航速下的 EEOI

光伏容量/kWp	航速/kn							
	5	6	7	8	9	10	11	12
0	0.0263	0.0268	0.0293	0.0345	0.0417	0.0573	0.0623	0.0830
50	0.0254	0.0260	0.0286	0.0339	0.0411	0.0568	0.0619	0.0827
100	0.0244	0.0252	0.0279	0.0333	0.0406	0.0564	0.0615	0.0823
150	0.0235	0.0244	0.0272	0.0327	0.0401	0.0559	0.0611	0.0820
200	0.0226	0.0236	0.0266	0.0322	0.0396	0.0555	0.0607	0.0816
250	0.0216	0.0228	0.0259	0.0316	0.0391	0.0550	0.0603	0.0812
300	0.0207	0.0221	0.0252	0.0310	0.0386	0.0546	0.0599	0.0809
350	0.0197	0.0213	0.0246	0.0304	0.0381	0.0541	0.0594	0.0805
400	0.0187	0.0204	0.0238	0.0298	0.0375	0.0536	0.0590	0.0801

根据表 7-14 中的值得到不同光伏系统容量下 EEOI 随航速的变化，如图 7-21 所示。

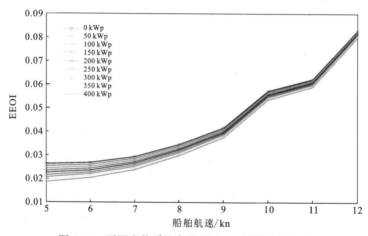

图 7-21 不同光伏系统容量下 EEOI 随航速的变化

光伏容量升高后，船舶总重量、吃水、排水量增大，导致船舶航行时的阻力增大，船舶主机燃油消耗增加。此外，光伏容量升高后，船电-光伏系统并网运行时，船舶柴油发电机的功率会降低，船舶辅机油耗减少。

由图 7-21 可以看出，在相同航速下，随着光伏容量的升高全船 EEOI 值不断降低。这说明随着光伏容量的升高，船舶辅机燃油消耗的减少量要比船舶主机燃油消耗的增加量大。

在同一光伏容量的前提下，全船 EEOI 随船舶航速的增大而升高。由于光伏容量不变，船舶辅机燃油消耗不变，船舶主机燃油消耗随着航速的增大而增加，从而导致全船 EEOI 值的升高。

根据表 7-14 得到不同船舶航速下 EEOI 随光伏容量增加的变化趋势，如图 7-22 所示。

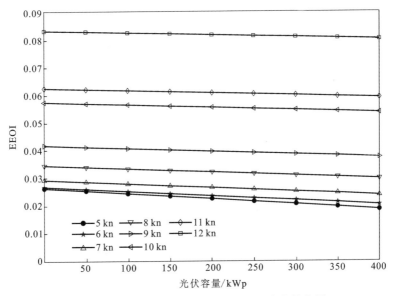

图 7-22 不同航速下 EEOI 随光伏容量变化趋势图

从图 7-22 中可以看出，船舶电网与光伏系统并网运行过程中，船舶航速在 5 kn 时，随着光伏容量的升高，全船 EEOI 的值逐渐降低。随着船舶航速的增大，全船 EEOI 随光伏容量升高而降低的趋势变小。

为了更直观地表现全船 EEOI、船舶航速和光伏容量之间的关系，绘出三者之间的三维图，如图 7-23 所示。

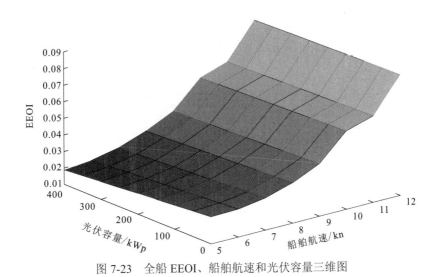

图 7-23 全船 EEOI、船舶航速和光伏容量三维图

从图 7-23 中可以很直观地看出，全船 EEOI 随着船舶航速的增大而升高，随着光伏容量的增大而降低。全船 EEOI 随着光伏容量的增大而降低的趋势，随着船舶航速的增大而逐渐变缓。

7.3 未来发展趋势

近年来，船用光伏发电系统相继得到各航运大国的青睐，并在邮船、滚装船等船型上应用[15]。考虑光伏发电系统的发电功率的间歇性和不确定性，为了避免光伏并网功率波动对船舶电网的冲击，船用光伏发电系统的应用初期大多以离网型的应用模式作为船舶辅助电源，很少采用并网型模式，如表 7-15 所示。

表 7-15　基于蓄电池储能的太阳能船舶案例

船舶名称	船型	光伏容量/kW	应用模式	电源类型	参考文献
"Blue Star Ferries" 号	邮轮	2.32	并网型	辅助电源	[16]
"Emerald Ace" 号	滚装船	160.00	离网型	辅助电源	[17]
"Auriga Leader" 号	滚装船	40.00	离网型	辅助电源	[18]
某汽车运输船	滚装船	143.15	离网型/并网型	辅助电源	[19]
"安吉 204" 轮	滚装船	37.12	离网型	辅助电源	[20]

为应对长时间阴雨天气下负载的持续用电，船用光伏发电系统需要配置一定容量的蓄电池储能系统作为能量补偿装置，其容量根据目标负载的功率和持续工作时间来配置，容量等级约为光伏发电系统额定功率的几倍到几十倍，例如："Blue Star Ferries" 号仅配备了 5.4 kW·h 的蓄电池储能系统，而 "Emerald Ace" 号则配备了 2.2 MW·h 的锂电池储能系统。而大容量蓄电池储能系统的配置增加了系统的建设成本[2]。以某汽车运输船原船用光伏并网电力系统为例，该系统采用中船重工某公司所生产的船用 3.2 V/100 A·h 锂离子蓄电池储能系统来补偿光伏发电功率间歇性，具体参数如表 7-16 所示。

表 7-16　某汽车运输船原光伏系统蓄电池储能系统具体参数

参数	数值或说明	参数	数值或说明
电池类型	船用锂离子蓄电池	电池价格/[美元/（kW·h）]	100
电池容量/（kW·h）	734.4	替换成本/[美元/（kW·h）]	100
使用寿命/年	5	组串关系	120 串 17 并

采用船用锂离子蓄电池储能系统的某汽车运输船原船用光伏并网电力系统的 NPV 曲线如图 7-24 所示。由于锂离子蓄电池使用寿命为 5 年，锂离子蓄电池储能系统的更换，造成某汽车运输船原船用光伏并网电力系统的净现值出现一定幅度的回落，原船用光伏并网电力系统在生命周期 25 年内的净现值呈现曲折上升趋势。当船舶只沿其中一条航线航行时，AMGE 航线的净现值最大，为 157 518.1 美元；由于北冰洋存在极夜现象，ABE 航线的净现值最小，为 −187 447.1 美元。在这 6 条航线中，只有 ABE 航线的净现值小于 0，表示假若船舶只在该航线上航行，原船用光伏并网电力系统在系统生命周期内没有盈利。从平均值来看，某汽车运输船原船用光伏并网电力系统的平均净现值为 45 934.7 美元，

表明该系统具有很好的经济可行性。

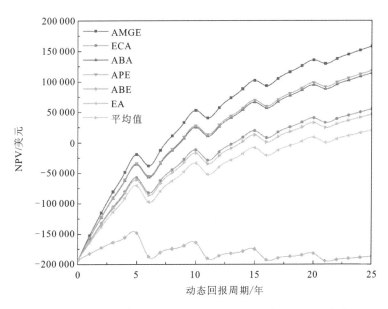

图 7-24　某汽车运输船原船用光伏并网电力系统的 NPV 曲线

但该系统与采用超级电容储能系统的船用光伏发电系统相比，仅当船舶沿 AMGE 单一航线运行时，在系统的生命周期 25 年内，采用超级电容调控系统的船用光伏并网电力系统的 NPV 比采用锂离子蓄电池储能系统增加了 120 042.5 美元，动态回报周期由原来的 7.6 年缩短到 5.5 年。从平均值来看，在整个生命周期内，采用超级电容调控系统的船用光伏并网电力系统的 NPV 同样比采用锂离子蓄电池储能系统增加了 120 042.5 美元，动态回报周期由原来的 13.9 年缩短到 7.9 年，如图 7-25 所示。可见降低或替换船用光伏发电系统的储能单元对增强系统经济性和推广价值起到关键作用。因此，无储能并网型应用模式将是未来船用光伏发电系统的发展方向。

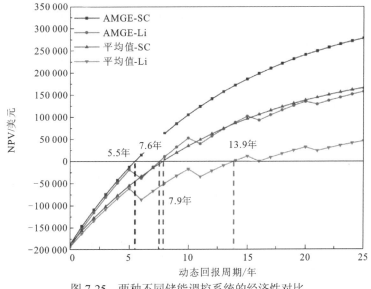

图 7-25　两种不同储能调控系统的经济性对比

参 考 文 献

[1] 邱爱超. 基于超级电容调控的船舶柴电/光伏并网电力系统关键技术研究. 武汉: 武汉理工大学, 2020.

[2] 孙玉伟, 胡克容, 严新平, 等. 新能源船舶混合储能系统关键技术问题综述. 中国造船, 2018, 59(1): 226-236.

[3] Sun Y W, Qiu Y C, Yuan C Q, et al. Research on the transient characteristic of photovotaics-ship power system based on PSCAD/EMTDC//International Conference on Renewable Energy Research and Applications (ICRERA). November 22-25, 2015. Palermo, Italy. IEEE, 2015: 397-402.

[4] Nasirudin A, Chao R M, Utama I K A P. Solar powered boat design optimization. Procedia Engineering, 2017, 194: 260-267.

[5] Ram J P, Pillai D S, Ghias A M Y M, et al. Performance enhancement of solar PV systems applying P&O assisted flower pollination algorithm(FPA). Solar Energy, 2020, 199: 214-229.

[6] Makhdoomi S, Askarzadeh A. Optimizing operation of a photovoltaic/diesel generator hybrid energy system with pumped hydro storage by a modified crow search algorithm. Journal of Energy Storage, 2020, 27: 101040.

[7] Bae Y, Vu T K, Kim R Y. Implemental control strategy for grid stabilization of grid-connected PV system based on German grid code in symmetrical low-to-medium voltage network. IEEE Transactions on Energy Conversion, 2013, 28(3): 619-631.

[8] Sayed K, Gronfula M G, Ziedan H A. Novel soft-switching integrated boost DC-DC converter for PV power system. Energies, 2020, 13(3): 749.

[9] Lee K J, Shin D, Yoo D W, et al. Hybrid photovoltaic/diesel green ship operating in standalone and grid-connected mode-Experimental investigation. Energy, 2013, 49: 475-483.

[10] Mohamed A A S, El-Sayed A, Metwally H, et al. Grid integration of a PV system supporting an EV charging station using salp swarm optimization. Solar Energy, 2020, 205: 170-182.

[11] BSR. Global maritime trade lane emissions factors. New York: Clean Cargo Working Group (CCWG), 2014.

[12] Intertanko. Intertanko index. https: //www. intertanko. com/. [2023-11-14].

[13] IMO. Guidelines for voluntary use of the ship energy efficiency operational indicator (EEOI). London: IMO, 2009.

[14] Andersen I M V. Wind loads on post-panamax container ship. Ocean Engineering, 2013, 58: 115-134.

[15] 邱爱超, 袁成清, 孙玉伟, 等. 光伏渗透率对船舶光伏系统电能质量的影响. 哈尔滨工程大学学报, 2018, 39(9): 1532-1538.

[16] Atkinson G M. Analysis of marine solar power trials on Blue Star Delos. Journal of Marine Engineering & Technology, 2016, 15(3): 115-123.

[17] 孙玉伟. 船用太阳能光伏发电系统设计及性能评估. 武汉: 武汉理工大学, 2010.

[18] Wikipedia. Auriga Leader. [2023-07-12]. https: //en. wikipedia. org/wiki/Auriga Leader.

[19] Yuan Y P, Zhang T D, Shen B Y, et al. A fuzzy logic energy management strategy for a photovoltaic/diesel/battery hybrid ship based on experimental database. Energies, 2018, 11(9): 2211.

[20] Yan X P, Sun Y W, Yuan C Q. Review on the application progress of solar ship technology. Ship & Ocean Engerring, 2016, 45: 50-54.

附录　代表性实船应用照片

中远腾飞轮

Finnlines Plc 公司 5800LM 滚装船

中远盛世轮

GEARBULK 公司敞口龙门吊船

GRIMALDI 公司 7800LM 滚装船

EPS 公司 7000PCTC

闽投秀屿 1 号

"南琨号"波浪能发电平台

南京中燃六合水上绿色综合服务区

华东院 308 勘探平台

上海海事局工作趸船

长江海事局工作趸船